Philippe Gloagu

UNE VIE DE ROUTARD

Avec la collaboration de Patrice Trapier

calmann-lévy

ISBN 2-7021-3681-8

À mes amis libraires, petits ou grands,
qui m'ont toujours soutenu.

AVANT-PROPOS

J'ai plus de cinquante ans. Peut-être est-ce le moment de regarder un peu derrière soi ? Je dois avouer que ce n'est pas mon exercice favori. J'éprouve trop de plaisir à vivre le présent, à préparer l'avenir pour m'obnubiler avec le passé.

J'ai plus de cinquante ans. C'est étrange, je ne réussis pas à m'y faire. Mon corps, marqué par une grave maladie, gémit quand je lui impose des cadences trop infernales, mais dans ma tête, je suis toujours le jeune homme curieux qui réussit mal à dissimuler ses émotions. Bon, je ne vais pas vous jouer Cosette. Bien sûr, j'ai appris deux ou trois choses en cours de route, j'ai accumulé un peu d'expérience mais je ne suis blasé de rien. J'ai toujours le même appétit, le même amour de l'existence qu'à vingt ans.

J'ai plus de cinquante ans, et j'ai l'âge des vieux cons qui veulent donner la leçon. Attention, je ne veux pas écrire ce genre de mémoires. Ce n'est ni un testament, ni une révérence. Je suis bien loin d'avoir accompli tout ce dont je rêve. Je veux continuer de voyager, continuer à éditer des guides, continuer à agiter de nouvelles idées, de nouveaux projets qui élargissent le champ des lecteurs du Routard. Ma passion n'est pas près de s'éteindre.

J'ai plus de cinquante ans, mais, quand des jeunes pigistes me soumettent des projets, parfois même qui n'ont rien à voir avec le Guide, je brûle de me jeter dans l'aventure comme si j'avais leur âge. Il n'y a, pour moi, rien de plus beau, de plus magique, que de voir l'une de ces idées se concrétiser. J'espère bien conserver cette flamme encore très longtemps.

J'ai plus de cinquante ans mais j'ai toujours ce même sentiment de m'amuser en travaillant. C'était l'un des objectifs que je m'étais fixés, au sortir de l'adolescence : ne jamais m'ennuyer, ne jamais ressentir cette lassitude de celui qui va travailler par obligation. J'ai parfaitement conscience d'être un privilégié en ayant fait d'une passion mon gagne-pain. C'est ma plus grande réussite, plus que les chiffres de vente, plus que tout, que ma vie professionnelle soit le prolongement de ma vie personnelle.

Il y a douze ans, en 1994, j'avais accepté de participer à une ébauche d'histoire collective du Guide du Routard, *Génération Routard*, édité chez Lattès. Il est temps aujourd'hui de l'enrichir, non seulement du récit des événements qui ont eu lieu depuis – et Dieu sait qu'il y en a eu ! –, mais aussi de ma réflexion sur mon métier et son rapport au monde, car l'un et l'autre ont changé en profondeur. Concernant le Guide du Routard, la curiosité des gens est insatiable. C'est normal : toute réussite suscite bien normalement un tas d'interrogations, voire de fantasmes. Plus de deux millions d'exemplaires vendus chaque année, une notoriété de marque plutôt élevée, partant de zéro... Comment tout cela est-il possible ? S'attendait-on, dès le départ, à un tel succès ? Quels ont été les principes qui sont à l'origine des premiers guides ?

Cette histoire m'a replongé dans un autre temps : les années soixante-huit, leurs utopies, leurs révoltes, leur volonté de « changer la vie ». C'est un temps qui, aujourd'hui, n'est plus très bien vu, ce qui est, somme toute, assez logique : ceux qui vivent une époque marquée par le sida et la menace d'autres pandémies, les guerres, le terrorisme, les désordres écologiques et trois décennies de crise économique, ne peuvent apprécier les générations précédentes marquées par l'insouciance, la libération des mœurs, la volonté d'organiser la croissance économique autrement. Tout cela est aujourd'hui proprement incompréhensible. Notre chance apparaît comme scandaleuse.

C'est ce temps que je veux raconter, avec ses ombres et ses lumières. On a trop tendance à tout mythifier. Non, l'histoire du Routard n'est pas un conte de fées. Nous en avons connu des galères et des échecs. Tout n'a pas été rose dans les années soixante et soixante-dix. Et c'est en surmontant bien des difficultés que nous avons construit les bases d'un succès durable.

Un phénomène d'édition ne s'explique pas rationnellement. On me demande souvent les clés du succès, je ne peux les livrer, car je ne les possède pas. Je peux seulement dire que ce succès, c'est un peu de hasard et beaucoup de travail, un peu de chance et beaucoup de persévérance, une idée et beaucoup d'humilité.

Jamais nous ne nous sommes pris pour ce que nous ne sommes pas. Jamais nous avons cru que tout était arrivé. Jamais nous n'avons cessé de nous poser mille questions, de nous remettre en cause, d'anticiper les retournements de conjoncture. Jamais nous n'avons perdu cette volonté d'élargir les bases de notre réussite.

Je n'ai pas la recette du Guide du Routard, personne ne la possède. Je dois simplement confesser que j'ai toujours eu ce sentiment, confus mais assez constant, que je n'y connaissais rien. À la réflexion, c'est peut-être notre formule magique : douter, toujours douter pour mieux progresser.

Chapitre I

UN TRAIN À TRÈS PETITE VITESSE

La guerre pour commencer

À quoi tient une vie ? Une somme de rencontres, une foule de hasards, des passions souterraines que l'on apprend à découvrir en vieillissant... Si l'on me demandait de sacrifier à la mode actuelle de la brièveté, je serais bien en peine de résumer en quelques lignes ce qui m'a mis sur la route. Comme dans bien des existences, ma voie a sans doute pris forme avant même ma naissance : au milieu du siècle dernier, dans un train à très petite vitesse, un de ces omnibus qui mettaient une bonne journée pour rallier Paris depuis la Bretagne.

Mon grand-père paternel était l'un de ces paysans pauvres que le Finistère Sud comptait par milliers. Les Gloaguen vivaient à douze sur une exploitation de cinq hectares. Un cheval de trait servait aux labours. Dans ce type d'économie en autarcie, rien ne se perd : veaux, vaches, cochons, poules et lapins ; fruits et légumes ; herbes et grains pour les bêtes. Ma grand-mère faisait le pain et le beurre salé. Mon père, François, a commencé à travailler aux champs dès l'âge de huit ans.

À cette époque, l'école jouait encore, pour les meilleurs de ses élèves, un rôle efficace de promotion sociale et culturelle. L'instituteur et le curé du village avaient repéré les qualités intellectuelles de mon père. Certificat d'études, bourse d'enseignement et pour finir une carrière, plutôt une vocation : instituteur. On imagine mal, aujourd'hui, la somme d'efforts que supposait alors un tel cursus. Qu'un fils de petit paysan devienne instituteur était la marque d'une très grande réussite.

Advient la Seconde Guerre mondiale, parenthèse tragique. Premier éloignement, pour mon père, de sa Bretagne natale. D'abord militaire, il fait la drôle de guerre et la campagne de France. Ensuite, prisonnier en Allemagne, il attrape la tuberculose. Évadé, de retour dans son petit village de Confort, pas très loin de la pointe du Raz, il devient résistant, dirigeant au maquis une petite compagnie de quarante hommes, assez bien pourvue en armes de toutes sortes. Mon père a une vingtaine d'années. Endurcissement accéléré.

Les histoires qu'on vous raconte, enfant, sont parfois tellement marquantes qu'elles vous accompagnent tout le reste de votre vie. Pour moi, c'est le retour d'Allemagne de mon père, qu'évidemment je n'ai pas vécu – je suis né en 1951 –, mais qu'on m'a narré. Une fois peut-être a suffi pour qu'elle s'imprime de manière indélébile dans ma mémoire. Mon père était alors tellement malade que dès son arrivé en Bretagne on lui a fait subir tout un tas de traitements à la chaux, des rayons X... On lui a administré des médicaments si puissants que ses cheveux sont tombés. Il est resté chauve pour toujours. L'irruption de la maladie, si jeune, et la perte consécutive de ses cheveux n'ont cessé de m'impressionner.

Comme beaucoup de gens de sa génération, cet homme que j'ai toujours profondément admiré a vécu, à trente ans, la pire des épreuves : la guerre et son cortège de misères. L'héritage, pour les garçons du baby-boom, ne fut pas anodin. Aurions-nous été à la hauteur ? Aurions-nous su, comme eux, se battre, résister, ou aurions-nous sombré comme d'autres dans l'abandon des valeurs, dans la collaboration ? Nul n'a de réponse à cette question.

L'exil

L'après-guerre ne fut facile pour personne. Ceux qui avaient eu des faiblesses pour l'occupant étaient montrés du doigt.

Ceux qui avaient combattu revenaient, et leur place était souvent prise. Les jeunes filles qu'ils avaient courtisées avant le conflit s'étaient mariées. Les plus belles fermes et beaucoup d'emplois avaient été accaparés par ceux qui étaient restés à l'arrière, comme si de rien n'était. Passés les vivats de la victoire, le retour des héros ne fut pas aisé.

Certains trouvèrent préférable de s'éloigner. La cassure de la guerre avait été trop brutale, trop cruelle. Avant-guerre, mon père avait occupé une place d'instituteur dans le Finistère, à Combrit, sur l'Odet. Il décida de trouver un emploi ailleurs. C'est là qu'intervient ce fameux train à vapeur et à petite vitesse reliant le Finistère à Paris. Ce fut le deuxième voyage de mon père, après celui de la guerre, la deuxième cassure, l'exode rural après l'exil en Allemagne. Il s'arrêta une année à mi-chemin, dans la Sarthe, pour un premier poste d'instituteur loin de son pays. Puis, reprenant son périple vers la capitale, il stoppa sa course à quelques kilomètres de la gare Montparnasse, sur les hauteurs de Meudon, pour ne plus jamais repartir. C'est là qu'il rencontra ma mère, Paulette, montée de son Berry natal. C'est là qu'ils vécurent, sentier de la Bourgogne. C'est là qu'ils travaillèrent, à l'école Saint-Edmond.

Enfance à l'école

Au siècle dernier, la bâtisse appartenait à la famille Gallet. Dans un accès de piété, les propriétaires des célèbres parfums avaient fait don de cette maison à une congrégation religieuse, à condition qu'elle serve à fonder une école. Cinquante ans plus tard, François Gloaguen allait se retrouver à la tête de cet établissement. C'est là que j'ai passé mon enfance.

Sur la façade de l'école trônait une grande Vierge. Avec ma sœur, Marie-Christine, mon frère cadet Hubert et nos parents, nous habitions un minuscule appartement, deux pièces attenantes aux salles de classe et aux dortoirs des pensionnaires. À Saint-Edmond, tout le monde, non seulement les élèves mais aussi ses enfants, redoutaient la sévérité du directeur, sa raideur, son goût de la discipline. Les dortoirs, la nuit, retentissaient des éclats de sa voix rocailleuse qui conserverait toujours une pointe d'accent breton. Ma mère s'occupait de l'intendance et contrebalançait l'autorité paternelle en faisant régner dans l'école une atmosphère familiale.

J'avais un copain, Dahan. Nous étions persuadés que son père était milliardaire. En réalité, il était représentant en vins, ce qui peut, certes, constituer une situation confortable. Mais le père de Dahan possédait une DS 19, la même que celui qu'on appelait alors « le Général » en baissant la voix et sans avoir besoin de préciser général de qui, général de quoi.

« Mais oui, la DS de mon père porte le numéro 6. C'est la sixième de la série », avait expliqué Dahan.

C'est ainsi que, dans une France provinciale et conservatrice, gaulliste et laborieuse, une simple voiture, même prestigieuse, conférait à son propriétaire l'aura d'un milliardaire.

Travaux d'été

Dans la famille, les vacances étaient un rituel sacré. Fin juin, les cris des élèves cessaient pour deux grands mois. François Gloaguen profitait de cette pause pour mettre tout le monde au travail : parents, enfants, cousins, la famille au sens large « à la mode de Bretagne », mais aussi les enseignants souhaitant toucher une prime... Tous étaient conviés au grand nettoyage d'été. Il fallait, avant de partir en congé, remettre l'établissement en état de marche. La petite troupe enfilait des blouses, des salopettes et des gants, les femmes cachaient leurs cheveux sous de grands chiffons et ça lessivait, ça récurait, ça désinfectait, ça repeignait, ça remplaçait les tuiles ébréchées et les carreaux ébranlés par les parties de football. Pendant trois semaines, l'école était une ruche. Chacun travaillait, souvent en silence, tirant de ces occupations physiques un formidable délassement après l'année de cours ou d'études. Le soir, on pouvait bien rire autour d'une bouteille de vin et d'un poulet rôti. Si un ministre farfelu avait décrété tout à trac que la rentrée scolaire aurait lieu le 20 juillet, l'école Saint-Edmond aurait été prête à accueillir tous ses élèves.

Vacances inoubliables

Quand tout était remis à neuf et alors seulement, on pouvait partir en vacances. Le moteur de la traction avant ronronnait, les enfants se faisaient une place à l'arrière entre des montagnes de sacs, et on prenait la route de la mer. Souvent la Bretagne, où mon père avait toujours de la famille, mais aussi les Landes, la Côte d'Azur ou encore Argelès-sur-Mer, où ma mère avait trouvé une location agréable. Elle était aussi exiguë que l'appartement de Saint-Edmond, mais cette fois la plage, proche, nous offrait un espace illimité.

Le bon sens d'un enseignant, qui plus est breton, exigeait que les vacances soient maritimes. L'océan, la mer Méditerranée à la rigueur avaient de ces vertus toniques qui vous préparaient toute une famille pour une année entière de travail. En vacances, les enfants étaient invités à respirer à pleins poumons l'air iodé du grand large. Et nombre d'activités – pêche à pied ou à la ligne, baignades, promenades – avaient la mer pour objectif.

À cette époque, la montagne était le domaine des curistes et des excentriques, et les côtes ne connaissaient pas encore l'affluence et la pollution qui allaient bientôt les gagner. On disait bien de certaines plages qu'elles étaient sales : on sortait de l'eau les pieds noirs de mazout et on allait en riant se briquer au savon de Marseille. À la fin des années cinquante, les vacances avaient conservé un petit goût enfantin, le parfum des premiers congés du Front populaire. Exercices physiques, visites culturelles...

Il n'était pas encore question d'avion. Seule la voiture vous transportait jusqu'à votre lieu de villégiature. L'exotisme commençait aux frontières espagnole ou italienne : Le Perthus ou Vintimille, Barcelone ou Gênes. Des douaniers à l'allure martiale inspectaient les véhicules, vérifiant que vous ne cachiez pas sous les sièges alcool, cigarettes ou autres produits protégés par des taxes. Hérissée de frontières, l'Europe n'était pas encore un espace commun. Sur la Costa Brava, les officiers de la Guardia civil paraissaient menaçants avec leurs chapeaux en carton et leurs mitraillettes toujours à portée de main. L'Espagne était toujours une dictature.

Avec mes parents, nous avons multiplié ces rapides incursions en pays étrangers. Bien plus tard, sillonnant la planète, traversant des déserts et des océans, découvrant des îles merveilleuses, des cordillères enchantées, j'ai souvent songé à mes vacances d'enfance, aux sensations inoubliables de ces sauts de puce.

Le repas de l'année en Sologne

Un dernier souvenir : une fois par an, l'été, nous allions rendre visite à la famille de ma mère, dans le Berry. Voyage ritualisé qui comportait toujours une étape indispensable : le midi, avant d'arriver, nous nous arrêtions dans un restaurant en Sologne dont je n'ai pas oublié le nom : le Relais du Cor d'argent. La patronne, avertie de notre venue, nous attendait sur le pas de la porte. C'était pratiquement un déjeuner familial, pantagruélique, avec son cortège de plats de l'époque : charcuteries, hors-d'œuvre à foison, poissons de rivière, volailles en sauce, desserts débordants de crème, café et bien sûr pousse-café, offert par la maison. Un menu qui ferait sursauter les diététiciens de notre époque anticholestérol.

Maintenant que mon métier consiste non seulement à voyager mais aussi à tester des restaurants, je pense parfois au Cor d'argent, à ses nappes à carreaux, à ses têtes de gibier empaillées, à son décor vieille France. Je pense surtout à mes parents ; c'était la seule fois de l'année où ils s'autorisaient à aller manger au restaurant.

L'évêque exorciste

Au sortir de l'adolescence, j'ai eu besoin de prendre mes distances. Il est un âge où les rituels familiaux exaspèrent ; ce n'est qu'un passage, mais tellement puissant qu'on croirait une rupture, alors qu'il ne s'agit, la plupart du temps, que d'un besoin temporaire d'excursions, d'un éloignement passager vis-à-vis de ceux qu'on aime. J'ai commencé à partir sans mes parents. Je suis allé visiter la famille en Bretagne.

Je me souviens d'un superbe château, près de Douarnenez, où une sœur de mon père était gardienne. Je tournais autour d'une des filles du propriétaire ; je faisais les quatre cents coups avec l'un de ses fils qui, bien avant l'âge du permis, conduisait une Dauphine dans la propriété en faisant crisser les pneus comme s'il avait été pilote de rallye. À cinq heures du matin, ma tante et moi allions retrouver son mari à la criée où il déchargeait les pêches de la nuit. Les ports sont des endroits exotiques par excellence. Nous discutions avec certains marins-pêcheurs qui avaient bourlingué sur toutes les mers. Là j'ai appris que les poissons de mer parlent breton. Bien plus tard, je lirai cette réflexion dans *Big Sur* sous la plume de Jack Kerouac.

Je me souviens aussi du pays de ma mère, le Berry. Le Berry profond, pays de George Sand, entre La Châtre, La Berthenoux et Rezay, contrée de forêts et de bocage, d'étangs, de fées et de sorcières. Là, j'ai vu des paysans recevoir, à la nuit tombée, de mystérieux visiteurs qui, par quelque imposition des mains, les délivraient de leurs souffrances. Le Berry, comme la Bretagne et d'autres provinces rurales, est une terre de guérisseurs et d'exorcistes. Lors d'un repas de communion, j'étais placé à côté d'un prêtre, le fameux curé de La Berthenoux, auteur de plusieurs ouvrages sur la sorcellerie et exorciste de l'évêché de Bourges. Cet homme d'Église m'étonna, autant par la verdeur de son langage que par son ouverture spirituelle et ses allusions aux forces mystérieuses de l'esprit. Peu de temps après, j'ai reçu un méchant coup de sabot d'une vache. L'une de mes tantes a posé ses mains sur ma jambe meurtrie et j'ai senti la douleur disparaître, de façon aussi rapide qu'incompréhensible.

Le mage de Madras

Plus tard, lors de voyages en Afrique, dans les Andes ou en Extrême-Orient, j'ai croisé d'autres personnages étranges, aux pouvoirs stupéfiants pour tout esprit cartésien. Je me souviens d'une rencontre en Inde particulièrement marquante, lors d'un de mes premiers voyages. J'étais seul à Madras. Un vieil homme lisait l'avenir dans la paume des mains. Il me proposa ses services.

« Je n'y crois pas du tout, lui dis-je. Mais si vous voulez, au lieu de l'avenir, parlez-moi plutôt de mon passé. »

Je lui donnai quelques roupies et attendis ses réponses, conscient de lui avoir tendu un piège. Le vieux monsieur accepta pourtant l'exercice, autrement plus délicat que de prédire l'avenir. Mieux, il me raconta deux ou trois anecdotes absolument réelles et tellement précises que je ne voyais vraiment pas quel tour de passe-passe psychologique lui avait permis de deviner ma vie passée. J'étais très déstabilisé, à tel point que je lui tendis un peu plus d'argent et cédai à sa proposition de me prédire l'avenir.

« Je ne vous dirai que ceci : rentrez tout de suite à votre hôtel, quelque chose d'important vous y attend. »

Je quittai le mage perplexe, me demandant ce qui pouvait bien m'attendre dans la minuscule chambre de l'hôtel miteux où j'avais élu domicile. Je ne connaissais personne dans la ville. Depuis que j'étais là j'étais passé parfaitement inaperçu, et je ne voyais vraiment pas ce qui pouvait m'arriver, encore moins m'attendre. Sur le chemin, je m'arrêtai à l'agence d'American Express afin d'échanger des traveller's cheques. Mettant à disposition des voyageurs la puissance de son réseau, la banque réceptionnait dans le monde (presque) entier des envois de courrier. On me signala alors, à mon grand étonnement, que j'avais reçu en poste restante une lettre de mon père, le seul courrier qui m'ait été adressé en trois mois de voyage : il m'y annonçait que j'étais accepté au concours de l'École supérieure de commerce de Paris, l'ESCP.

Je ne peux, je ne veux rien déduire de tous ces faits. Je suis même obligé d'admettre que mon mage s'était trompé sur un point : ce n'était pas à l'hôtel mais dans un immeuble voisin que m'attendait cette nouvelle capitale. Tout de même... J'ai été autant scotché par cette expérience que quand ma tante m'a débarrassé de mes douleurs.

J'aime la France

Si je narre ces deux histoires l'une après l'autre, c'est pour souligner que je n'ai jamais fait la moindre différence entre la France et l'étranger, entre mon cher vieux pays et des contrées lointaines et exotiques. Bien entendu, j'ai vécu des années pendant lesquelles dès que l'on voulait voyager il était naturel, et même pour certains du plus grand chic, de parcourir des milliers de kilomètres. Ce n'était pas mon état d'esprit. Ce sont les hasards des découvertes qui se sont imposés à moi, rien de plus. J'ai toujours aimé la France ; de tous ceux que je connais, c'est l'un de mes pays préférés. Et quand, au début des années quatre-vingt-dix, les anciens babas cool, enfin mariés et parents, ont redécouvert par nécessité les vertus du terroir et de la proximité, je n'en ai pas été surpris. J'avais anticipé le mouvement.

Je sais d'où je viens. Côté père, côté mère, mes grands-parents ont vécu dans des terres particulièrement reculées et enclavées. Le père de mon père avait beau n'être qu'à quelques kilomètres des côtes atlantiques, horizon des grandes découvertes, son mode de vie, son travail ne lui laissaient pas le temps de déserter sa ferme. Il était rivé à un pays de chemins creux, de haies, d'arbres touffus, où la vision avait bien du mal à s'élargir. Le travail rythmait la vie. La civilisation des loisirs est une invention somme toute récente.

Je sais d'où je viens. Rien n'a jamais pu, rien ne pourra jamais me le faire oublier. Je connais mes origines rurales ; je sais cet exode qui a vidé les campagnes, au cœur du XXe siècle, pour remplir des banlieues toujours plus étendues. Il me semble évident, contrairement à ce qui se dit trop souvent, qu'il n'y a aucune contradiction entre l'amour de ses racines et le goût des autres. Bien au contraire. Mieux vaut parfaitement se connaître pour vivre la curiosité, savourer l'échange et le partage.

Faire bouger nos propres frontières

Je suis un enfant du baby-boom et des années soixante. J'appartiens à cette génération qui a eu besoin d'élargir son horizon, de regarder ailleurs, plus loin, de contester l'étroitesse, l'ethnocentrisme, ces réflexes gaulois et cocardiers qui, de Vercingétorix à de Gaulle, font de la France un pays sans équivalent. Je ne nie aucun des traits du génie français, j'aime Descartes, j'aime les Lumières, j'aime l'esprit des lois et du Code civil, j'aime Pierre et Marie Curie, j'en oublie tant... Mais beaucoup de jeunes gens de mon âge ont fini par trouver l'héritage un peu pesant.

Au tournant des années soixante, ma génération s'est sentie confinée dans un pays narcissique qui passait son temps à s'admirer dans un miroir trop flatteur et ressassait un passé forcément glorieux. Ah, le poids de la Résistance, du Parti des fusillés et des Compagnons de la Libération ! Nous avons eu besoin d'aller voir ailleurs, et même de comparer. Nous avons eu besoin de contempler ce passé avec ses grandeurs mais aussi ses petitesses, de Vichy à la guerre d'Algérie. Nous avons eu besoin de faire bouger nos propres frontières.

J'ai pris part à ce mouvement, mais sans aigreur. Il faut dire que je n'ai jamais entretenu le moindre conflit majeur avec mes parents. D'abord, j'appartiens à une famille qui ne s'est jamais vantée de ce qu'elle avait fait. Mon père ne racontait pas sa guerre, il était modeste, travailleur, il avait un sens très aigu de ses propres limites. Quand j'ai quitté l'école Saint-Edmond pour continuer mes études à Paris, pas une seule fois il ne s'est déplacé pour rencontrer mes professeurs. Ce n'était pas du désintérêt, il se tenait au courant de mon travail, me prodiguait conseils et encouragements ; il considérait simplement qu'il n'aurait pas été à sa place face à eux, qu'il n'aurait su quoi leur dire.

Ma marraine avait eu un comportement admirable pendant la guerre. Nous l'avons appris par hasard, des années plus tard. Un feu avait pris dans sa cheminée, les pompiers en ont extrait des monceaux de papiers cachés qui appartenaient à des familles juives entières qu'elle avait protégées.

J'ai vécu dans une famille pour laquelle le devoir se faisait nécessairement en silence, et qui plaçait le travail au-dessus de tout. S'il est un héritage que je n'ai jamais contesté, c'est celui des vertus de l'école, de l'apprentissage des savoirs comme fondamentalement libérateur.

L'école, en ce temps-là, n'était pas qu'une machine à préparer au marché du travail, plus sûrement à celui du chômage. J'ai fait partie des dernières générations à profiter de cet esprit des humanités, de la curiosité planétaire, hors de toute utilité pratique et immédiate. Je considère que mon père, même directeur d'une école catholique, était un descendant de ces hussards de la République, de ces cohortes de maîtres à blouse grise qui faisaient crisser la craie avec la plus haute conscience de leur mission. Même s'il cessa rapidement de faire la classe, occupé par ses tâches de direction, il passait entre deux cours pour entretenir les élèves de sujets divers : le Spoutnik que les Russes avaient lancé dans l'espace ; la vie des Inuits dans le Grand Nord ; les mérites du droit de vote des femmes en France ; les pionniers aux États-Unis... Il invitait aussi des missionnaires conférenciers venus parfois de loin, d'Afrique ou d'Alaska.

L'exemple d'Albert Kahn

J'ai été élevé au rythme des conférences « Connaissances du monde » qui remplissaient la salle municipale de Meudon, et de la lecture régulière du magazine *Sciences et Voyages*, sorte de *GEO* avant la lettre. Pas très loin de chez mes parents, à Boulogne-Billancourt – il suffisait de traverser la Seine –, j'ai passé un temps fou au jardin Albert-Kahn où, sur quatre hectares, se côtoient d'innombrables univers végétaux : jardins anglais et japonais, vergers à la française, forêt vosgienne... J'ai toujours été fasciné par le destin du fondateur de ces mondes en réduction. Banquier philanthrope, ascète, pacifiste convaincu, Albert Kahn a dépensé une partie de sa fortune à envoyer des gens filmer la planète. Il finançait des voyages de quinze mois pour des jeunes dont il avait sélectionné les projets. J'aurais tellement aimé participer à ces expéditions humanistes ! Pendant trente ans, jusqu'à la crise de 1929 et sa faillite en tant que banquier, Albert Kahn a employé neuf photographes et opérateurs qui ont filmé la vie quotidienne de contrées entières, l'arrivée des troupes du nationaliste Tchang Kaï-chek en Chine, la sortie des usines Renault de Billancourt, une soirée sur les Grands Boulevards, la révolte sanglante des Boxers à Pékin en 1900, une fête donnée par un maharadjah, la Palestine des années vingt, une foire à bestiaux en Auvergne, les nomades pachtouns en Afghanistan, des monuments religieux à Katmandou, une crémation en Inde et que sais-je encore...

Ces trésors photographiques étaient régulièrement exposés dans de petits pavillons, au milieu des jardins. J'y restais des heures, fasciné par ces scènes de la vie quotidienne aussi bien que par les événements de la grande histoire, le contraste entre ces paysages sublimes et la misère des villes du tiers-monde. Une partie de ma vie s'est peut-être jouée là, dans ces salles mal éclairées où ces images en noir et blanc étaient une invitation au voyage.

À l'école Saint-Edmond, j'aimais les cartes de géographie composées justement par un complice d'Albert Kahn, Jean

Bruhnes, le premier titulaire de la chaire de géographie humaine au Collège de France. Ces grandes cartes, éditées par la librairie Hatier, pendaient, accrochées à une tringle, toutes serrées. Ainsi, l'on pouvait rassembler toute l'humanité dans un cagibi humide. Dépliées, elles m'attiraient par leurs couleurs tranchées, les lignes de frontières si fortement marquées, comme les fleuves et les reliefs. Le nom des villes et des mers frappait mon imagination. Je me disais que ce devait être formidable d'aller se promener sur toutes les nuances de cet arc-en-ciel.

La terre en rond

Le soir, après les devoirs et le dîner, j'écoutais la radio. Nous avions déménagé, mes parents avaient trouvé une petite maison près de l'école Saint-Edmond. J'avais enfin ma chambre. Quelques émissions commençaient à prendre en compte la culture de la jeunesse, le rock, le twist, la contestation, le désir d'évasion. J'étais un fidèle de l'émission culte Campus diffusée par Europe 1. Son animateur, François Jouffa, grand spécialiste de la pop music, ne se contentait pas de diffuser Elvis Presley, Chuck Berry, les Beatles, les Stones ou Grateful Dead, il ouvrait son antenne aux sujets de société qui intéressaient les jeunes de mon âge : la contre-culture hippie répandue aux États-Unis et pratiquement inconnue en France avant 1968 ; le problème des études, la libération sexuelle, la drogue, la liberté, la révolte étudiante naissante. La France, une certaine France, s'ennuyait. En réalité, un peu partout dans le monde, même dans les pays communistes, la génération née après la guerre fêtait ses vingt ans avec un grand désir de faire bouger le système en place ; on disait : « changer la vie ».

J'écoutais aussi une autre émission, Rendez-vous avec *Lui*. Le rédacteur en chef du magazine de l'homme moderne, Jacques Lanzmann, interviewait des vedettes et, surtout, il racontait ses voyages. Lanzmann, quand il n'était pas en train de composer des chansons pour Jacques Dutronc, filait dans des pays lointains pour de longues marches dont il faisait des livres et des émissions de radio. J'ai été frappé par son récit de la mort du président Kennedy, en 1963, drame qui nous a tous marqués et que Lanzmann a vécu en pleine cordillère des Andes.

Je me souviens aussi de son périple de dix-huit mois en Afrique du Nord, de son séjour dans un bordel de Tamanrasset. Lanzmann se déplaçait en auto-stop, il payait ses chambres d'hôtel en peignant des toiles pour ses hôtes. Tout cela me faisait rêver et m'intimidait à la fois. J'étais l'enfant d'une famille catholique traditionnelle, aux valeurs certes humanistes mais plutôt strictes. Le plaisir individuel, l'épanouissement personnel étaient, chez nous, des notions lointaines. Seuls les études, le travail étaient une promesse d'évolution. Dans ses livres, ses émissions et son magazine, Lanzmann prônait l'émancipation intellectuelle et la libération sexuelle.

Bien plus tard, je publierai dans mes premiers guides un texte de l'écrivain. Lors de notre première rencontre, il me raconta qu'au cours de l'un de ses voyages, dans une pension, éreinté après une journée de marche, il avait aperçu une tablette posée sur une étagère. Il s'en était emparé et le patron de la pension s'était récrié, horrifié par ce sacrilège : « C'est une tablette à prières ! »

« Tu vois, à l'époque, il n'y avait aucun guide qui permette d'éviter ce genre de bévue », me dit Lanzmann.

J'appréciais particulièrement les récits de voyage quand ils n'étaient pas qu'une description académique de paysages et de splendeurs architecturales ou historiques. J'aimais que l'auteur fasse sentir à quel point il s'était investi dans son périple, il s'était ouvert aux autres, de préférence par les chemins détournés, en dehors des grandes routes du tourisme.

C'est ainsi que j'ai découvert un livre publié par les éditions Flammarion, *La Terre en rond, premier tour du monde d'une voiture française*. L'argument avait de quoi intriguer : 100 000 kilomètres parcourus, 8 déserts, 50 pays, 350 nuits à la belle étoile, 2 247 heures de volant. Les deux jeunes auteurs avaient traversé une partie de la planète en 2 CV, un voyage à la Jules Verne. L'un des auteurs était un étudiant en pharmacie âgé de vingt-cinq ans. Il s'appelait Jacques Séguéla. On ne savait pas encore qu'il deviendrait un grand publicitaire, mais il avait déjà saisi l'air du temps qui nous poussait à ne plus avoir de limites.

Chapitre II

ÉTÉ 68

« À nous deux Paris ? »

En 1965, j'ai quitté le cocon de l'école Saint-Edmond à Meudon pour entrer à l'école La Rochefoucauld, à Paris. D'une certaine manière, j'ai poursuivi et achevé le voyage initial de mon père en provenance de Bretagne puisque chaque matin je prenais le train à Meudon pour rejoindre le VIIe arrondissement de Paris. J'ai mis du temps à trouver mes marques dans cet univers totalement inconnu. Je mentirais en prétendant que j'étais, à l'époque, un garçon téméraire. J'avais toujours vécu en permanence avec mes parents, ma sœur et mon frère, puisque la maison et l'école se confondaient. J'étais timide, au moins réservé. Je me sentais perdu au milieu de ces petits Parisiens qui avaient l'air de se connaître depuis toujours. Je ressentais l'éloignement, l'écart entre deux mondes. Il me manquait des codes, des réflexes, des habitudes. Je me retrouvais en compagnie d'enfants d'écrivains, de journalistes, de chefs d'entreprise, d'artistes, d'hommes politiques.

On ne dira jamais assez combien peut être difficile l'arrivée à Paris pour des jeunes banlieusards, et j'imagine que c'est la même chose, peut-être en pire, pour ceux qui viennent de province. Meudon-Paris fut mon premier voyage, celui qui m'arracha au moins symboliquement à la douceur des miens. Je n'ai jamais dit, comme Rastignac : « À nous deux Paris ! », bien au contraire. Je n'avais aucun plan de carrière, aucune volonté de conquérir le monde. Je cherchais à comprendre, à découvrir les clés d'un univers étrange dans lequel je venais de débarquer.

Des cours d'éducation sexuelle

En 1968, j'ai seize ans, je suis en terminale et je ne me sens plus du tout un étranger à La Rochefoucauld. J'ai mis un peu de temps mais j'ai trouvé mes marques. Le printemps est marqué par une forte ébullition susceptible de remettre en cause bien des habitudes. Même mon école privée catholique participe au mouvement qui, avant d'exprimer un désir de révolution, marque la volonté d'une libération des mœurs. On l'oublie trop souvent : Mai 1968 a commencé l'année précédente, avec un mouvement des étudiants qui revendiquaient la mixité des cités universitaires. Mes jeunes lecteurs doivent savoir qu'en ce temps-là la pilule était encore interdite, que l'avortement était clandestin ou qu'il fallait filer en Suisse ou en Angleterre pour éviter une grossesse non désirée. Le puritanisme de la génération précédente devenait insupportable.

À La Rochefoucauld aussi, nous avons connu ces signes avant-coureurs du mouvement de Mai. Chaque samedi, nous étions invités alternativement à des discussions d'intérêt général ou à des séances d'éducation religieuse. Les unes et les autres étaient animées par frère Denis, un professeur de français assez extraordinaire qui parlait avec éloquence et passion de Rimbaud et de Lautréamont. Un samedi, un élève demanda la parole :

« Nous ne voulons plus participer à vos cours d'éducation religieuse si nous n'avons pas aussi des cours d'éducation sexuelle. »

Cette revendication fit l'effet d'une bombe. Pour autant, la demande fut examinée avec bienveillance par la direction de l'école et, dès mars 1968, frère Denis commença à partager ses causeries du samedi matin entre les enseignements de Jésus, la vie de Marie et les rapports physiques entre les descendants d'Adam et Ève. L'école La Rochefoucauld avait pris un peu d'avance sur son époque, et frère Denis dissertait sur la sexualité sans qu'aucun élève ne songe à se moquer de son absence d'expérience supposée de la chose dont il nous entretenait.

De l'Odéon à Malraux

Deux mois plus tard, un samedi matin encore une fois, les professeurs nous ont rassemblés pour savoir si nous allions faire la grève et participer aux manifestations. Après le vote favorable au mouvement, nous avons fait le tour des autres écoles catholiques de Paris, Sainte-Croix et Saint-Jean-de-Passy, pour tenter de les rallier à notre cause.

Je suis un enfant de 68. Je trouvais totalement génial cette explosion folle du monde des adultes. C'était fou, un délire total. Dire que j'étais un enfant, cela signifie aussi qu'à seize ans je n'avais aucune conscience politique formée, juste quelques idées vagues. Avec des copains, on jouait aux pronostics : on en était à se demander, au cas où Cohn-Bendit renverserait de Gaulle, qui il prendrait comme Premier ministre. Nous, on était unanimes : on voulait tous Marie-France Pisier au gouvernement. On craquait pour elle, on la trouvait trop belle.

Je me souviens de quelques manifestations, mais surtout d'être allé traîner mes guêtres dans la Sorbonne occupée où régnait une atmosphère irréelle : les étudiants en grève, réunis en permanence dans les comités de lutte, côtoyaient de drôles de zozos dont on comprenait mal les motivations, les Katangais, crânes rasés, treillis et chaînes à vélo, irruption de types plutôt militaires au milieu d'une bande de pacifistes. Sitôt rentré chez moi, je me souviens de m'être précipité sur mon atlas pour savoir où se trouvait le Katanga. Des Katangais, pourquoi pas aussi des Esquimaux...

J'ai assisté à la prise de l'Odéon, à ce happening permanent après que Jean-Louis Barrault eut tiré sa révérence et, bizarrement, je traînais sur les Champs-Élysées au moment de la grande manifestation gaulliste qui symbolisa la fin du mouvement.

Avec quelques copains, nous avions le goût des canulars, c'est un trait que je n'ai pas perdu avec l'âge. Ce jour-là, il nous avait paru insolite, nous qui avions participé au mouvement lycéen et étudiant, d'aller nous glisser en tête de cette manifestation dont nous n'imaginions pas qu'elle serait aussi massive. Certains clichés, l'un de l'agence Gamma notamment, laissent deviner au second plan, derrière les dirigeants gaullistes, Debré, Malraux, Poujade et Maurice Schumann, la mine rigolarde de jeunes gens aux cheveux longs ébouriffés. Mais n'était-ce pas cela aussi, Mai 1968, le goût de la farce ?

Deux bacs plutôt qu'un

Je dois avouer que ce relatif engagement était contrebalancé par la nécessité de continuer à réviser mon baccalauréat. L'héritage de mes parents conférait à la réussite dans les études une valeur absolue et, au fond, je n'avais aucune envie de les contester sur ce point. J'ai donc réussi mon bachot option mathématiques. Ce n'était pas assez pour mon directeur de père. Il n'avait pas entièrement tort, car le bac promotion 68 ne serait pas considéré comme un cru des plus fameux. Je dus donc, sur ses conseils plus que pressants, passer l'année suivante le baccalauréat littéraire, en même temps que j'effectuais mon année de prépa à HEC. Je ne peux oublier l'expression que mon père utilisa à cette occasion : « On est en plein désordre. Il faut que tu fignoles ton bac, pour qu'il soit plus solide sur pied. »

J'aurais donc deux bacs, mais cela ne suffisait pas encore. Mon père s'inquiétait. Un article publié dans *L'Express* signalait que, après trois décennies de plein-emploi, un phénomène inconnu, le chômage des cadres, ne saurait tarder. Nous étions loin, pourtant, du premier choc pétrolier de 1974 et du début de la crise économique, mais l'hebdomadaire prestigieux pressentait la fin des Trente Glorieuses. Mon père, inquiet pour son rejeton, souhaitait que je mette toutes les chances de mon côté : à côté d'une formation intellectuelle, il pensait qu'un bagage pour un travail plus manuel ne serait pas de trop. C'est pourquoi il m'inscrivit à des cours de conduite très complets. En un après-midi j'obtins cinq permis : je pourrais donc piloter autobus et poids lourds. On a toujours beaucoup travaillé chez les Gloaguen, sans le moindre déplaisir. Question d'éducation, évidemment.

Drôle de stage d'anglais

Les événements du mois de mai se dissolvant dans un désir de retour à l'ordre qui se traduisit par l'élection d'une Chambre « bleu horizon », les jeunes révolutionnaires partirent soigner leur déprime post-révolution un peu partout en France et à l'étranger. Mon premier bac en poche, je m'octroyai des vacances bien méritées. Pour mes parents, ce devait être un stage de langue d'un mois en Angleterre ; pour Jean-Pierre Mayout, copain d'enfance et compagnon de voyage, aussi. En réalité...

Je me souviens particulièrement bien de notre départ, le jeudi 4 juillet 1968, autour de vingt-trois heures. Mon père avait traversé tout Paris dans la camionnette de l'école Saint-Edmond pour nous conduire à la gare du Nord. Les dernières vapeurs des gaz lacrymogènes étaient évaporées depuis longtemps. Les pavés des grandes avenues avaient été remplacés et l'on parlerait bientôt de bitumer les chaussées afin de prévenir tout nouvel accès de fièvre. Plus une inscription, plus une affiche, plus un slogan ne rappelaient le mouvement de Mai. J'étais déjà dans une autre aventure : des vacances, tout un mois, à l'étranger, loin de mes parents.

À l'arrivée du train à Calais, je proposai à Jean-Pierre Mayout la petite idée que je mûrissais depuis quelques jours :

« Et si on faisait le tour de l'Angleterre jusqu'en Écosse ? »

J'imagine que j'ai dû prononcer ces mots sur un ton enflammé. Comment m'était venue cette idée un peu folle ? Folle parce que ce n'était pas mon genre de prendre la route, de risquer l'auto-stop sur lequel on racontait encore toutes sortes de choses très inquiétantes. J'étais un enfant sage, discipliné, plein d'admiration pour son père enseignant. Bien entendu, les émissions de Lanzmann, de Séguéla avaient fait naître chez moi des rêves de grands espaces. J'avais aussi un cousin, professeur de dessin, bohème comme il se doit, avec qui j'avais sillonné la Bretagne à bord d'une vieille 2 CV, sans parcours préétabli. J'en parlais justement à mon copain Mayout, afin d'emporter sa décision :

« Tu sais, c'était génial. On se laissait porter par la route. On campait le soir, on faisait des feux de bois, on rencontrait d'autres jeunes, mon cousin jouait de la guitare. On dormait même dans la voiture quand on était trop crevés pour monter la tente. Là, ce serait pareil, sauf qu'on ferait du stop. »

Nuit de frayeur

Sur le ferry entre Calais et Portsmouth, Jean-Pierre a fini par accepter ma suggestion. Au diable les cours d'anglais ! De toute façon, en sillonnant l'Angleterre en stop, on avait toutes les chances de pratiquer la langue de façon plus qu'intensive.

C'est une chose de décider de partir à l'aventure, c'en est une autre d'en vaincre les obstacles. Je n'ai jamais oublié ma première nuit de routard à Portsmouth. Avec Jean-Pierre, lestés de nos sacs à dos, nous avons tourné, à la nuit tombée, dans les rues d'une ville inconnue, à la recherche d'une chambre pas chère, d'une auberge de jeunesse, d'un gîte, peu importe... Au rythme de nos recherches infructueuses, nous revenions sur nos pas, ce qui ne manquait pas d'augmenter notre angoisse. Une fois, deux fois, dix fois... Je n'oublierai jamais la vision lugubre du port avec ses immenses grues, ses bateaux à la coque rouillée... Nous n'osions pas entrer dans les pubs, pris d'assaut par des marins et des dockers ivres. Nous commencions à avoir très faim. Autour de minuit, nous sommes tombés sur un bobby qui avait fini par remarquer notre manège.

« Que faites-vous dans la rue à cette heure ?

– Nous sommes français, nous sommes en vacances et nous cherchons une chambre pas chère pour dormir. »

Le policier réfléchit un instant puis nous embarqua jusqu'au commissariat. Là, il déplia un plan de Portsmouth et nous indiqua l'Armée du Salut.

« À cette heure-ci, c'est tout ce que vous trouverez. »

C'est ainsi que nous avons passé notre première nuit de routards dans un dortoir, entre deux prostituées et quelques clochards qui se passaient des litres de gros rouge. Ils ont salué notre arrivée avec des rires plutôt effrayants. Ils éructaient, hurlaient. J'avais des visions de cauchemars. Je ne suis pas certain que nous ayons réussi à dormir un seul instant, cette nuit-là.

La tribune de Hyde Park Corner

Ces premières frayeurs ne nous ont pas détournés du but que nous nous étions fixé : faire le tour de l'Angleterre jusqu'en Écosse. Pour cela, il a fallu, les premiers jours, apprendre les vertus et la patience nécessaires à la pratique de l'auto-stop, première occasion de nouer des contacts. Je me souviens d'un Rhodésien, vétéran du débarquement de Normandie, qui nous raconta ses guerres ; d'un couple délicieusement british qui ne cessait de se perdre dans la campagne anglaise ; d'un peintre excentrique et lunatique qui nous pria de descendre de sa voiture sans raison, huit kilomètres après nous avoir embarqués ; d'un représentant en whiskies qui nous entraîna dans une dégustation de ses produits ; d'un mythomane en Daimler-Benz qui nous assura être l'imprésario des Beatles et voulait nous emmener à une répétition des Fab Four.

Un autre soir, nous avons connu des frayeurs similaires à celles de Portsmouth. À la sortie d'Édimbourg, alors que nous devions redescendre vers Londres, au lieu-dit Scotch Corner, nous avons attendu une journée entière qu'un automobiliste s'arrête. En vain. En fin de compte, nous avons trouvé refuge dans un bouge des plus mal famés, rempli de routiers effrayants. Dans la chambre, les draps n'avaient pas été lavés depuis plusieurs jours. Les couvertures étaient déchirées, la lumière ne fonctionnait pas, la porte ne fermait pas à clé. Nous avons dormi tout habillés, le reste de nos économies et nos papiers dans les poches de nos pantalons, comme à Portsmouth.

Un Anglais distingué nous a extraits de ce repaire au petit matin, et conduits jusqu'à Londres où nous sommes restés une semaine entière, littéralement fascinés par la culture pop et rock. Je me souviens de certaines boîtes où l'on jouait l'hymne de la route, le titre de Canned Heat, *On the Road again.*

Comme je l'ai déjà écrit, mon expérience de l'étranger était des plus limitées : un voyage en Belgique, quelques jours en Espagne, d'autres pour visiter les lacs du nord de l'Italie, et ce toujours avec mes parents. Quoi de plus exotique et de plus excitant pour un jeune Français que la culture anglaise à la fin des années soixante ? C'est là que j'ai rencontré mes premiers hippies, là que j'ai découvert qu'on pouvait fumer dans les cinémas mais qu'il fallait se lever quand retentissaient les notes de *God save the Queen,* là que j'ai réalisé qu'une seule ville, certes capitale du Commonwealth, pouvait être peuplée d'autant d'ethnies différentes : Chinois, Pakistanais, Indiens, Sri-Lankais, Kenyans... Londres m'est apparue comme l'Asie, l'Amérique, l'Afrique et l'Europe mêlées. Pour qui vivait, à la fin des années soixante, dans cette France qui avait choisi de digérer ses conflits coloniaux par le silence et l'intégration forcée, c'était une sacrée découverte.

Tout comme mon passage par Hyde Park, au Speaker's Corner. En feuilletant les premiers Guides du Routard, j'ai retrouvé la trace de mon enthousiasme juvénile : « Tout Britannique ayant un message à apporter au monde peut l'exposer devant une masse d'auditeurs indifférents. On peut dire n'importe quoi, n'importe comment. Encore une preuve de l'authenticité de la démocratie anglaise. Le dimanche après-midi seulement. À quand un mini-Speaker's Corner au jardin du Luxembourg ? »

« Faire gaffe à sa manière de penser »

Comment dire l'émerveillement après ce mois de juillet buissonnier ? Je me souviens qu'à notre retour nos parents nous ont trouvés terriblement changés. Jean-Pierre a filé retrouver sa famille au Pays basque. Il a fait sensation avec son sac à dos et sa chemise à fleurs sans col, qui lui descendait jusqu'aux genoux. Quant à moi, comment expliquer à mes parents qu'un séjour en Angleterre ait pu entraîner une telle perte de poids, une fatigue aussi intense, comment soutenir qu'il m'ait fallu deux nuits d'affilée pour commencer à récupérer, effacer les cernes sous mes yeux et mon sourire extatique ?

C'est cela : le voyage dont je rêvais devait pouvoir vous transformer, corps et âme. Pour cela, il fallait se mettre en condition de donner et de recevoir, éliminer le plus possible toute barrière avec les pays visités. Même après avoir passé la barre des cinquante ans, je n'ai pas changé. Il y a quelques années, j'écrivais ces lignes, dans un des guides, que je signerais volontiers aujourd'hui encore : « Voyager, c'est faire gaffe à sa manière de penser, de juger, c'est apprendre à voir avec d'autres yeux ce qui se passe ailleurs, bien sûr, mais aussi chez vous. Voir dépasse parfois notre compréhension. Un Indien qui préfère crever de faim pour pouvoir donner sa pitance à sa divinité favorite peut nous paraître déraisonnable et sa conduite aberrante. Ne jugez donc pas rationnellement, c'est comme ça que naissent les racismes. Oubliez nos traditions de Blancs qui semblent plus logiques, donc meilleures : vous comprendrez que nos modes de pensée, de vie, n'ont jamais été les seuls critères de l'humanité. »

Europe on five dollars a day

Nos premières frayeurs, à Portsmouth puis à Scotch Corner, notre inexpérience, nos premières tentatives d'auto-stop, tout cela a compté dans mon désir, plus tard, de créer un guide pour ceux qui font la route. Quand je repense à ces premiers voyages avec le recul, je considère a posteriori que j'ai été parfois bien imprudent. J'ai appris depuis que partir à l'aventure nécessite un minimum d'organisation, d'avoir étudié quelques cartes, repéré quelques points de chute. À l'époque, je ne savais rien de tout cela. Ce premier voyage en Angleterre m'en a définitivement convaincu. En août, j'ai retrouvé mes parents dans les Landes et, lassé par quelques jours de vacances familiales, gagné par le virus de la balade, le nez au vent, je les ai convaincus de me laisser participer aux fêtes de Pampelune. Bon moyen, avais-je argumenté, après l'anglais, de réviser mon espagnol. Cet été-là, l'apprentissage des langues étrangères m'a autorisé bien des libertés.

Il n'est pas certain qu'à Pampelune, en plein Pays basque espagnol, j'ai beaucoup entendu parler castillan. J'ai par contre rencontré un jeune Américain. Je n'ai oublié ni son nom, Ord Elliott, ni son allure efflanquée. Il avait vingt-cinq ans, mais il était déjà un ancien combattant, puisqu'il avait fait la guerre du Vietnam. Au passage des années soixante et soixante-dix, les Américains prirent la suite des Français dans ce conflit, de peur que ce pays ne rejoigne le camp du communisme – objectif certes louable, mais qui aurait pu emprunter d'autres chemins que celui de la guerre. Cela mobilisait des foules de plus en plus importantes de jeunes s'opposant à la poursuite de cette tuerie.

J'ai donc aussitôt considéré mon nouveau camarade avec beaucoup de sympathie. D'autant que, de Pampelune, il m'a entraîné jusqu'en Andalousie, où son père possédait une villa. Train, bus, stop, je commençais à être aguerri à ce genre de sport. Au Vietnam, Ord Elliott avait été blessé à une jambe. Il s'en était sorti, et on voyait à ses yeux qu'il avait vécu là-bas l'enfer. Il se considérait peut-être comme un rescapé ; en tout cas, il avait décidé de profiter de la vie au maximum.

Un matin, dans la villa d'Andalousie, je suis tombé sur un petit bouquin qui m'a aussitôt passionné. Je m'étais réveillé tôt, souffrant d'une gueule de bois assez sévère. Sur le coup de midi, quand la maisonnée commença enfin à s'agiter, j'étais encore plongé dans le bouquin. Mon ami Ord me retrouva dans le salon, affalé dans un fauteuil, le livre entre les mains.

« Tu sais, c'est super, ce truc. Mon père connaît l'auteur. En Amérique, ça marche très fort. »

Ce truc était un petit guide inventé par Arthur Frommer, *Europe on Five Dollars a Day*, un guide par cher pour les hippies, les fauchés, ceux qui abordent la route par ses détours, ses bas-côtés. Je ne savais pas encore que c'était le guide mythique des années soixante, mais j'avais enregistré l'essentiel, la construction, le type de conseils, l'écriture, les adresses, beaucoup de choses... Le futur Routard avait déjà un ancêtre. Je n'oublierai jamais Frommer et son guide, ni mon ami, le jeune vétéran du Vietnam.

Chapitre III

PARFUMS D'ORIENT

Insouciance

Un an plus tard, 1969, année fantastique. J'ai fait plaisir à papa, j'ai réussi mon deuxième bac en même temps que ma première année de préparation aux écoles de commerce. J'ai compris que, chez les Gloaguen, un moyen infaillible d'acquérir son indépendance consiste à travailler comme un forçat. J'ai donc obtenu un feu vert pour un nouveau départ. Normalement, j'aurais dû repartir avec Mayout, mon copain de l'Angleterre, plus loin, plus fort, en direction cette fois de l'Est. Mais ses parents, ayant deviné l'escapade anglaise, ont mis leur veto. Il faut croire que les miens étaient plus libéraux malgré les principes d'éducation traditionnels qu'ils revendiquaient. Peut-être aussi avaient-ils confiance en moi, ou bien alors étaient-ils un peu inconscients ? Il faut dire aussi que je ne leur racontais pas tout.

En tout cas, si mes deux fils avaient souhaité vivre les mêmes aventures que leur père, je ne crois pas que j'aurais eu la même tranquillité d'esprit que mes parents. S'ils m'avaient annoncé qu'ils voulaient partir tout un été, en bus, en stop, dans des contrées pas franchement paisibles, je me serais fait un sang d'encre. Il faut dire aussi que l'époque a changé, et pas en bien. Nous avions envie de conquérir un monde que nous voulions pacifique, nos parents étaient plus insouciants. Trente ans de crise économique, de compétition mondiale et de guerres religieuses ou pétrolières ont sonné le glas de nombreux rêves.

« À bas les dégonflards ! »

Je serai donc seul, cet été 69, pour aller humer les parfums de l'Orient. Sacré défi, quand j'y songe. Un peu dangereux, même. Seul avec quelques francs en poche pour rallier Istanbul par la route des écoliers. J'ai dû ressentir une pointe d'angoisse avant de prendre la route, puisque sur mes vieux carnets, que j'ai rouverts à l'occasion de ce livre, je lis sur la page de garde : « Ne jamais se dégonfler. Les dégonflards sont les plus cons de la terre. » Je ne sais ce qui m'a pris d'inventer ce mot, « dégonflards », au lieu de parler de « dégonflés ». On aimait, mais j'imagine que c'est toujours le cas, inventer des mots, tordre ceux de nos parents, malmener, torturer la langue française classique. Ce serait donc « dégonflards », ça sonnait mieux, c'était franchement plus haïssable. Pour m'assurer de mon courage, il fallait que je me moque de tous ceux qui étaient incapables de se bouger les fesses. Finalement, mes « dégonflards » seraient l'antithèse des routards, comme aux États-Unis le *straight* (« vieux jeu ») était l'ennemi du *beatnik* (« dans le vent »).

Une gynéco libérée

Pour commencer, je n'ai pas connu l'angoisse d'une nuit dans un port anglais. Le jeudi 10 juillet 1969, j'ai fait comme nombre de mes petits camarades : je me suis posté à une porte de Paris, direction plein est. Si je me souviens bien, j'ai pris le métro jusqu'à Charenton-École puis j'ai marché pendant une bonne demi-heure avant d'embarquer dans une auto. Pourtant, je n'étais pas très déluré, mais se poster au bord d'une route et tendre le doigt en espérant qu'une voiture s'arrête ne me posaient pas trop de problèmes. Je ne sais comment expliquer ce paradoxe. La route, apparemment, me permettait de me transcender, de sortir de l'image de l'enfant sage et travailleur. Oui, travailleur, mais aussi déconnard, pour reprendre la terminologie alors en vigueur. J'avais découvert, au cours de mes études, que l'humour pouvait non seulement être une arme redoutable contre ceux qui en manquent, mais que c'était aussi assez agréable, finalement, de profiter de l'existence pour rire et s'amuser.

Cette fois, je m'en souviens parfaitement, c'est une jolie femme qui a stoppé sa 404. De ces années de stop frénétique, j'ai conservé peu d'images de mes généreux conducteurs. Peut-être parce qu'il émanait de sa personne un attrait particulier ou parce qu'elle était la première personne à me convoyer dans ce voyage, je n'ai pas oublié cette femme d'une quarantaine d'années. Elle était gynécologue, parlait très librement, fumait abondamment, conduisait très vite et de manière sportive. À Troyes, elle m'invita à déjeuner et me parla de son fils qui voulait être prof de gym.

« Tu vois, je suis certaine qu'il est capable de faire autre chose, un métier plus... comment dire... intellectuel. Mais s'il aime le sport, c'est son choix, il est libre, je n'ai rien à dire. »

Le propos, aujourd'hui, peut paraître d'une terrible banalité, encore que je trouve que l'on retourne allégrement vers une éducation stricte où les parents poussent leurs enfants dans une ambition parfois destructrice. En tout cas, à l'époque, le plaisir de l'enfant, ses désirs, ses aspirations comptaient peu. On considérait dans la bourgeoisie traditionnelle les concours aux grandes écoles comme des épreuves obligées de la vie.

J'ai particulièrement apprécié le discours de ma conductrice gynécologue.

Réception au consulat de Venise

Avant d'attaquer les Balkans, je suis descendu à Venise retrouver quelques amis. Nous campions, le sable s'incrustait partout dans nos affaires. Pour le 14-Juillet, l'un de nous a eu l'idée de téléphoner au consulat pour savoir si par hasard une réception n'était pas organisée pour la fête nationale. Et c'est ainsi que nous nous sommes retrouvés, avec nos vêtements tout juste propres et pas du tout repassés, dans un palais majestueux, près du Canale della Giudecca. Ayant appris que la tradition exige que tous les Français présents à Venise puissent, s'ils le souhaitent, participer à la soirée donnée par le consul, nous imaginions passer inaperçus au milieu d'une foule compacte de compatriotes. Quand un domestique en grande livrée nous ouvrit les deux portes de l'immense salle de réception, nous constatâmes qu'une trentaine de convives tout au plus entouraient monsieur le consul. Tous en smoking et robe de soirée, évidemment.

Si l'on m'avait dit un jour que je me retrouverais dans une telle situation, je ne l'aurais jamais cru... Je dois admettre que, pendant quelques secondes, je perdis toute réserve. Je me souviens parfaitement m'être excusé auprès du diplomate pour notre retard inqualifiable. Le consul nous jeta un regard aussi rapide qu'acéré. Nos chaussures auraient amplement mérité une bonne dose de cirage, et nos cheveux les vertus d'un peigne... Enseigne-t-on, dans les écoles de la diplomatie, l'art de s'adapter en toutes circonstances ? C'est probable, à moins que ce ne soit un don, un trait de caractère. Le consul, en tout cas, finit par sourire franchement de notre accoutrement, nous désigna les restes du buffet puis me demanda si j'étais de passage à Venise. Effectivement, il ne pouvait en être autrement.

« Quelle destination ? demanda-t-il.

– Oh... »

Et je fis un geste vague en direction du canal, ma main tendue vers l'est.

La panne en pleine montagne

J'ai abandonné mes amis et leur 4L à Zadar, en Croatie. Il me fallait traverser la montagne, en direction de la Serbie. Je commençais à m'inquiéter. Pourquoi quitter ces amis charmants, me retrouver seul, aller au-devant des ennuis ? Dans mon carnet, j'ai écrit : « J'ai mal à la tête et le cafard. Je prends de l'aspirine. Je ne sais pas si je pourrai continuer avec ce soleil. » J'ai pourtant fini par trouver un bus qui m'a amené à Split. Là, j'avise un vieux camion soviétique, arborant la fameuse étoile rouge. À l'intérieur, deux Russes très baraqués, bras tatoués, visages massifs, coiffés en brosse : « *We go to Dubrovnik.* »

Il fait nuit, le camion ne me dit rien qui vaille. Les camionneurs non plus. Me retrouver dans la montagne croate avec ces deux types ? Et le camion ? La peur est une pelote sans fin. On m'a raconté sur la route tellement d'histoires d'accidents avec des conducteurs fous qui ont terminé leur course dans des ravins. En même temps, je ne peux rester toute une nuit dans les faubourgs de Split. J'accepte donc leur proposition. Un des chauffeurs s'efface pour me laisser monter puis referme derrière lui la portière en la claquant très fort, de peur qu'elle ne se rouvre en plein virage. Je me retrouve coincé entre les deux Russes. La route est à peine éclairée par des phares anémiques.

Au bout d'une heure, en pleine montagne, le camion s'arrête. Les deux Russes rejoignent une auberge où ils ont décidé de se pinter à la bière. Je somnole du mieux que je peux. Nouveau départ. Une heure plus tard, le chauffeur manque de verser dans le fossé. Le coup de la panne. Cette fois, ma dernière heure a sonné. « Il peut m'arriver n'importe quoi. Personne ne viendra me sauver. On doit être à des heures de marche d'un village », ai-je écrit dans mon carnet.

En fait, la panne est réelle, et les chauffeurs, même légèrement éméchés, n'ont rien à faire de ma pauvre petite personne. Un fusible est mort. Ils réparent, repartent au plus vite. Ils ont du retard sur leur tableau de marche. Le camion avance, cahin-caha. J'ai horriblement mal au cœur. Deux autres pannes surviennent, puis un pneu explose. Je suis éreinté. Heureusement, j'ai découvert que je peux m'allonger dans la benne du camion, où l'un des deux chauffeurs roupille déjà. Je dors un moment avant de me réveiller en sursaut. Un coup de Klaxon, un bus passe par là. Il est pourtant quatre heures du matin. Il est temps d'abandonner mes chauffeurs russes.

Appolo en Macédoine

Ce matin-là, j'ai noté dans mon carnet : « Jour Appolo. » Onze juillet. Dans quelques heures, un homme va être le premier à marcher sur la lune. Drôle de voyage. Aujourd'hui, on parle de tourisme spatial, mais à l'époque... Les premiers pas de Neil Armstrong et d'Edwin Aldrin resteront un événement de première importance. Je connais peu de gens qui ne se souviennent pas de ce qu'ils faisaient, cette nuit-là. Et moi ?

Pendant que cinq cents millions d'être humains étaient rivés devant un écran de télévision, fascinés par cette promenade interstellaire, la concrétisation de l'un des rêves les plus fous de tous les grands voyageurs, j'étais loin de toute retransmission télévisée. J'avais dormi quelques heures à Skopje et je m'étais posté à la sortie de la ville dans l'attente d'une voiture qui me conduise en direction de Titoveles.

Quelques heures plus tard, j'étais dans une forêt macédonienne aux arbres épais qui laissaient difficilement passer le soleil. J'étais assis sur un talus de mousse, fatigué par mes deux premières semaines de voyage. J'éprouvais un moment de découragement. Pourquoi m'étais-je avancé dans cette forêt au lieu d'attendre sagement une voiture dans la plaine ? Continuer pour en sortir ? Mais jusqu'où ? Que cherche-t-on, à toujours marcher de l'avant ?

Surtout, j'avais faim, une faim terrible. C'est la maladie de l'auto-stoppeur autant que celle du voyageur sans le sou. C'est toujours aux heures des repas qu'un conducteur propose de vous emmener, et toujours quand tous les bars et restaurants sont fermés qu'il vous dépose.

Comment trouver de quoi me rassasier dans cette forêt immense ? Je ne saurais retourner à l'économie de la cueillette. Soudain – j'ai encore le bruit dans l'oreille en écrivant ces lignes – ce silence impressionnant, presque angoissant, est rompu par le son d'un moteur de Mobylette. Un ronronnement familier. À l'époque, je n'avais pas encore pris cette habitude qui ne m'a plus quitté de circuler principalement au moyen de deux-roues à moteur, mais de percevoir ce son pétaradant, c'était comme si j'entendais les cris d'enfants de l'école Saint-Edmond. Je me suis senti presque rassuré.

Un petit vélomoteur Peugeot s'avançait vers moi et a fini par s'arrêter. Une mob, comme en France ? Un jeune homme en est descendu.

« Bonjour, je m'appelle Patrick, je suis français.

– Eh bien, moi aussi, je suis français. »

Le jeune homme s'est assis à mes côtés, nous sommes restés silencieux un long moment. Deux Français qui se rencontrent par hasard au fin fond d'une forêt macédonienne, l'un à pied, l'autre en Mobylette, le jour où deux Américains ont marché sur la lune... C'est la magie des voyages de routard, la folie des rencontres improbables. J'avoue que ce compatriote qui a surgi tout à coup m'a rassuré. Le coup de cafard était derrière moi.

Mon nouveau compagnon a sorti un couteau, un quignon de pain qui traînait dans son sac. Le morceau n'était pas gros, mais il a décidé de le partager avec moi. S'il avait su comme je crevais la dalle ! Pas avalé le moindre aliment depuis vingt-quatre heures. Arrivé trop tard à Skopje, reparti trop tôt... Pas d'horaires pour les routards, et c'est bien normal.

Patrick a coupé le quignon en deux, fouillé dans son sac, en a extrait un pot avec un reste de confiture à la fraise. Chacun a tartiné son infime morceau de pain.

« Tu viens d'où avec ta mob ?

– De Saint-Brieuc.

– Tu vas jusqu'où ?

– Istanbul. »

Dans toute ma vie de routard, j'ai vu presque tous les plus beaux endroits du monde, mais rien n'a jamais égalé, dans mon esprit, ces rencontres folles, inattendues, toutes simples. Avec Patrick, nous avons parlé tranquillement. Il m'a raconté sa vie. Je dois dire que ce garçon était assez fascinant. Déjà, tenter de faire Saint-Brieuc-Istanbul sur une Mobylette aussi âgée, c'était prendre tous les risques. Elle était bleue, avec des suspensions à l'avant mais pas à l'arrière, il l'appelait « mon véhicule interplanétaire ». Peut-être avait-il entendu parler d'Armstrong et d'Aldrin...

Patrick m'a raconté une partie de son voyage, sa préférence pour la tente plutôt que pour l'auberge de jeunesse. Il avait beau être un routard pur et dur, il avait besoin, le soir, après une journée éreintante, de retrouver son « petit chez-soi ». À Parme, en pleine nuit, il avait monté sa tente sans trop savoir où il se trouvait. Le matin, il avait été réveillé par un concert de Klaxon et de sifflets d'agents. Il était au milieu d'un des grands carrefours de la ville, sur un terre-plein de pelouse et de fleurs.

« Tu vois, avec ma tente, je peux m'installer n'importe où, je ne crains rien. Sauf l'autre jour, vers Split. »

Patrick s'était installé dans des rochers. Il était tard, il ne réussissait pas à planter sa tente, il avait calé les piquets avec des pierres. Un coup de vent avait tout emporté et le matin, en se réveillant, il avait eu droit à un face-à-face avec un bélier. Il était resté là de longues minutes, à attendre que l'animal veuille bien rejoindre son troupeau. Un pas de plus et Patrick était précipité dans le vide.

« Au fait, tu as un appareil photo, toi ? m'a-t-il demandé.

– Non, pourquoi ?

– Parce que moi, j'en avais emporté un. Il y a deux jours, j'allais photographier la mer à Dubrovnik, c'était magnifique, mais au lieu de prendre ma photo, j'ai balancé l'appareil à la mer.

– Mais pourquoi ?

– Parce que j'ai réalisé que cet appareil m'empêchait d'entrer dans mon voyage. J'étais toujours à l'extérieur, à l'affût des beaux paysages au lieu de faire corps avec l'environnement. Cela m'empêchait de vraiment vivre mon voyage, de ressentir le moindre détail important.

– Moi, je n'ai pas d'appareil photo, j'ai un carnet où je note plein de trucs qui m'arrivent. »

Nous avons passé trois heures à parler, assis au milieu de cette forêt. Le quignon de pain, la confiture et surtout la rencontre avec un type aussi étonnant m'avaient donné la force de repartir.

« On se retrouve à Istanbul, m'a proposé Patrick.

– D'accord, on se donne rendez-vous au consulat. »

Le Pudding Shop

En 2003, je suis retourné à Istanbul à l'occasion des trente ans du premier Guide du Routard. Je voulais confronter les souvenirs de mon voyage avec les traces existantes de ces années folles. Je n'ai pas réussi à retrouver le petit hôtel que j'occupais alors près de la Mosquée bleue. C'est dans ce quartier que les hippies se rassemblaient. Là, dans cette métropole, trait d'union entre l'Orient et l'Occident, commençait le grand voyage vers l'Inde et le Népal. Je me souviens des terrasses de café, des fumeurs de narghilé, les parfums des étals, des viandes farcies d'herbes odorantes et d'épices. Je me souviens de cet état de bien-être et d'euphorie, le *keyif*. Je me souviens du quartier sordide de Galata où, dans une rue fermée, des prostituées se vendaient comme de la viande dans des boutiques pareilles à des boucheries.

Trente ans plus tard, j'ai réussi à retrouver le Pudding Shop, un petit café situé entre la Mosquée bleue et Sainte-Sophie. C'était le rendez-vous des babs, des routards, des beatniks en partance pour les Indes. Les minibus se garaient en face. On y mangeait pour pas cher, on s'y reposait avant le grand saut dans l'inconnu. À l'entrée, un grand tableau permettait de laisser toutes sortes de messages vitaux avant de continuer la route : *Cherche équipier pour traverser l'Iran* ; *Accepte place dans voiture pour Kaboul*. Le tableau en liège était parsemé de petits messages punaisés. L'Anatolie, l'Iran, l'Afghanistan, le Pakistan et puis l'Inde et le Népal, Goa ou Katmandou...

Depuis 1969, je suis retourné six fois à Istanbul sans même songer aller boire un café au Pudding Shop. Il m'a fallu le prétexte des trente ans... À l'entrée, on y trouve une pancarte : *World famous since 1957*. Les écrits des poètes beatniks Ginsberg et Burroughs sont affichés dans l'établissement. Au fil du temps, le Pudding Shop était devenu le rendez-vous des babas cool, les « pères cool » en hindi. J'en ai appris plus sur la famille de pâtissiers qui a ouvert cet établissement. Ils ont connu un jeune Américain, William Hayes, un dealer, qui y passait ses journées. Il fut arrêté par les policiers et jeté dans les prisons turques. Son enfer a été raconté dans le film d'Alan Parker, *Midnight Express.*

En 1969, je ne savais rien des dangers encourus par les jeunes routards. J'avais bien remarqué que des tanks de l'armée turque stationnaient place Taksim, menaçants. Il s'agissait de dissuader la jeunesse turque de toute tentation d'imiter ces chevelus occidentaux adeptes de la contestation et des mœurs décadentes. Je ne savais rien mais Patrick, mon copain de la forêt macédonienne, allait m'affranchir à ses dépens.

Avec un âne, comme Stevenson

Comme convenu, j'ai retrouvé Patrick devant le consulat. Le moteur de sa Mobylette faisait un bruit épouvantable.

« Elle n'avance plus, j'ai été obligé de pédaler même dans les descentes. »

Nous avons fait un tour de la ville puis trouvé un vendeur de souvenirs qui a bien voulu acheter l'engin de mon camarade pour trente dollars. Non seulement la Mobylette était près de rendre l'âme, mais Patrick avait un grand projet qu'il s'empressa de me confier. Avec les trente dollars, il voulait acheter un âne et se rendre en Israël, puis faire ainsi le tour de la Méditerranée.

« Un âne, tu comprends, comme dans les Cévennes... »

Non, je ne saisis pas d'entrée l'allusion. Je n'avais pas la culture littéraire de mon compagnon.

« Ben, les Cévennes, Stevenson et son âne. »

J'apprendrais bientôt que l'écrivain d'origine écossaise Robert Louis Stevenson avait joué les routards dès le milieu du XIXe siècle. Celui qui n'avait pas encore écrit *L'Île au trésor* ou

Dr Jekyll et Mr Hyde avait parcouru les rivières et les canaux de Flandres en bateau puis traversé les Cévennes, jusqu'à Saint-Jean-du-Gard, avec une ânesse, Modestine. En désaccord avec son père, Stevenson marquait ainsi sa volonté de rupture avec le modèle culturel des jeunes aristocrates anglais qui, depuis le XVIIIe siècle, parcouraient l'Europe, les stations balnéaires, les lieux de villégiature, la France, l'Italie avec un précepteur. C'est ce Grand Tour qui est à l'origine du « tourisme ». En choisissant de cheminer avec Modestine, Stevenson annonçait de plus grands voyages, jusque dans les îles du Pacifique. Il était un routard avant l'heure, écrivant notamment que « le paysage, pendant une promenade, est tout à fait accessoire ». Tout cela, je l'apprendrai grâce à Patrick et à mes lectures ultérieures.

Marché noir

Il a fallu trouver un notaire pour enregistrer la vente de la Mobylette, puis nous avons pu traverser le Bosphore et filer vers le sud. Patrick comptait acheter son âne plus tard. D'abord, il voulait prendre le bateau pour Rhodes avec moi. Mais, à la douane de Gülmurk, un douanier a inspecté ses papiers.

« Vous avez enregistré une Mobylette. Elle est où, votre Mobylette ?

– Je l'ai vendue à Istanbul. Je veux acheter un âne, a-t-il répondu sur un ton détaché.

– Vous devez la retrouver. On n'a pas le droit de faire des trafics en Turquie. »

Le ton du douanier, même dans un anglais sommaire, n'était pas du tout engageant. Les Occidentaux se livrant à des trafics étaient durement pourchassés. Trente dollars, tout de même, ce n'était pas la mort... J'ai accompagné Patrick jusqu'au commissariat. On nous a pris nos passeports. Pendant que nous attendions qu'un policier daigne s'occuper de nous, Patrick se marrait presque, alors que j'étais plus qu'inquiet. Il m'a raconté que ce n'était pas la première fois que ce genre de mésaventure lui arrivait. À l'âge de quinze ans, il avait rencontré en Bretagne un pêcheur canadien, ils avaient échangé leurs papiers d'identité.

« Tu comprends, il avait envie de rester en France. Moi, ça m'amusait d'aller au Canada. J'ai donc pris l'avion pour Montréal.

– Ils t'ont laissé passer à la douane ?

– Au départ, ils n'ont rien vu, mais à l'arrivée, ils ont remarqué que les papiers ne collaient pas. Ils m'ont gardé dans une chambre d'hôtel pendant une semaine, j'étais un clandestin. À la fin, ils m'ont condamné à une peine avec sursis et ils m'ont expulsé vers la France. »

Pendant que nous parlions, un flic s'est approché.

« Si vous ne retrouvez pas votre Mobylette, vous risquez dix années de prison et une forte amende. Vous l'avez vendue où ?

– À Istanbul.

– Vous n'avez qu'à y retourner et la retrouver. Nos lois sont très sévères pour les spéculateurs occidentaux. »

Après avoir tenté en vain de dénouer la situation au consulat de France à Marmaris, Patrick a fini par me conseiller de prendre mon bateau pour la Grèce.

« Je vais me débrouiller. T'inquiète. »

Son cran m'a vraiment impressionné. Plus tard, de retour en France, j'ai appris qu'il avait échappé de justesse à la prison. L'ambassade de France à Istanbul ne pouvait rien pour lui mais, avec ses trente dollars en poche, il s'était payé un billet d'avion pour Athènes et avait réussi, cette fois, à passer la douane incognito.

Stop ou encore

Athènes, Brindisi, Rome, Genève... Les retours sont parfois pénibles. J'ai traversé la Grèce sans trop me poser. Je me souviens seulement d'avoir passé quelques jours avec un Anglais de Liverpool. Nous voulions monter la colline de Delphes, mais avec nos sacs à dos, cela paraissait délicat. Une Coccinelle, la fameuse Volkswagen, s'est arrêtée. Il n'y avait pas une place à l'intérieur. Le conducteur a eu une idée :

« Montez sur les marchepieds. Chacun d'un côté. »

En Italie, je n'avais qu'une hâte : rentrer le plus vite possible en France. Je commençais à me débrouiller pas mal en auto-stop, traversant les villes le plus vite que je le pouvais pour me placer dans les premiers, à la sortie, dans la file des auto-stoppeurs. Depuis mon premier voyage en Angleterre, quel changement ! J'ai retrouvé, dans mon carnet, les mille trucs que je m'inventais pour mieux attirer l'automobiliste : « Le coup du type paumé, stopper où il n'y a pas une habitation, en plein soleil (ça les apitoie). S'il ne va pas trop vite, le signe : "Pourquoi pas ? J'ai pas l'air sympa ?" S'il dit qu'il n'a pas assez de place (et même s'il ne le dit pas), faire un signe d'amitié de la main quand il passe. Quelquefois, il s'arrête plus loin et fait marche arrière. Marcher en boitant quand la bagnole va lentement. Être relax, manger quelque chose, et un petit sourire en coin. Le coup du type auquel il est arrivé quelque chose, grands signes désespérés. Une légère originalité est recommandée. »

J'aurais besoin de quelques semaines supplémentaires d'auto-stop avant de conseiller mes lecteurs. J'ai tout de même tiré de ce voyage quelques préceptes que je ne renie rien aujourd'hui : « Être patient, avoir de la volonté, se déshabituer du confort et de la facilité, savoir se faire des amis, être débrouillard, être sportif – on marche énormément –, faire naître en nous un certain esprit d'aventure, savoir adapter sa conversation à celle de l'interlocuteur, vaincre sa timidité, être plus hardi, savoir calculer (fric, temps, distance), ne pas être effrayé par la solitude, aimer parler avec aisance, être sûr de son étoile, savoir qu'on s'en sortira toujours, se décomplexer, avoir le goût du risque. »

Quand je songe à ce que j'avais écrit, deux mois plus tôt, avant de partir, à cette angoisse qui m'avait étreint, la peur de me dégonfler, il est clair que j'ai plus changé en six semaines qu'en une année de classe préparatoire aux écoles de commerce.

Aurais-je jamais songé à voyager sur les cageots d'un camion sans bâche et sous la pluie, comme après Naples, si je ne m'étais pas lancé dans le grand bain ? Aurais-je seulement imaginé que j'étais capable de dormir à la belle étoile, dans un champ d'oliviers trempé par la pluie ?

Méconnaissable

J'ai changé, c'est évident. J'en ai eu la preuve rapidement. Je devais retrouver mes parents près d'Orléans où ils possédaient une petite maison de campagne. Après un train de Bourges à Orléans, je fis du stop jusqu'à Bellegarde. Il ne me restait que huit kilomètres à parcourir, mais j'étais épuisé. J'avais mon sac à dos et un carton entre les mains, j'étais coiffé d'un grand chapeau, j'avais enfilé – il faisait particulièrement froid en cette fin août – la veste en peau de mouton achetée au grand bazar d'Istanbul. Une camionnette s'est arrêtée ; c'était le boucher du village qui faisait sa tournée. Je lui ai souri, c'était le premier visage familier que je voyais depuis un bon moment. Je le connaissais depuis dix ans, tout de même ! Mais le commerçant, lui, ne me connaissait plus :

« Je prends pas les manouches », m'a-t-il dit avant de claquer sa portière et de démarrer le plus vite possible.

Méconnaissable, donc, avec mes cheveux longs et ma mine creusée. Plus que l'année précédente, c'est certain. Le boucher ne m'avait pas reconnu. La route vous change un homme, c'est ce que je cherchais.

À la fin de mon carnet 1969, j'ai noté cette conclusion qui m'enchante : « Mon voyage a duré 48 jours, j'ai discuté avec des jeunes de 20 nationalités différentes. J'ai parcouru 9 000 kilomètres, dont plus de 300 à pied. Avec 10 jours d'arrêt, cela fait une moyenne de 237 kilomètres par jour. Et j'ai 2 jours d'avance sur ce que je prévoyais. Je n'ai perdu que 1 kilo (57 à 56) mais le poids de ce que je portais est passé de 12 à 20. J'ai eu froid, j'ai eu chaud, j'ai eu sommeil, j'ai eu faim, j'ai eu soif, j'ai eu peur, c'est formidable, ça vaut le coup de savoir, de l'avoir vécu, de l'avoir fait. »

J'avais dix-huit ans et déjà le goût des récapitulatifs précis. Il était dit que, un jour, je ferais un guide.

Chapitre IV

LES CHEMINS DE KATMANDOU

Wight is Wight

Pendant deux ans, je fus interdit de voyages au long cours. La priorité était aux études. Il s'agissait d'intégrer l'ESCP, l'École supérieure de commerce de Paris, autrement dit Sup de Co. L'été 1970, j'ai dû me consacrer à l'apprentissage sérieux de l'anglais. Pas de route des Indes, donc. J'avais seulement réussi, entre deux cours, à rallier l'île de Wight où se déroulait un festival de pop music, sorte de Woodstock européen : je me souviens d'avoir vu les Doors et les Who, Miles Davis, Jethro Tull, ELP, Free et Jimi Hendrix, excusez du peu ! Je suis revenu de Wight fasciné par ce rassemblement musical et pacifique. J'en discutais longuement avec mon copain Michel Duval.

Nous étions devenus amis alors qu'en apparence nous n'avions rien de semblable. Michel Duval paraissait bien plus sérieux que moi avec ses lunettes rectangulaires Photogray qui fonçaient automatiquement au soleil quand j'avais opté pour des verres ronds. Nous avions pourtant une passion commune : la route. Nous en parlions sans cesse, entre les cours de l'Institut Frilley qui préparait aux concours des écoles de commerce. Bientôt, nous allions rédiger ensemble le premier Guide du Routard. Michel Duval mesurait un mètre quatre-vingt-dix et je me souviens qu'il éprouvait bien des difficultés à s'extraire des bancs de la classe. Combien de fois n'a-t-il pas renversé son pupitre en tentant de se lever ! Bien plus tard, à l'occasion de la sortie du premier Guide, nous serions invités tous les deux dans la fameuse émission de Jacques Martin, Le Petit Rapporteur. Nous étions assis derrière un pupitre, puisque c'était la mise en scène de l'émission d'humour qui faisait un tabac tous les dimanches midi, sur Antenne 2. À la fin de l'interview, Michel, se redressant, emporta le pupitre sur quelques mètres. Exactement comme en cours, sauf que, cette fois, il y avait des caméras.

L'exemple des Beatles

Nous avions chacun nos destinations préférées. Je ne pensais alors qu'à l'Orient. Michel Duval, à dix-sept ans, était parti seul aux États-Unis et sans un sou de ses parents, opposés à ce projet. Il avait économisé pendant un an pour se payer la traversée de l'Atlantique et ses tickets de Greyhound, ces bus qui circulent dans toute l'Amérique. Michel était remonté du Nouveau-Mexique jusqu'à New York. Il avait échappé à une tempête dans le sud du pays. En plein ouragan, un pont s'était effondré et le bus dans lequel dormait Michel s'était retrouvé à moitié happé par le flot de la rivière en crue.

En juillet 1971, Michel Duval intégrait l'ESSEC, moi l'ESCP. Il nous restait quelques semaines, avant la rentrée, pour grossir nos carnets de route. L'idée d'écrire un guide de voyage s'était ancrée en nous. Michel repartait en Amérique, j'allais reprendre mon sac à dos direction l'Orient, jusqu'en Inde via Istanbul.

À l'époque, les voyages en Inde, au Népal et à Ceylan étaient très en vogue. Un peu plus tard, les hippies repousseraient les frontières jusqu'à Bali et l'Indonésie. Sans toujours le savoir, ils marchaient sur les traces d'un grand poète, Henri Michaux, inspirateur des beatniks, de Kerouac, Burroughs et Ginsberg. Recherche esthétique et spirituelle, bouddhisme, hindouisme... Ce qui comptait, c'était de s'éloigner des religions monothéistes occidentales.

À la fin des années soixante, l'intérêt des Beatles pour l'hindouisme fit de nombreux émules. Au printemps 1967, les quatre garçons dans le vent venaient d'enregistrer dans les studios d'Abbey Road leur album phare, *Sgt. Pepper's Lonely Hearts Club Band*. On y entend la cithare de l'Indien Ravi Shankar qui se trouvait être un ami de George Harrison. Sur la couverture, on y distingue parmi la foule qui entoure les quatre Beatles plusieurs gourous. La femme de George leur avait fait connaître le yogi Maharishi Mahesh. Les Beatles, au printemps 1968, partirent faire une retraite dans l'ashram du yogi, au nord de l'Inde.

En France, l'écrivain René Barjavel exprimait ses craintes de la drogue et de la déchéance dans *Les Chemins de Katmandou*, adapté au cinéma par André Cayatte. Une jeune romancière, Muriel Cerf, publiait son premier roman, *L'Antivoyage*, dans lequel elle racontait le choc ressenti à Bombay et la sérénité vécue à Katmandou.

En réalité, tout nous poussait sur les chemins de Katmandou.

L'Anatolie en omnibus

J'ai donc décidé de faire, cet été-là, la route des Indes. Ou plutôt « la route des Zindes ». C'est ainsi que j'ai titré mon carnet, en date du 11 juillet. L'époque était à la provocation. Alors, ce serait la route des Zindes, comme on écrivait « les Zéros » pour les héros.

J'ai donc retrouvé Istanbul deux ans plus tard, moins fasciné que la première fois, évidemment, mais inquiet, par contre en examinant attentivement les annonces épinglées sur le grand tableau de liège du Pudding Shop. J'ai placé un petit billet pour dénicher un équipier qui accepte de traverser avec moi l'Iran, l'Afghanistan et le Pakistan. J'ai attendu quelques jours, en passant plusieurs fois pour vérifier si j'avais une réponse. Non seulement aucune proposition de partager la traversée ne m'y attendait mais ces stations devant le tableau me laissèrent le temps de déchiffrer tous les messages. Combien de petits papiers vieux de plusieurs mois ! Untel attendait Unetelle depuis une année ; un autre demandait si quelqu'un avait des nouvelles d'une autre... Cela m'a fait penser à un gigantesque avis de faire-part des naufragés de la route. Ces chemins de Katmandou étaient-ils aussi mortifères que le prédisaient Cayatte et Barjavel ? Entre routards, on parlait de choses terribles, de morts de faim, de trafics de drogue. Certains vendaient leur sang en Afghanistan pour financer la suite de leur voyage.

Faute de réponse à mon annonce, je me suis décidé à partir. J'ai traversé le Bosphore, comme l'autre fois avec mon copain Patrick à la recherche de son âne, direction Ankara puis la frontière turque. L'express Erzurum étant complet, je me suis retrouvé dans l'omnibus Posta Treu, qui traverse l'Anatolie en direction de la frontière iranienne aussi lentement que le train Brest-Montparnasse, il y a cinquante ans.

Cela m'a laissé le temps de contempler l'Anatolie et le Kurdistan. À chaque fois que le train s'arrêtait dans un village, une ribambelle de gosses aux crânes rasés se précipitaient pour nous proposer des abricots, du raisin et de l'eau dans des jerrycans plutôt dégueus. L'insistance avec laquelle ils nous suppliaient de leur acheter quelque chose, ou bien même simplement de leur donner une pièce, une petite pièce, rien qu'une petite pièce, disait ce que devait être leur quotidien. Je n'ai jamais oublié leur regard éperdu, tendu vers nous comme si nous avions le pouvoir de nous transformer en sauveurs.

À Ankara, sont montés deux gamins qui ne devaient pas avoir beaucoup plus qu'une dizaine d'années. Ils étaient très maigres, ils avaient un visage triste, leur peau d'enfant était déjà brûlée par le soleil, leur regard absent, comme domestiqué par la fatalité d'une existence difficile. L'un des deux portait sur une joue deux cicatrices, comme des taillades. Accident de jeu ou punition ? En les observant, pendant ces heures de voyage, j'ai vraiment eu le sentiment de découvrir un monde inconnu. Mes parents ne m'avaient jamais rien caché de la misère du monde, mais c'est autre chose d'y être confronté directement. Quelle était ma vie, quand j'avais dix ans ? Aurais-je pris un train sans mes parents sur des centaines de kilomètres ? Quelle chance inouïe d'avoir grandi dans un cadre aussi protecteur ! Et dire qu'en 1968 nous rejetions le cocon de nos enfances, inconscients que nous étions !

À un moment, les deux enfants se sont agités. L'un des deux a penché la tête par la fenêtre à l'approche d'un village, un amoncellement de quelques maisons en torchis appartenant à des bergers. Leur visage s'est éclairé, puis assombri. Ils étaient chez eux mais le train ne s'arrêtait pas. L'omnibus faisait des caprices, j'imagine que la liste des arrêts était variable, suivant le bon vouloir du chauffeur. L'un des enfants est monté sur la banquette pour essayer d'attraper le signal d'alarme. Il a demandé à son copain de l'aider. Tous deux sont restés suspendus dans une courte échelle acrobatique qui a fini par s'écrouler. J'étais tellement stupéfait qu'il ne m'est même pas venu à l'idée de le faire pour eux. Ils ont recommencé, mais j'ai compris qu'ils n'y arriveraient pas. Le signal d'alarme était coincé par la rouille. Ils sont partis dans un autre compartiment tenter la même opération. En vain. Le train continuait tranquillement sa course. Combien de kilomètres ces gamins allaient-ils devoir marcher, à rebours, pour rallier leur village ?

En écrivant ces lignes me revient en mémoire le désarroi qui soudain se peignit sur leur visage jusqu'alors totalement étranger à la moindre émotion. Je me vois, à dix ans, tenter de stopper illégalement un train puis marcher pendant des heures dans le désert anatolien...

Un gueuleton au Hilton de Téhéran ?

D'Erzurum, j'ai dû prendre deux bus encore plus lents que l'omnibus pour arriver à la frontière. Quand on roule, c'est au pas quand tout va bien. À chaque changement de moyen de transport, ce sont des heures d'attente supplémentaires. À la gare d'Erzurum, par exemple, il m'a fallu une demi-journée avant de prendre mon bus. La compagnie avait vendu plus de billets que de places et fait descendre en priorité les touristes. Après tout, pourquoi pas...

Il a fallu que j'apprenne la patience, qui n'a jamais été mon fort. Combien de fois ai-je retrouvé dans mon carnet cette expression : « J'en ai marre ! » Attendre, laisser filer le temps... Ce n'est pas ce qu'on enseigne en France, où chaque minute doit être utilisée plutôt deux fois qu'une. C'est clair, le don d'ubiquité, attribut des dieux, est devenu l'apanage de la société moderne. Quelle prétention ! Au fil de ces attentes interminables, en observant l'impassibilité de mes voisins, je me demandais si, finalement, cette forme d'humilité n'est pas une force.

À la frontière de l'Iran, j'ai fait la connaissance de deux Français routards dans l'âme, Michel et Christian. Nous avons dormi sur le béton d'un réservoir d'eau à sec. Certains disaient que dans les champs il y avait d'énormes scorpions. À nouveau un tortillard, et arrivée à Téhéran à quatre heures du matin. Nous avons fini la nuit sur une pelouse de la capitale iranienne. Au matin, nous avons trouvé un hôtel borgne, près de la gare. Crevés, découragés, affamés, nous avons pris quelques heures de repos. Au réveil, l'un de mes deux compagnons de route a eu une idée :

« Ce soir, on va se taper une cloche d'enfer. »

Nous l'avons regardé, éberlués. La question de la nourriture est parfois un casse-tête quand on fait la route. Une assiette de riz me faisait souvent la journée.

« Je vais vous inviter au Hilton », insista-t-il.

Peut-être Michel était-il devenu fou ! Il mettrait un moment pour nous expliquer son plan :

« J'ai rencontré une fille en Grèce, une routarde, baba à mort. Sa mère est une Iranienne hyper riche qui possède des puits de pétrole. Elle vit toute l'année au Hilton de Téhéran, on va aller la trouver. »

Ce que nous avons fait, le soir même. La route est un incroyable mélange de sensations : on peut passer de la compagnie de deux misérables petits Kurdes à un dîner dans un palace. Sauf que... Michel a réussi à faire descendre de sa suite la riche Iranienne en expliquant qu'il était un ami de Shirine, sa fille. Mais quand il s'est agi de se faire inviter à dîner, ce fut une autre paire de manches :

« Vous connaissez vraiment Shirine ? demanda la riche Iranienne.

– Oui, je l'ai rencontrée en Grèce.

– Quand ?

– Euh, il y a quelques mois.

– Et alors ?

– Euh, je voulais vous donner de ses nouvelles.

– Merci, monsieur, mais ma fille m'écrit, je n'ai pas besoin de vous. »

Pour le gueuleton, c'était raté.

Marchandage pour une montre

La route est une école de la débrouillardise. Quelques semaines plus tard, lors de ce voyage, j'étais à Bénarès, la ville sainte de l'Inde. Dans le chowk, le vieux quartier de la ville où j'adorais me perdre, un gamin a repéré ma montre et m'a proposé de le suivre jusque chez son père.

« Il a une boutique, il te donnera de l'argent. »

De l'argent, pourquoi pas. Les économies filent vite en trois mois de voyage, même à la mode routard. On trouve tout dans le chowk, on vend tout, on achète tout...

« Je vous en donne 300 roupies, m'a proposé le commerçant après avoir longuement examiné ma montre.

– Vous rigolez ! C'est une Yéma, je ne vous la laisse pas à moins de 900 roupies. »

J'ai pris un air outragé. Ma montre était effectivement impressionnante, une Yéma chronomètre dernier cri, très épaisse, avec beaucoup de couleurs. J'ai fait mine de partir, le marchandage commençait. Le gamin m'a rattrapé et le père a fouillé dans des tiroirs bourrés de papiers. Soudain, il a sorti un catalogue de La Redoute, a commencé à le feuilleter, a trouvé la page des montres puis, amusé, me l'a tendu.

« La voilà, votre montre. Vous avez vu combien on la vend en France ? Trois cents francs. Alors je ne vous donne pas plus de 450 roupies. »

Estomaqué, je me suis mis à rire comme un gamin pris en faute. Le fou rire a gagné le père et le fils. L'affaire s'est vite conclue, je suis reparti les bras chargés de saris de soie.

Je pense parfois à cette anecdote. Le sentiment de supériorité est une maladie qui guette tout Occidental, si disposé soit-il à l'humilité. Quel effort permanent pour s'en prémunir !

Siddharta, nous voilà !

Quand je suis arrivé en Inde, je me souviens de l'émotion ressentie. Je l'ai même anticipée puisque c'est à Lahore, au Pakistan, à quelques kilomètres de l'Inde et d'Amristar, que j'ai ressenti cette grande joie. Extrait de mon carnet : « Les sikhs ont vraiment de la gueule. Bracelet d'acier au poignet droit, symbole de prudence et des chaînes de l'esclavage. Ils ne se couperont pas les cheveux tant que les musulmans ne seront pas partis. De vrais hippies, eux aussi. C'est l'Inde, man, on y est ! ! ! ! ! »

Vaches sacrées, rickshaws, premiers troupeaux de buffles... J'avais tellement attendu cet instant ! J'étais atteint, moi aussi, par la mode de l'orientalisme, j'avais rêvé l'Inde parée de mille feux, dévoré *Siddharta*, je pensais qu'on pouvait atteindre la sagesse grâce à une spiritualité aux antipodes de la société de consommation, baigner au milieu de la misère, abandonner toute position de pouvoir, être au lieu d'avoir, faire le vide autour de soi pour mieux exister... Je m'arrête là, le laïus est assez connu. À partir de Lahore, j'ai eu l'impression de me retrouver dans le livre de Hermann Hesse. À Agra, le Taj Mahal, mausolée de marbre blanc, m'a évidemment beaucoup impressionné. Tout comme le Népal, Katmandou ou Bénarès... Mais je dois avouer que mes sentiments se sont vite teintés d'une vague déception.

D'abord, je n'ai cessé de croiser la route de hippies dont

l'état de délabrement m'a plus que frappé. Alain, par exemple, un jeune Français rencontré à Lahore, revu à Dehli puis à Bénarès, qui se disait chef d'une communauté mais qui passait des heures dans la rue, complètement shooté, tel un mendiant. À Goa, sur la fin du voyage, j'ai même découvert un jeune Américain sur la plage, les yeux révulsés ; j'ai vraiment cru qu'il était mort. Pas mal de jeunes Occidentaux ne sont pas revenus de leur visite aux paradis artificiels. Certains sont morts d'overdose, la majorité a connu la chute lente, la déchéance.

La misère, ensuite, m'a traumatisé. C'est bête, mais c'est ainsi. Dès l'Anatolie, constamment pendant tout ce voyage, j'ai été – comment dire – impressionné par les manifestations de la pauvreté. Ce fut sans doute une expérience importante à laquelle je ne devais surtout pas me soustraire, mais du visage des enfants dans le train d'Ankara jusqu'aux foules de mendiants en Inde, j'ai été bouleversé, remis en question par ces rencontres.

J'ai évidemment, depuis, côtoyé la pauvreté du tiers-monde, la mendicité insistante, des scènes pathétiques ; je ne m'y suis jamais habitué, mais cette première fois, je ne l'ai jamais oubliée. J'ai éprouvé un mélange de sentiments complexes : de la tristesse, de la compassion – je n'ai pas été élevé pour rien dans une famille catholique –, mais aussi du dégoût, de la colère, de la révolte. Je me suis surpris à détester le jeune Français que j'étais, confronté à ses petits problèmes d'Occidental, préservé de la plupart des souffrances qui assaillent au quotidien une grande partie de la planète.

Le choc ressenti alors, je me suis bien gardé de l'oublier. Cette colère est salutaire. J'espère la conserver jusqu'à mon dernier jour.

Renversé par la foule

Entre Katmandou et Bénarès, j'avais fait le voyage en train. À l'arrivée, j'ai cru ma dernière heure arrivée. En m'apprêtant à descendre du wagon, mon sac à dos à peu près calé, j'ai senti une énorme pression qui m'a projeté sur le quai. C'était les Indiens entassés dans ce train, quatre ou cinq fois plus nombreux que les règles de sécurité ne l'auraient exigé, qui s'étaient mis à pousser tous en même temps, comme une force aveugle, inexorable, qui m'a précipité sur le quai, le visage à terre, mon sac à dos pesant des tonnes sur mes épaules. Avant d'être piétiné, j'ai juste eu le temps de me redresser et de me jeter sur le côté.

Décidément, ce n'était pas le moment de faire le malin. Le petit Occidental n'était pas de taille à résister à l'immensité indienne. Cela ne m'a pas empêché de passer de fascinantes journées à Bénarès à contempler ces vieillards se lamentant que la mort ne vienne pas plus vite, comme si les dieux refusaient de leur ouvrir directement les portes du nirvana sans passer par les affres de la renaissance ; à observer des vaches sacrées bloquer des ruelles ; à suivre les crémations. J'étais jeune, je n'avais aucune vénération d'aucune sorte, j'écrivais, dans mon fameux carnet : « Les morts se baladent. »

Un thé à l'eau du Gange

Malgré mon insolence, j'étais, nous étions tous, confusément, sans même nous en rendre compte, en quête d'une spiritualité nouvelle. Peut-être pas au point d'endosser l'hindouisme ou le bouddhisme, comme l'avaient fait nombre de vedettes. Dans l'ashram du Maharashi, en 1968, les Beatles avaient retrouvé Donovan, le troubadour anglais, l'actrice américaine Mia Farrow et sa sœur, un des Beach Boys. Ils avaient prié, médité, ils s'étaient baignés dans le Gange avant d'être profondément déçus. On raconte qu'au moment de prendre congé, leur yogi leur demandant pourquoi ils partaient, John Lennon lui répondit : « Puisque vous êtes si cosmique, vous devriez le savoir. »

Peut-être est-ce ma nature réservée, légèrement sceptique, un vieux fonds de doute cartésien, toujours est-il que quelque chose m'empêchait de plonger à corps perdu dans le mysticisme hindouiste. Un des rédacteurs les plus fidèles du Routard, Benoît Lucchini, m'a raconté une expérience qui, pour moi, eût été tout simplement impossible.

Cela s'est passé à Bénarès, bien des années après mon premier voyage. Il était cinq heures du matin. Il y avait déjà beaucoup de monde sur les bords du Gange. Des centaines d'Indiens faisaient leurs ablutions dans le fleuve sacré, Mâ Gange, qui descend du ciel et de la chevelure de Shiva. Les plus religieux sont les plus matinaux, ils se trempent trois fois dans les eaux sacrées, se présentent face au soleil, profitant seuls de la pureté des esprits ; ils prononcent des prières, avalent une gorgée de cette eau censée les purifier de l'intérieur avant de remonter les ghâts (les marches en sanscrit) pour aller prononcer un mantra, formule rituelle sacrée, dans un temple. Des sadous restent sur les marches, vêtus seulement d'un pagne et des cendres dont ils s'enduisent le corps, mendiants éternels et volontaires. Des familles entières viennent aussi, un peu plus tard, se laver entièrement dans le fleuve, jusqu'au rasage et au nettoyage des yeux et des dents avec des bâtonnets.

Benoît Lucchini décida de se mélanger à cette foule joyeuse et colorée. Il croisa un yogi, âgé à peine d'une trentaine d'années, aux cheveux très longs et très noirs, serrés en nattes et roulés en chignon. Il était grand, plus d'un mètre quatre-vingt-dix, et adoptait toutes les poses classiques du yoga. C'était un errant qui donnait des cours de yoga aux communautés qui le souhaitaient. Benoît discuta pendant deux bonnes heures avec ce yogi dont les fesses reposaient sur la pointe de ses pieds et qui ne bougea pas d'un millimètre. Impressionnante maîtrise du corps ou relâchement absolu, magie de la volonté ou du vide...

À un moment, Benoît lui demanda s'il pouvait le prendre en photo. Le yogi n'y vit aucune objection, il lui fit juste remarquer qu'ils avaient le temps. Pour un Français, deux heures de conversation sont déjà un temps anormalement long ; pour le yogi, c'était un court instant. Le yogi lui proposa alors de prendre un thé. Lucchini accepta, bien évidemment. Alors, le yogi se saisit de sa théière, la plongea dans le Gange pour l'emplir d'eau avant d'y verser quelques feuilles de thé. De l'eau du

Gange, ce fleuve qui, pour être sacré, n'en charrie pas moins des carcasses de vaches, des bactéries de toutes sortes. Mark Twain a écrit que « l'eau du Gange est si polluée que même les microbes ne peuvent pas y vivre ».

Benoît m'a raconté qu'il avait beaucoup hésité mais qu'il avait résisté au désir de s'enfuir, qu'il avait bu son thé jusqu'à la dernière goutte, qu'il n'avait pas su, pas voulu plutôt, interrompre l'échange avec le yogi. Que s'était-il passé entre eux ? Benoît s'était-il laissé emporter par la magie d'une rencontre ? C'est plus probable qu'un accès de religiosité. En tout cas, il est toujours là, et bien portant.

Pas de repas avec le brahmane

Je dois confesser que j'ignore ce que j'aurais fait à la place de Benoît. Je ne sais si j'aurais eu sa générosité. Peut-être. Je constate que je ne me suis jamais abandonné à ce point à la magie d'une rencontre, en Inde tout au moins. En Afrique, sur le continent américain, en Extrême-Orient, je me suis senti plus à mon aise. Quelque chose m'a très vite déçu en Inde. Cette religion, l'hindouisme, dont nous croyions qu'elle était porteuse de renouveau, de pureté, ce pays paré de mille vertus...

Je n'ai vu pour ma part que misère et barrières sociales. C'est un comble : nous voulions, en Occident, bousculer nos sociétés, établir plus d'égalité, nous attaquer aux forteresses du pouvoir de nos aînés, et le pays dont nous rêvions se révélait cadenassé par un système de castes aussi pesant qu'immuable. Je sais que la philosophie du routard est de comprendre, de ne pas juger. Je l'ai écrit, je le signerai aujourd'hui encore. Mais, les premiers jours passés, on peut tout de même se faire une idée, après mûre réflexion, et se sentir mieux, plus à l'aise, dans tel ou tel pays, dans telle ou telle société.

J'ai assisté, à Madurai, à une cérémonie dans un temple présidée par un brahmane, la caste des prêtres. Le prêtre était assis sur un trône, une foule se prosternait devant lui. Un à un, les fidèles s'avançaient et lui baisaient les pieds. Des dizaines de personnes étaient pendues à ses lèvres comme si leur vie dépendait du moindre mot prononcé par lui. Durant son espèce de prêche, il n'a parlé que de la Bible, du Christ. Avec un copain, nous avons réussi, après la cérémonie, à l'interroger sur la raison de ses longues citations du christianisme. Il nous a fait une réponse intéressante : « C'est la même chose. La Bible peut nous servir à atteindre la sagesse. Tout comme le Coran ou le bouddhisme », mais sur un ton tellement désagréable que j'en ai été glacé.

Je ne me suis pas interrogé plus avant. Je suis rentré en France avec ce sentiment partagé : tant de beautés, tant d'émotions, mais tout de même, était-ce vraiment un modèle cette société où les intouchables, les castes de cordonniers, d'équarrisseurs, des agriculteurs, tous ceux qui approchent ou touchent les animaux, sont placés tout en bas de la société ?

Quelques années plus tard, j'étais dans le sud de l'Inde, à Pondichéry. J'avais sympathisé avec une jeune Indienne, libraire à l'Alliance française. Je lui proposai de l'inviter à dîner, en précisant aussitôt qu'elle pouvait venir avec son frère, son père, son fiancé ou son mari, que cela me ferait infiniment plaisir. Je ne voulais pas la gêner avec les interdits religieux. Elle s'empressa d'accepter et répondit à mon invitation avec son compagnon, un brahmane. Il portait autour du cou la ficelle ordinaire bien visible, signe de son appartenance à cette caste supérieure qui intercède entre les hommes et les dieux. Le compagnon était un avocat de renom. Il était très sympathique, brillant, parlait avec passion de ses études à Oxford, des sociétés américaines pour lesquelles il exerçait. Un Indien profondément enraciné dans sa société en même temps qu'un citoyen d'une communauté internationale en formation.

Nous avions terminé notre apéritif, évidemment sans alcool. Je proposai de choisir ce que nous allions manger. Le brahmane me regarda, consterné, et me rétorqua sur un ton glaçant :

« Vous n'imaginez pas que je vais manger avec vous ! Vous êtes en face d'un brahmane. »

Je suis resté interdit, aussi choqué qu'un enfant qui vient de commettre une énorme bêtise. Nous nous sommes séparés là.

J'ai réfléchi à ma réaction blessée. En fait, il n'y avait rien de personnel, aucun incident d'ordre relationnel ne nous avait opposés. Au contraire, nous étions en train de passer une charmante soirée qui s'est brisée là, sur un interdit religieux. La limite à ma compréhension de toutes les civilisations commence quand les individus sont bridés par des carcans. Quoi de plus étouffant que ces castes qui, même pour les plus puissants, les empêchent d'assouvir des désirs aussi simples que de partager un repas avec d'autres ?

Je sais, c'est ma limite d'Occidental, cela vient de ma difficulté à m'extraire d'une société qui a coupé la tête à son roi et, ce faisant, a aboli la hiérarchie féodale et tous ses privilèges, une société où l'individu compte pour un. Au moins dans les principes.

Le Guide Ganesh ?

Dans un train, près de Satna, vers la fin de mon voyage, j'ai rencontré deux jeunes Françaises, « l'une terriblement jolie, l'autre terriblement sympa », c'est ainsi que je les ai décrites dans mon carnet. On a très vite parlé, et beaucoup. À force de voyager, j'avais perdu une grande partie de ma timidité. J'entamais la conversation avec des inconnus et je m'apercevais avec stupéfaction que ce n'était pas si difficile. J'avais aussi remarqué qu'être à l'étranger facilitait les choses. Loin de la vie normée, de l'école, des préceptes parentaux, nous étions ensemble dans des galères qui nous rapprochaient. À Paris, je n'aurais jamais osé aborder ainsi deux jeunes filles.

L'une d'elles, Christine, « la terriblement jolie », terminait ses études de médecine. Avec sa copine, elles m'ont interrogé sur les notes que je ne cessais de prendre. Je leur ai expliqué que je voulais publier un guide pour les jeunes voyageurs babas cool, une sorte d'adaptation française de *Europe on Five Dollars a Day*. Aussitôt, on s'est échangé tout un tas de tuyaux. Sur la route, l'intelligence pratique, la débrouillardise tellement française permettent d'éviter pas mal de pièges. J'ai parlé des heures avec les filles. Je leur ai donné des renseignements sur l'Inde, Christine m'a expliqué des trucs à savoir, question médecine, quand on voyage loin de chez soi. Je notais tout cela en lui faisant répéter les termes techniques. Je me faisais l'effet d'un fou, ou d'un journaliste à l'affût d'un scoop.

Par rapport à mon premier voyage à Istanbul deux ans plus tôt – je ne parle même pas du tour de l'Angleterre –, la différence était nette. Je passais mon temps à chasser l'info : l'idée de créer un guide m'avait transformé, je ne flânais plus, j'empilais des indications. C'était sans doute dommage pour mon confort de voyage mais c'était ainsi. Chez les Gloaguen, nous n'avons pas le goût de l'oisiveté. Il faut se rendre utile. De ma vie, je n'ai jamais pris la route, aujourd'hui encore, sans un carnet en poche.

Je suivais les filles partout. Elles dormaient dans des salles d'attente dont je me faisais sortir parce qu'elles étaient réservées aux dames. Obligé d'aller dans la salle des hommes avec « une tripotée de cons en groupes organisés ». La lecture de mes notes de voyage me rappelle que la jeunesse n'est pas très tolérante. Dire qu'aujourd'hui ces voyageurs, même en groupes, utilisent massivement le Guide du Routard ! Pas si cons !

Là, en tout cas, j'étais en colère d'avoir été obligé de laisser mes copines. Je les ai retrouvées le lendemain et nous sommes partis visiter un site archéologique, Khajurao, peuplé de temples et de sculptures érotiques. Dans le temple de Lakshmana, nous tombions sans cesse sur le gentil dieu Ganesh à tête d'éléphant, fils de Shiva et de Parvati. Il était partout, notamment dans une scène érotique devant laquelle je me suis attardé : un couple faisait l'amour, l'éléphant les regardait en tournant la tête, l'air rigolard, bienveillant et complice.

« Et si tu appelais ton guide *Ganesh* ? » a suggéré l'une de mes copines.

En relisant mon carnet, je réalise que j'ai trouvé la suggestion très judicieuse : « Bonne idée. Il y aurait l'éléphant en couverture. Le dieu de la prudence, de la sagesse, de la débrouillardise. C'est facile à retenir, on dira : “J'ai acheté le Ganesh.” » Je ne sais quel aurait été le destin du Routard s'il s'était appelé

« Ganesh ». Quel gag si le succès avait été au rendez-vous ! Il ne faut pas avoir fait des tonnes d'études sur le structuralisme pour savoir que les déterminants ont peu à voir avec ce qu'ils déterminent. Mais quand même... Ganesh ? Pourquoi pas, mais c'était peut-être un peu compliqué à comprendre.

Chapitre V

LE MARATHON DES ÉDITEURS

Les copains d'abord

Quand on parle aujourd'hui d'écoles de commerce, on imagine tout de suite l'ennui, l'abrutissement par les chiffres, la formation intensive aux règles du marketing, de la comptabilité... Je ne sais comment vivent aujourd'hui les étudiants de l'ESSEC, d'HEC ou de l'ESCP. Je me souviens qu'au début des années soixante-dix nous étions de joyeux « déconnards ». Cela ne nous empêchait pas de travailler, mais, de toute façon, quiconque est passé par une classe préparatoire à un concours de grande école sait qu'ensuite tout paraît beaucoup plus facile.

Nous bossions, nous nous amusions, c'était peut-être les années qui voulaient ça. La plupart de mes copains étaient d'affreux babas cool qui, dès qu'ils avaient une semaine de libre et trois sous en poche, n'avaient qu'une idée : partir loin de la France. Jean-Pascal avait fait la Sardaigne en Solex, la Turquie en 2CV, la Syrie et le Liban en stop et taxis collectifs. De ses aventures, il avait rapporté une blessure au pied.

François-Xavier, son bac en poche, avait filé aux États-Unis où une certaine Love l'avait initié à l'amour écolo pur et dur : encens, joints, crise d'hystérie si François-Xavier écrasait une fourmi : « Tu es pire que Nixon au Vietnam, tous les êtres ont le droit de vivre ! » François-Xavier avait rapporté de Washington des tuniques à fleurs comme les aimait son amie Love et des spots psychédéliques, les premiers, ces stroboscopes qui avaient donné des visions aux poètes beat et qui éclairaient nos fêtes du samedi soir.

François-Xavier était le spécialiste des calembours. Pour lui, j'étais « mieux routard que jamais ». Dans le trombinoscope de la promotion, nous avions réussi à placer un dessin de Wolinski qui prouvait au moins que nous n'étions dupes de rien. Un élève aux cheveux très longs déclarait en pleine classe : « Je méprise la société de consommation. » Impassible et binoclard, son professeur répondait : « Parfait, vous arriverez dans la vie. »

Combat de boxe avec un Corse

L'un des plus brillants d'entre nous, des plus décalés aussi, des plus insolites, s'appelait Joseph. Il était corse, tout le monde l'appelait Jo. À nos âges, vingt-deux ou vingt-trois ans, malgré nos voyages à travers le monde, nous n'avions pas encore beaucoup vécu. Joseph, si. À Calvi puis à Bastia et à Nice, où ses études l'avaient mené, il avait déjà affronté nombre de situations périlleuses : à quinze ans, il avait assumé un long conflit avec un jeune truand puis avait fini par s'en faire un ami ; à seize ans, il faisait la tournée des bars louches ; un peu plus tard, il copinait avec un proxénète par ailleurs garde du corps de ministres gaullistes ; il avait fait de son internat un cercle de jeux, de son lycée le siège de mouvements indépendantistes particulièrement radicaux avec grèves de la faim et drapeau français brûlé ; en prépa, à Nice, il était toujours fourré dans la boutique de l'artiste conceptuel Ben ; à Paris, il fréquentait les comités d'action pour les prisonniers animés par Marin Karmitz et l'ancien taulard Serge Livrozet.

À l'école, Joseph n'arrivait jamais en cours avant dix heures. Il prétendait que c'était parce qu'il n'avait pas de réveil, un principe philosophique chez lui ; en réalité, il s'occupait la nuit d'un bar près de l'Opéra. Avec Joseph, j'ai fait de la boxe, le seul sport que j'aie jamais pratiqué en dehors des cours d'éducation physique obligatoires et de la marche, nécessaire pour le Guide. C'est à cette occasion que j'ai été mis knock-out, sensation étrange et plus douce qu'on ne croit, au moins pour celui que j'ai vécu. Il y avait une raison à ma présence à ces cours de boxe : celui qui animait les entraînements était le seul professeur de sport qui refusait d'inscrire les absents, partant du principe que ceux qui se dispensaient de son cours avaient une raison valable : soit ils étaient malades, soit ils se jugeaient trop faibles pour pratiquer valablement une activité physique.

Stage avec Lui

Nous avons vécu des années étonnantes. Si on fait le bilan, on peut dire que nous nous sommes bien amusés. J'ai de la peine parfois, quand je constate à quel point nous vivons aujourd'hui une époque triste, anxieuse, mortifère. Je ne veux pas faire le vieux croûton, j'ai deux fils que j'aime par-dessus tout, et je vois bien qu'ils savent, eux aussi, s'amuser. Mais tout de même... Le sida, le chômage de masse sur plusieurs décennies, les guerres, l'affrontement entre religions, le terrorisme, la montée des extrêmes, les tentations de repli, le racisme, le communautarisme, que sais-je encore...

À l'École supérieure de commerce de Paris, dans les années soixante-dix, un camarade s'est demandé ce qui pourrait bien intéresser les générations futures d'étudiants. Il a créé *L'Étudiant*. Un autre, quelques années plus tard, a travaillé avec son père et un ami de son père sur une idée géniale. Son père s'appelait Paul Lederman ; l'ami, c'était Coluche. Le fils, Alexandre Lederman, a mis toutes ses connaissances commerciales au service des Restos du cœur.

Je sais qu'aujourd'hui des choses formidables se créent, comme le microcrédit pour les pauvres, les endettés, ou des projets de développement pour le tiers-monde. Je sais tout cela... C'est juste un brin de nostalgie qui me vient en feuilletant l'album de ma jeunesse.

Avec mon copain Jo, nous nous étions demandé quel stage proposer à nos professeurs. Joseph avait connu la mère de

Daniel Filipacchi qui possédait à Calvi un club de vacances, précurseur du Club Med. C'est ainsi que nous est venue l'idée d'aller étudier les règles marketing du magazine *Lui*. Beau prétexte ! Jo imaginait sans doute pouvoir assister à l'une de ces séances photo où des stars se déshabillaient pour *Lui*. Joseph plaisait beaucoup aux femmes ; de ce point de vue, il avait une expérience incommensurable en regard de la mienne.

Je rêvais, moi, de retrouver Jacques Lanzmann, mais il n'était plus directeur du mensuel de l'homme moderne depuis un moment. Il était parti, avec son chien Turquin, retrouver ses voyages, ses romans, ses chansons. Son successeur, Jean-Louis Ginibre, était occupé. Seul le responsable financier eut le temps de nous recevoir. Cela tombait bien puisque les finances étaient l'objet supposé de notre stage. Il nous expliqua comment la direction du magazine suivait, presque en direct, les évolutions de la société française, sa libéralisation progressive. Au système des abonnements qui rapportaient au journal des rentrées fixes, elle préférait la vente au numéro qui lui donnait des indications précises sur la satisfaction des lecteurs. Aimaient-ils les blondes ou les brunes, les lascives ou les énergiques, les anonymes ou les connues, les complètement nues ou les porte-jarretellées ? Surtout, à chaque numéro, le sexe se dévoilait un peu plus. *Lui* accompagnait ou plutôt précédait l'émancipation de la société française. Le gouvernement avait permis en 1972 que, enfin, les poils pubiens s'affichent. Pour cette première, c'est la rousse Kitty qui se dévoila entièrement. Malheureusement pour Joseph, nous ne rencontrâmes ni Kitty ni aucun autre mannequin ou apprentie mannequin. Les castings et les séances photo se déroulaient à l'extérieur du journal.

Nous rendîmes donc notre rapport de stage qui n'eut pas l'heur de plaire aux professeurs de Sup de Co, sans que l'on sache s'ils en avaient après l'absence de photos de filles dénudées ou, plus vraisemblablement, s'ils étaient choqués par la vulgarité du sujet traité. Je me souviens très nettement d'être allé protester contre cette scandaleuse absence d'ouverture d'esprit.

« J'ai rendez-vous avec mon éditeur »

Souvent, le midi, je n'avais pas le temps de déjeuner avec mes amis.

« Désolé, à midi, j'ai rendez-vous avec mon éditeur. »

J'aurais vraiment aimé que le possessif soit justifié. Mon éditeur ? Un éditeur, plutôt. L'un après l'autre. Mes recherches tenaient du marathon, comme souvent quand on est jeune et qu'on n'a aucun contact dans ce monde... Michel Duval et moi, nous avions pris la décision, avant l'été passé pour lui en Amérique du Sud, pour moi en Inde, d'écrire un guide pour les jeunes comme nous. Avec les copains, nous avions pondu 200 à 300 pages.

Mon père m'avait prêté 20 000 francs pour financer certains déplacements. J'avais confié à une jeune handicapée de Garches la dactylographie du manuscrit. Je me souviens, elle tapait allongée, sa machine accrochée sur une petite table inclinée. Je ne sais plus quelle raison précise autre qu'une sensibilité particulière, le désir que tout le monde ait sa chance, que tout le monde puisse travailler, m'a conduit à confier ce travail à une pensionnaire de l'hôpital des grands accidentés de Garches. Je ne savais pas ce qui me relierait bientôt à ce monde des exclus.

En attendant, j'avais la rage, le désir forcené de réussir. D'abord pour rembourser les 20 000 francs à mon père ; c'est tout bête, mais j'y tenais par-dessus tout. J'avais trop de respect pour cet homme qui s'était fait seul, sorti d'une ferme du Finistère. Il était hors de question de ne pas lui rendre son argent. Il fallait que je sois à la hauteur de sa confiance. Il m'avait beaucoup poussé pour que je réussisse une grande école. À partir du moment où j'avais intégré l'ESCP, c'était un deal entre nous – je devrais plutôt dire un accord tacite, mon franglais lui aurait fait mal –, à partir de cet instant, il me ficherait la paix. Une fois, il m'a avoué : « Maintenant, mon fils, tu connais mieux les choses que moi. J'ai fait mon temps. Je ne suis qu'un petit instituteur de banlieue. » Cela m'a beaucoup touché.

La confiance, tout de même, est allée très loin. Pendant mes trois mois en Inde, à un certain moment, je n'avais plus du tout le moral. À Katmandou, j'étais crevé, malade. Je suis allé à l'ambassade de France, d'où j'ai réussi à joindre mes parents par téléphone. Je leur ai dit que j'étais malade, ce qui était vrai, que je n'avais plus d'argent, ce qui n'était pas tout à fait vrai. La communication a été coupée avant que j'aie le temps de leur expliquer que je n'étais tout de même pas mourant. J'avais attrapé des amibiases qui finiraient par disparaître. Et de l'argent, il m'en restait encore un peu.

Mes parents ont fini par rappeler l'ambassade qui n'avait aucune nouvelle de moi. J'imagine, maintenant que je suis père, la folle angoisse qui a dû les étreindre. Ils ne pouvaient se raccrocher qu'à une seule chose : mon père avait tenu à me payer un billet d'avion pour le retour Bombay-Paris. Le stop à l'aller, soit, mais il fallait que je sois impérativement en septembre à Paris, pour la rentrée de l'ESCP. Combien de jours sont-ils restés sans nouvelles, je ne m'en souviens plus... Je leur ai écrit quelques jours plus tard pour leur dire que tout allait bien mieux, et ils ont dû recevoir mon courrier une ou deux semaines après. Mon Dieu ! Rien que pour cela, rien que pour eux, pour moi aussi, un peu, je voulais sortir ce guide, réussir dans la voie que j'avais choisie.

Mon rêve : journaliste

Avant même d'engager la rédaction d'un ouvrage complet, dès la rentrée des cours à Sup de Co, j'avais commencé à aller voir des journaux. C'était ma passion secrète, le journalisme. Je n'en parlais pas trop à la maison : faire une grande école de commerce pour me retrouver journaliste pigiste crève-la-faim, j'aurais eu bien des difficultés à argumenter devant mes parents, mais c'est un fait, c'était mon rêve. Je voulais être Lucien Bodard, je voulais être Jean Lacouture... Mon père avait longtemps lu le grand *France Soir* de Pierre Lazareff. J'ai commencé, après le bac, à éplucher chaque jour *Le Monde*.

Bodard ou Lacouture : il me semblait que c'était proprement prodigieux d'être payé pour parcourir le monde, rencontrer des gens la plupart du temps passionnant, se cultiver, découvrir et retransmettre à ses lecteurs tout ce qu'on a appris. Je ne suis pas très loin, aujourd'hui, de cette mission. Je ne traque pas l'actualité, mais des adresses, des impressions, des informations sur les pays. Avoir réussi à consacrer ma vie professionnelle à ce partage, à cette transmission, me remplit d'une joie que personne, au fond, ne peut mesurer. C'est ma plus belle victoire. Si je réfléchis, dès mon premier voyage en Angleterre avec mon copain Mayout, j'avais déjà mon stylo et mon carnet, indéfectibles compagnons. Je notais des adresses à refiler aux copains mais aussi des pensées, des impressions, des émotions. Ces carnets ont beaucoup servi à la rédaction des premiers Guides.

Actuel, l'organe central de la contre-culture

Journaliste, donc ! J'avais essayé de contacter quelques journaux en leur proposant la somme de renseignements rapportés d'Inde et d'ailleurs. Premières déconvenues : dans les quotidiens, dans les hebdomadaires et les mensuels, j'ai découvert que les rubriques « Tourisme » étaient des chasses plus que gardées, aussi jalousement verrouillées à triple tour qu'une salle de coffre-fort. À la réflexion, je le comprends à défaut de l'admettre : être payé pour voyager, quel pied !

Ayant constaté que mon trésor rapporté d'Orient n'intéressait pas les journaux disons classiques, je suis allé voir les responsables du journal *Actuel.* L'organe central de la contre-culture se mitonnait dans un petit appartement de la rue Richelieu, un trois pièces biscornu au quatrième étage qui avait auparavant servi à un artisan maroquinier. Au milieu de montagnes de papiers il y avait des meubles de récupération, un divan défoncé, des tables pour écrire ou dessiner les maquettes et beaucoup de coins où des hippies de passage pouvaient s'affaler un instant et se réveiller quelques jours plus tard.

Jean-François Bizot, héritier d'une grande famille et journaliste en rupture de ban dans la presse bourgeoise, avait créé le magazine. Il avait d'abord visité les États-Unis pendant l'été 1968, rencontré des beatniks et des hippies. Il avait vécu dans les communautés en pointe, les Diggers, les Prankers. Il avait découvert la puissance politique du rock, de la pop, du flower power, du pacifisme, du féminisme radical de Valerie Solanas qui allait jusqu'à prôner, dans certains cas, la castration. Il avait lu les plaidoyers de Timothy Leary en faveur de la prise collective d'acides et de LSD. Il avait croisé les freaks, qui revendiquaient la crasse et la marge comme position politique, et Jerry Rubin, le leader des Yippies, ces hippies radicaux qui écrivait Amérique avec un K comme dans Ku Klux Klan et voulaient choquer la bourgeoisie « jusqu'à ce qu'elle crève d'apoplexie ».

À son retour, Jean-François Bizot avait été surpris de constater que ses découvertes n'intéressaient ni son journal, *L'Express*, ni d'autres publications qu'il aurait volontiers qualifiés de bourgeoises. C'est pourquoi il a fondé *Actuel*, pour raconter ce bouillonnement. Après Mai 1968, ces influences avaient commencé à toucher la France. Drogue, sexe et rock and roll et, pour ce qui m'intéressait, la route, l'envie d'aller voir ailleurs, de voyager différemment. Certains allaient quitter les villes, fonder des communautés autour du Larzac, s'installer comme paysans écolos. José Bové, qui en est aujourd'hui le héraut, est arrivé sur le plateau dans les années soixante-dix. D'autres allaient plus loin, très loin, souvent en direction de Katmandou, pour découvrir d'autres cultures, d'autres modes de vie, d'autres aspirations.

Dans le numéro 2 d'*Actuel*, un journaliste avait déniché un jeune qui avait accepté de lui raconter ses tribulations jusqu'en Inde et aux plages de Goa. Le gars était un loulou de banlieue qui fuyait peut-être le capitalisme et la société de consommation, mais plus sûrement les ennuis avec la justice. *Actuel* tenait sa mascotte, un ouvrier teinturier, vrai révolté genre délinquant au grand cœur. Il avait été embauché pour surveiller le journal la nuit, coller des affiches le jour. Il était parti plusieurs fois avec le chéquier du journal.

« Tout au bout de la route »

Quand j'ai poussé la porte d'*Actuel,* je savais que j'entrais dans un des seuls endroits qu'intéresseraient mes carnets de voyageur au long cours. Bizot avait un petit bureau, à l'écart.

« Voilà, j'ai fait l'Inde et Katmandou. J'ai écrit un guide pour voyager à bon marché. Je cherche un éditeur.

– Ça tombe bien, m'a répondu Bizot. On fait un numéro spécial "Route" pour le mois de juin. Va voir Basile, c'est lui qui s'en occupe. »

Le manuscrit avait déjà été enregistré, au printemps 1972, à la Société des gens de lettres. Ça se passait comme ça, à *Actuel* : on entrait, on se présentait, si on avait une tête sympa et des idées qui plaisaient, on faisait aussitôt partie de la famille. Même les voleurs de chèques...

Basile était arrivé à *Actuel* à la fin de ses études de gestion. Il était très jeune et s'occupait d'un truc fou pour des hippies, la publicité. Contrairement à *Libération*, imprégné par le gauchisme, *Actuel* ne refusait pas la pub. Quand Basile allait démarcher des annonceurs avec sa gueule d'ange, on lui faisait répéter :

« Vous travaillez à *Valeurs actuelles* ?

– Non, à *Actuel.*

– Ah bon... »

Le scepticisme était de rigueur mais bientôt le mensuel deviendrait le must de la branchitude. C'est là, en général, que les choses se gâtent.

Basile était copain avec une grande partie des journalistes du magazine, Bizot mais aussi les deux cousins, Michel-Antoine Burnier, ancien secrétaire de Sartre, et Patrick Rambaud, futur prix Goncourt, qui réécrivaient pratiquement tout le journal dans un style flamboyant, à la manière du *new journalism* américain, à base de subjectivité et de sensibilité littéraire. Basile avait fait les Andes avant les autres. Pendant l'été 1969, il était en Bolivie avec un copain et deux copines. C'était le temps de l'amour libre, tout le monde dans le même lit. Ça ne leur avait pas laissé beaucoup de temps pour regarder Armstrong et Aldrin débarquant sur la lune ! Un peu plus tard, Basile avait entraîné Jean-François Bizot en Indonésie, puis à Bali et en Birmanie. Il me raconta que sur la route ils avaient rencontré les fameux Diggers qui volaient de la viande à Kaboul, trafiquaient de la drogue pour acheter des terres au Canada afin d'accueillir les déserteurs du Vietnam.

Basile m'a aussi parlé de *Aden Arabie* de Paul Nizan et de cette théorie des vibrations procurées par la route. Plus se succèdent les rencontres, les pays traversés, les sensations, la drogue consommée, plus les vibrations sont intenses. Je l'écoutais, intéressé. Il n'y avait que la drogue qui ne me procurait aucune sensation. Et d'ailleurs, Basile était d'accord pour reconnaître ses dangers et ses dégâts. Il avait rencontré un type qui vendait son sang à Kaboul pour se fournir et qui n'était plus qu'une épave.

« Le numéro dont je m'occupe va s'appeler "Tout au bout de la route". Tu pourrais écrire la partie sur l'Inde, le Népal et Ceylan. »

J'y croyais à peine. Partout ailleurs, il fallait faire ses preuves, présenter des CV longs comme le bras – où avez-vous déjà travaillé ? Si l'on avait le malheur de dire qu'on débutait, on se retrouvait invité à aller le faire ailleurs. Il faut bien commencer quelque part, non ? À *Actuel*, on ne réclamait ni médailles ni diplômes. On demandait des idées, de l'expérience, des choses à raconter. Pour le style, de toute façon, il y avait Rambaud, Burnier et d'autres types, flamboyants ou ésotériques mais toujours originaux, comme Bernard Kouchner, Patrice Van Eersel, Jean-Pierre Lentin ou Léon Mercadet.

« Hé, toi, le routard ! »

L'Inde, le Népal et Ceylan... Je n'avais plus qu'à puiser dans mes carnets. La couverture du numéro était signée par le célèbre dessinateur américain Crumb, le créateur de Fritz the Cat. On y voyait un petit Blanc poilu et une opulente femme guenon sur fond de mer, de bateau, de soleil et de forêt. Bizot, dans son édito, mettait en garde contre les dérives de la route.

Mon périple était titré : « Dernier arrêt : Krishna ». J'ai retrouvé mon texte, mon premier texte publié, somme d'expériences sur deux voyages et cinq mois de pérégrinations au total : « Pour aller vers l'Est, il faut savoir s'alléger la tignasse et courir vite : on traverse toute une série de pays ouvertement fascistes : Grèce, Turquie, Iran où l'on massacre nos frères. » J'avais en tête un souvenir que m'avait raconté Patrick, lors de nos retrouvailles à Istanbul : à Salonique, il avait vu le cadavre d'un homme gisant dans un caniveau de la ville. Je me souviens d'avoir vivement réagi à cette nouvelle : « C'est les colonels grecs, c'est sûr, ce sont des assassins, ce sont des fascistes ! »

Pour *Actuel,* je donnais tout un tas de conseils de prudence, des petits trucs, comme de se munir de ses cartes d'étudiant même périmées afin de bénéficier des tickets à moitié prix dans les trains. Je conseillais d'aller se faire nourrir, au Kurdistan, par des religieuses françaises, de prendre garde aux hôpitaux d'Herat en Afghanistan : « Les toubibs sont douteux, lors des transfusions, plus d'un oublie la seringue dans le bras. » Je donnais des adresses à Katmandou et des conseils sur la façon de se comporter en Inde...

Mon surnom était trouvé : le routard. Le mot, aujourd'hui, paraît une évidence. Mais dans les années soixante-dix, il était bien plus rarement utilisé. L'expression venait tout juste de naître. Auparavant, on disait plutôt « beatnik » ou « hippie », mais l'anglais, si souvent utilisé par notre génération, surtout pour la contre-culture, n'offrait aucun mot pour ceux qui taillaient la route. Alors, va pour ce « routard ».

Denoël ou Debord ?

Après la sortie du spécial « Route », j'avais expliqué à mes copains d'*Actuel* que je cherchais un éditeur pour publier mon guide. Jean-François Bizot m'a conseillé deux noms. Je me suis aussitôt précipité à ces adresses. Il faut préciser que je ne me dessaisissais sous aucun prétexte du précieux manuscrit, ou plutôt son ébauche, maintes fois photocopié et relié. Je n'aurais pas imaginé confier son transport à la poste. Le midi, au lieu d'aller déjeuner avec les copains chez Odile, un bistrot derrière l'avenue de la République et l'école, je parcourais à Mobylette des kilomètres pour aller déposer mon manuscrit. Je descendais vers le sud, traversais la Seine pour rallier le quartier des éditeurs.

Si j'avais su, si j'avais connu le monde de l'édition comme je le connais aujourd'hui, je ne suis pas certain que je me serais infligé de tels allers et retours. J'aurais sans doute confié le guide aux bons soins des postiers. Ce que je ne savais pas à l'époque, c'est que le chemin le plus ardu, véritable parcours du combattant, commençait après que j'ai déposé mon manuscrit à l'accueil des maisons d'édition. Là, entre le standard et le comité de lecture, pour quelques dizaines de mètres, parfois deux ou trois étages à parcourir, parfois même un seul couloir et deux pièces, il y avait tellement de pièges, de fausses pistes, d'impasses, tellement de possibilités que le manuscrit rejoigne des piles en souffrance ou tout simplement la corbeille des refus sans même avoir été ouvert.

À l'époque, j'étais insouciant, confiant en ma bonne étoile. Et puis qui pourrait refuser une idée aussi géniale ? C'est d'ailleurs la seule attitude à adopter pour avoir une chance de réussir.

Les deux adresses de Bizot ? Celles des éditions Denoël et de Guy Debord, le maître situationniste de Champ libre, le philosophe de *La Société du spectacle* dont beaucoup pensent qu'il a influencé Mai 1968 au même titre, toutes proportions gardées, que Diderot et Voltaire ont fait naître les idées de la Révolution française. Les éditions Denoël ont trouvé le guide trop gauchiste ; Champ libre a estimé qu'il était trop timoré. Sur le moment, cela m'avait plutôt découragé, mais à la réflexion, ces jugements antagonistes pouvaient constituer un bon présage.

« Votre Guide du Routier à côté du Général ! »

En tout cas, il fallait continuer notre marathon. Avec Michel Duval, nous nous étions partagé la tâche. En tout, nous avions envoyé ou déposé notre manuscrit à vingt éditeurs. Une autre raison me poussait à préférer ma Mobylette à la Poste : à chaque fois que je poussais la porte d'une maison, j'espérais tomber sur un éditeur.

Chez Plon, j'avais réussi à engager la conversation avec la standardiste et, de fil en aiguille, avec une secrétaire. Incroyable victoire : la dame m'avait laissé entendre que le manuscrit serait examiné en comité de lecture ! Je ne tenais plus de joie. Je savais que le comité était dirigé par Marcel Jullian, l'écrivain scénariste de *La Grande Vadrouille* qui ne tarderait pas à devenir président d'Antenne 2.

« Vous patientez, on vous rappellera. »

Non ? Si c'était vrai, c'était inimaginable. En même temps, peut-être disait-elle cela à tout le monde et n'aurais-je plus jamais de nouvelles d'elle. Je me trompais : deux semaines plus tard, la même assistante me téléphona, chez mes parents.

« Vous pouvez venir chercher votre manuscrit. Il est passé en comité de lecture. Il n'a pas été retenu. »

Au moins, on me demandait de venir récupérer mon bien, ce qui était déjà une attention. La secrétaire se sentit obligée de m'expliquer les raisons de ce refus.

« Oui, vous savez, nous sommes l'éditeur des œuvres du général de Gaulle. Alors, votre Guide du Routier à côté du Général, vous vous rendez compte, ce n'est pas possible. »

Cela avait le mérite de la franchise. J'aurais pu lui répliquer qu'il ne s'agissait pas de routiers mais de routards, mais cela aurait-il changé quelque chose ? En réalité, elle avait raison. Que ce soit routiers ou routards, on était bien aux antipodes des *Mémoires de guerre* du général de Gaulle. Il y avait une certaine logique dans ce discours qui, évidemment, ne m'a pas sauté aux yeux sur le moment.

Plusieurs années plus tard, alors que le Guide du Routard

se diffusait déjà à des centaines de milliers d'exemplaires chaque année, Marcel Jullian m'invita à une émission qu'il animait sur France Inter. À la fin de l'interview, une fois les micros coupés, l'ancien éditeur me demanda :

« Mais, raconte-moi, pourquoi n'es-tu jamais venu me trouver pour ton guide quand j'étais chez Plon ? »

J'ai hésité un instant avant de lui répondre.

« Eh bien, justement, je suis venu. Mais une de tes secrétaires m'a dit que mon manuscrit avait été refusé parce que vous ne pouviez éditer en même temps le Guide du Routard et le général de Gaulle. »

J'ai compris, à sa colère rétrospective, qu'il n'avait pas été saisi de la question de décider si Plon devait publier ce guide. Combien de chausse-trappes avant d'arriver au grand patron d'une maison d'édition ? En même temps, Plon s'était mieux comporté que d'autres maisons. Au moins, ils avaient téléphoné, ils avaient pris garde à ce que je récupère le manuscrit. Certains éditeurs n'avaient jamais donné de leurs nouvelles. Et pour ce qui concerne les quelques manuscrits que, par exception, nous avions confiés à la Poste, plusieurs nous avaient été retournés à l'adresse de l'expéditeur, sans même que notre enveloppe ait été seulement décachetée. Marcel Jullian, en tout cas, a regretté un moment de ne pas avoir édité mon guide.

Bernard Moitessier, routard des mers

Un éditeur m'attirait. J'ai fini par prendre mon courage à deux mains et aller sonner à la grille de son splendide hôtel particulier, rue Mazarine. Jacques Arthaud faisait rêver tous les jeunes amoureux d'aventure. Le grand-père Arthaud avait fondé la librairie, à Grenoble. Cette famille qui s'est tant consacrée à la mer – Jacques, éditeur de tous ces livres de marins, et sa fille Florence, qui a traversé les océans, remporté la Route du Rhum – vient en fait de la montagne. Jacques Arthaud était l'ami des plus grands navigateurs, il était l'éditeur de Sir Francis Chichester et d'Éric Tabarly. Il avait publié un livre culte, *La Longue Route* de Bernard Moitessier.

Ce qu'avait réalisé Moitessier avait époustouflé non seulement les amateurs de la mer, mais plus largement tous les fous d'aventure. Bernard Moitessier, le 25 février 1969, alors qu'il avait presque remporté la fameuse course autour du monde en solitaire et sans escale, la plus prestigieuse, avait renoncé à gagner Plymouth, terme de l'épopée où l'attendaient les honneurs, 50 000 livres et un globe en or, incapable de reprendre sa place dans la société des hommes. Ses six mois de traversée l'avaient convaincu que la vie était ailleurs, loin des fastes, loin des honneurs, loin du monde moderne...

Il s'était approché d'une vedette, après avoir dépassé les Malouines, puis avait projeté grâce à un lance-pierres un container où étaient enfermés des messages d'explication sur son geste fou pour sa femme, son éditeur, Jacques Arthaud et les organisateurs de la course. De toute façon, c'était sa seule façon de communiquer puisqu'il avait refusé d'embarquer une radio sur son voilier, *Joshua.*

« Je me sens bien, le bateau aussi, je continue », avait-il écrit avant de mettre le cap sur les mers australes, le sud de l'Australie puis Tahiti. Je ne résiste pas au plaisir de citer plus longuement quelques phrases écrites après son éclat : « J'ai poursuivi ma route pour sauver mon âme. Je n'en peux plus des faux dieux de l'Occident toujours à l'affût comme des araignées, qui nous mangent le foie, nous sucent la moelle. Et je porte plainte contre le monde moderne, c'est lui, le monstre. Il détruit notre terre, il piétine l'âme des hommes. »

Ces dernières phrases étaient assez en avance sur leur temps quand on pense que, plus de trente ans après, des sommets mondiaux ne réussissent même pas à se mettre d'accord sur des solutions minimales afin, excusez du peu, de préserver la planète du réchauffement climatique lié à notre consommation d'énergie.

La colle de Jacques Arthaud

Pour nous, Bernard Moitessier, qui réclamait « un gouvernement de va-nu-pieds » présidé par un hippie, avait un grand prestige et son éditeur, évidemment, était l'homme idoine pour le Guide du Routard. J'allais déchanter. J'ai sonné afin de déposer mon manuscrit, comme j'en avais désormais pris l'habitude. La porte d'un bureau s'est ouverte. Un homme en est sorti et m'a demandé, l'air renfrogné, ce que je voulais. C'était Jacques Arthaud.

« Je dépose un manuscrit, ai-je répondu, intimidé par ses manières d'ours.

– Ça parle de quoi ? » m'a-t-il aussitôt demandé.

Encouragé, j'ai répondu :

« C'est un guide pour les routards, pour les jeunes qui veulent aller partout dans le monde.

– Venez dans mon bureau, jeune homme, vous allez m'expliquer. »

J'ai suivi Jacques Arthaud dans une grande pièce assez impressionnante, en tout cas pour le jeune étudiant que j'étais alors, mais, à la réflexion, aussi pour l'homme que je suis devenu. Dans ce bel espace, il y avait de superbes meubles. Derrière le bureau d'Arthaud était accroché un tableau dont j'aurais juré qu'il était de Picasso. J'étais bien trop tétanisé pour vérifier. Les fenêtres de son bureau étaient obstruées par des paquets de lierre.

« Vous avez dix minutes pour me convaincre », m'a-t-il dit après s'être assis.

Le ton n'était pas très engageant, mais à quoi pouvais-je m'attendre d'autre ? J'étais un jeune blanc-bec, j'avais face à moi un grand éditeur, l'ami des plus grands navigateurs, le complice d'hommes exceptionnels. Je n'étais pas préparé à une telle rencontre, à tous points de vue. Ce fut l'un des plus grands flips de ma vie, plus angoissant que certains moments difficiles sur la route. J'ai bredouillé le projet, mes voyages, l'Inde, le

Népal, le stop, les auberges de jeunesse, les petits hôtels pas chers... Arthaud m'a interrompu bien avant les dix minutes.

« Ah bon, c'est pour voyager pas cher, votre histoire. Alors dites-moi, jeune homme, est-ce que vous connaissez le moyen le plus avantageux pour aller à Tahiti ? »

Tahiti, nous y revoilà... C'est là que Bernard Moitessier avait terminé son périple autour du monde après trois cent trois jours de mer. J'étais de plus en plus mal.

« Écoutez, monsieur Arthaud, je suis confus. C'est notre premier guide, nous n'avons pas eu le temps de traiter toutes les destinations. Tahiti, je n'y suis pas allé.

– Vous me proposez un guide de voyage et vous ne connaissez pas Tahiti ? »

Je ne sais quelle audace m'a alors saisi. Je me suis un peu énervé, le ton de cet homme que j'admirais m'agaçait autant qu'il me faisait perdre une partie de mes moyens.

« Non, mais il y peut-être des destinations que vous ne connaissez pas, vous non plus. »

Je dois avouer que c'était un peu stupide comme remarque. Arthaud ne m'a pas loupé.

« Attendez, c'est vous l'auteur, jeune homme. Alors c'est moi qui vous pose des questions.

– Mais c'est une première édition, je ne suis pas très vieux, j'ai parcouru peut-être une vingtaine de pays, j'en ferai d'autres.

– Bon, c'est très bien, reprenez votre manuscrit et revenez me voir quand vous aurez complété vos informations. »

Sur le moment, j'étais assez furieux. La jeunesse a bien du mal à recevoir des leçons, à se trouver confrontée à ses propres limites. Jacques Arthaud, sans avoir eu besoin d'ouvrir mon manuscrit, avait mis le doigt sur le caractère par trop parcellaire de notre premier guide. C'était une grande leçon, pas seulement en matière éditoriale. C'était une leçon d'humilité, un exercice pour apprendre à maîtriser ses nerfs.

J'ai retenu de cet épisode qu'une aventure éditoriale ne fonctionne que s'il y a adéquation entre l'éditeur et l'auteur. C'est un moment particulier, une question de feeling. Le même ouvrage, publié trop tôt ou trop tard, ou même par un éditeur certes prestigieux mais pas en adéquation avec la philosophie du livre, fera un flop là où, ailleurs, il aurait trouvé son public. Tout est une affaire de circonstances, de rencontre entre un éditeur, un auteur et des lecteurs.

Je m'étais lourdement trompé : non, Jacques Arthaud n'était pas l'éditeur idéal pour porter le projet d'un guide de démocratisation des voyages. Après avoir digéré ma vexation, je l'ai remercié, par-devers moi, de la leçon qu'il m'avait donnée. Depuis que je reçois tant et tant de propositions, d'idées, de suggestions d'apprentis auteurs, j'essaie de leur faire découvrir par eux-mêmes les limites (ou pas) et les contradictions (ou pas) de leur projet. Avec peut-être un peu moins de brutalité que Jacques Arthaud. Mais son enseignement n'a pas été perdu.

Chapitre VI

LES CONSEILS DU CAPITAINE HADDOCK

La librairie Gedalge

J'allais être en retard, ce qui ne m'a jamais plu. J'avais laissé ma Mobylette au début de la rue des Saints-Pères et je pressais le pas. Depuis mes années de prépa, je me déplaçais dans Paris à l'aide de ce moyen de transport. Trente-cinq ans plus tard, c'est toujours le cas. Je vais partout sur mon vieux scooter. Année après année, je les achète toujours chez un bon copain qui tient une boutique dans le XIIIe arrondissement. Longtemps, je n'ai pas trouvé l'utilité de l'antivol, trop long à manier, barbant... De toute façon, mes scooters sont tellement tagués qu'il était assez rare que quelqu'un ait l'idée de les voler. Avec le temps, je me suis résolu à les attacher, c'est ma seule concession.

J'avais retiré mon casque sans même songer à arranger mes cheveux de travers. J'avais rendez-vous au fond d'une cour de cette rue de Saint-Germain-des-Prés. J'ai poussé la porte de la librairie Gedalge et, aussitôt, j'ai eu l'impression de me retrouver dans un autre temps. Des lampes jaunes diffusaient dans les deux pièces un semblant d'éclairage, des halos d'une lumière mate qui avaient bien du mal à percer l'obscurité. J'ai été submergé par cette odeur particulière de poussière, d'humidité et de moisissure que, avec les années, l'entassement des livres finit par dégager. Il y avait jusqu'aux plafonds des rangées de vieux livres à couverture rouge et or et, pour y accéder, de grandes échelles dont le bois craquait chaque fois que l'employée en blouse grise se hissait dessus.

Avant d'entrer dans la librairie, j'avais retrouvé dans la cour un copain de Sup de Co, Gérard Ladant, qui m'accompagnait à ce rendez-vous. En réalité, c'est lui qui m'avait obtenu ce qui paraissait être l'ultime démarche pour faire éditer le Guide. La mère de Gérard Ladant avait entendu parler, lors d'une partie de bridge – mais oui, lors d'une partie de bridge dans le XVIe arrondissement ! – d'un certain M. Waast qui tenait une librairie rue des Saints-Pères et qui, malgré un âge déjà avancé, souhaitait publier quelques livres pour donner à son affaire une dimension nouvelle.

« Ça plaira aux jeunes »

M. Waast nous faisait face. Il avait dépassé les soixante-dix ans, costume noir strict avec gilet, chemise blanche et cravate grise, des souliers vernis mais pas trop brillants. Sur cet ensemble, une seule touche de couleur accrochait le regard, une rosette de la Légion d'honneur. Gérard fit les présentations. M. Waast avait un adjoint d'une trentaine d'années qui nous rejoint.

Depuis des décennies, la librairie Gedalge vendait des livres sérieux et ces beaux albums à la couverture sertie de dorures que l'on distribuait, à la fin de chaque année scolaire, au moment des remises de prix, quand cela existait encore. L'éditeur des prix d'honneur et d'excellence, en quelque sorte ! Sur ces vieux jours, M. Waast avait considéré qu'il ne serait pas si mal d'éditer quelques livres disons... plus modernes. Son jeune adjoint avait beaucoup poussé dans ce sens. La librairie Gedalge avait d'abord publié un essai de Jean-Jacques Servan-Schreiber. Elle cherchait d'autres idées.

J'ai commencé à faire mon laïus. À force, mon petit discours était bien rodé, mais cette fois, je m'efforçais de ne pas employer certains mots, hippies, freaks, margeos ou beatniks, afin de me concentrer sur les jeunes voyageurs, leur besoin de découvrir le monde... Je voyais bien que M. Waast n'était pas passionné par mes explications, je me disais que, une fois encore, ce serait « non ». C'était logique. Une librairie aussi sérieuse, aussi surannée, aussi conservatrice ne pouvait en aucun cas éditer un tel guide, c'était impensable. Et pourtant...

Au bout d'un moment, M. Waast m'interrompit. Il n'avait pas tort, je commençais à tourner en rond !

« Jeune homme, moi, vos histoires de voyages, je n'y comprends rien. Mais mon adjoint ici présent me dit que c'est un bon projet, que c'est... moderne. Oui, c'est le mot qu'il emploie. Que cela plaira aux jeunes. Enfin, je lui fais confiance, je n'ai pas les éléments pour juger. Donc, mettons-nous d'accord, si vous le souhaitez, pour éditer votre guide. »

J'ai mis un moment à réaliser ce que je venais d'entendre. En sortant de chez M. Waast, je me suis arrêté un instant, sur le trottoir de la rue des Saints-Pères. Les maisons Grasset et Fayard nous faisaient face, deux des plus importants éditeurs de la place de Paris. Je n'y croyais pas. Mon guide allait être publié ? J'ai regardé mon copain Ladant. Mais oui, le guide allait sortir, grâce à lui, grâce à sa mère qui fréquentait la bonne société du XVIe arrondissement et jouait au bridge deux fois par semaine. Je suis parti d'un grand éclat de rire. Si j'avais été moins coincé, je l'aurais pris dans mes bras pour l'embrasser, mais le cœur y était.

« Lève-toi et marche »

Deux ou trois rendez-vous ont suivi. Les contrats d'édition ont été signés sans la moindre difficulté. Il faut dire que deux jeunes étudiants, même en école de commerce, ne pouvaient avoir de grosses exigences financières. L'important à mes yeux était que le guide paraisse. À un moment, j'ai ressorti l'idée que m'avaient glissée mes deux copines, en Inde :

« Et si on l'appelait : le *Guide Ganesh* ? »

Même M. Waast ne trouva pas cela tellement « à la page ». Nous avons convenu que le *Guide du Routard* serait un titre plus choc, plus immédiat. Pour cette première parution, ce serait un seul volume, le monde en un seul volume. J'en avais écrit une grosse partie, des pays de la Méditerranée jusqu'à l'Asie centrale en passant par les Balkans, le Proche et le Moyen-Orient. Mon associé, Michel Duval, s'était réservé l'Amérique. Les copains, d'école ou d'ailleurs, avaient bouché les trous. Il n'était pas question d'espérer une quelconque exhaustivité. Pour l'essentiel, il s'agissait de conseils. Les Pays-Bas étaient expédiés en trois pages, comme la Suède et le Danemark, la Norvège n'avait droit qu'à deux pages, l'Afrique du Nord se limitait au Maroc, l'Extrême-Orient à Bangkok. On a fait mieux depuis, mais je feuillette à nouveau ce premier Guide avec plaisir et émotion.

Pendant les cours, nous grattions des pages et des pages pour terminer la préface et la quatrième de couverture. On voulait un texte clair, incisif, au ton nouveau. Il y avait de la fraîcheur, une certaine naïveté, mais à le relire, cela ne me déplaît pas :

« Partir… S'éloigner des murs gris, abandonner ses habitudes. Telle est l'ambition du routard. Il veut se découvrir et découvrir le monde en voyageant, que ce soit le temps des vacances ou le temps d'une vie. »

La couverture était vaguement psychédélique : une route se terminait sur un grand canyon s'ouvrant sur le soleil, les nuages, l'espace, la liberté. La préface donnait un certain ton : « Lève-toi et marche », citation gracieusement offerte par saint Matthieu.

« Hier encore, c'était sans trop broncher que les jeunes acceptaient de passer leurs vacances avec papa et maman, certains dans la Creuse, d'autres à Brégançon.

« Mais aujourd'hui, les temps ont changé. Tout d'abord plus nombreux, ils songent à partir et surtout ils vont toujours plus loin, pour délaisser progressivement les pays limitrophes piétinés par des marées de touristes à court d'idées originales.

« La génération des routards est née. Elle ne cesse de se développer.

« Aussi, ce livre, plus qu'une invitation au voyage, se propose d'être le conseiller "efficace" du routard, celui qui accepte de sacrifier momentanément son confort pour partir loin. Le plus loin possible.

« Il indique un certain nombre de renseignements, d'adresses, de combines qui alliés à l'esprit de débrouillardise des jeunes Français peuvent rendre des vacances abordables à tous ces budgets.

« L'ambition de ce guide est avant tout de faire prendre conscience aux jeunes que partir n'est plus un luxe réservé aux autres. C'est juste une expérience extraordinaire. »

Je réalise que nous avions tout à fait conscience des limites de notre entreprise. Les guillemets sur le mot « efficace » sont là pour en témoigner. Et aussi que le symbole des vacances « à la grand-papa », c'était pour nous Brégançon, résidence des présidents de la République, et la Creuse. Est-ce à cause du nom évocateur ou de mes passages dans le Berry voisin dans la famille de ma mère ? Je n'en sais plus rien.

Vive le stop !

Certains, aujourd'hui, reprochent au Guide du Routard son style, écriture faite de clins d'œil, d'humour, de parler populaire et relâché. J'y reviendrai. En tout cas, je m'aperçois, en relisant ce premier Guide, que tout était déjà là.

Présentation des auteurs et du bouquin : « 73 kg de documentation, 2 auteurs, une soixantaine de personnes contactées, 11 mois pour l'écrire, une vingtaine de collaborateurs. » Et nous déclinions chacun notre identité : « Philippe Gloaguen, breton, 21 ans, 1,70 m. Score : 26 pays parcourus. Diplôme : certificat d'études. Michel Duval, origine française, 22 pays parcourus, n'a pas son certificat d'études (il s'en fiche). » Eh oui, à cette époque, on avait honte de nos diplômes.

« En définitive, les fils à papa sont tout de même assez rares en France. Le jeune Français doit donc se débrouiller tout seul pour gagner son argent de vacances. Voici quelques suggestions qui l'aideront peut-être. » Suivait une liste de petits boulots possibles, pompiste, serveur, moniteur de colo, hôtesse, ouvrier temporaire, ramasseur de fruits, chauffeur. Au début des années soixante-dix, le chômage de masse et de longue durée n'avait pas encore attaqué la fluidité du marché du travail et rendu problématiques jusqu'aux petits boulots.

Attention : nous mettions en garde contre la tentation, sur la route, de vendre son sang : « Souvent assez bien payé mais un certain danger tout de même qu'on ne peut pas ignorer. D'abord, propreté, avoir sa fiole d'alcool et aussi vérifier la quantité prélevée. Y aller avec un camarade pour surveiller ces deux points. » Quand je relis ces lignes, je suis proprement halluciné non par ce qui est écrit mais parce que cela dit de l'époque. Aujourd'hui, il est non seulement inimaginable pour le commun des mortels de traverser l'Iran, l'Afghanistan et le Pakistan à pied, ou même en bus ou en stop. Mais vendre son sang... L'épidémie du sida est passée par là pour mieux nous mettre en garde contre les dangers des aiguilles qui ont déjà servi.

Le chapitre du stop était plus cool et apologétique. Moi qui n'ai jamais pratiqué de sport de ma vie en dehors de l'école et de quelques séances de boxe, c'est sans doute la seule activité physique à laquelle je me sois jamais adonné de façon régulière. D'ailleurs, j'en parle comme d'un « sport complet : est-il nécessaire de souligner que le stop est dans le monde actuel une des seules manières de goûter à l'aventure et d'assouvir son goût du risque ? Oui, monsieur ».

J'ai puisé dans mes carnets nombre de conseils, plutôt drôles à la relecture : « Se tenir bien droit et non avachi comme certains [!]. Paraître détendu même si vous attendez depuis trois heures et surtout un léger sourire aux lèvres – sans exagération ! Regardez l'automobiliste droit dans les yeux afin d'établir un contact entre vous deux. C'est d'ailleurs pour cela qu'il ne faut jamais stopper avec des lunettes de soleil. Attention aux cheveux longs : les rabattre en arrière, derrière les oreilles ; s'ils sont vraiment longs, ne pas hésiter à les attacher en queue-de-cheval au moyen d'un élastique : technique quelque peu malhonnête mais on ne peut plus efficace. Enfin, quand vous descendez, n'oubliez jamais de dire au revoir à votre conducteur, dans sa propre langue. C'est le détail qui le poussera à prendre systématiquement tous les autres stoppeurs par la suite. Une règle fondamentale est de porter une chemise de couleur claire, voire blanche. De plus, contrairement à ce que bon nombre de stoppeurs pensent, une certaine forme d'originalité dans l'habillement n'est pas à bannir. Bon nombre d'automobilistes aiment s'arrêter pour prendre des "petits-rigolos-qui-ont-l'air-bien-sympathiques". C'est sans doute par le couvre-chef que vous pouvez le mieux donner cette petite touche d'originalité (choisissez un chapeau de cow-boy, un sombrero espagnol...). »

Je détaillais les avantages du stop sur autoroute de nuit, « risqué mais avantageux quand on sait que, pour sortir de Paris ou de Rome par exemple, il faut en été attendre son tour quelquefois un ou deux jours... ». Je prônais de tenter l'avion-stop, un jeu qui consiste à rôder dans les aéroports et à se faire copain avec les pilotes ou les propriétaires privés, des fois qu'il leur resterait une place libre. « Vous êtes assez grand pour savoir ce que vous avez à faire, qu'ils disaient à Woodstock... Aussi, en aucun cas, nous ne nous permettrons de décider de la ligne de conduite des autres. Mais si nous n'avions qu'un conseil à vous donner, il se résumerait ainsi : faites gaffe. »

Le Maroc en 404 Mamounia

Aux vacances de Pâques de cette année-là, trop occupé par les derniers détails à régler avant la parution du premier Guide du Routard, je n'accompagnais pas comme prévu les copains au Maroc. Ils avaient acheté pour 200 francs chacun une vieille 404 qu'ils s'étaient empressés d'appeler *Mamounia*. Ils avaient tous pris le train jusqu'à Madrid, les copains et la vieille guimbarde. Ils m'ont raconté à leur retour que, entre eux, ils s'étaient beaucoup opposés sur deux conceptions du voyage antinomiques. Les uns prônaient le voyage routard pur et dur, ce qui les avait conduits à balancer dans un ravin toutes leurs cartes routières, suggérant, s'ils réussissaient à tomber sur un village, d'acheter une boussole. Les autres en avaient assez des couchages infâmes, des étapes épuisantes, des heures passées à dormir, frigorifiés, à la belle étoile. Le récit de leurs tribulations me fit bien rire. Mais j'étais occupé à d'autres aventures.

Le Figaro *dégaine le premier*

« 73 kg de vadrouille... *Le Guide du Routard* de Philippe Gloaguen et Michel Duval va sortir au début du mois prochain. J'ai eu les épreuves en main. Je les ai lues d'une traite (230 pages !). Et j'ai admiré ce travail de précision. Il m'en a appris bien plus que tous les récits de voyage. » C'était un matin, sur RTL. Anne-Marie Peysson, speakerine à la télé et animatrice à la radio, lisait le premier article paru dans un journal consacré à notre guide.

Si l'on m'avait interrogé, je n'aurais jamais deviné que ce serait *Le Figaro* qui, le premier, parlerait du Guide du Routard. Le vénérable journal de la bourgeoisie française publiait quelques conseils judicieux extraits du guide : « Éviter le vol du portefeuille (un petit sac de toile pendu à son cou) ; distinguer un vrai dollar d'un faux (le côté vert d'un vrai dollar doit déteindre si on le frotte sur une feuille blanche) ; vérifier l'authenticité d'une antiquité en terre cuite (y appliquer la langue, si ça colle, c'est une imitation) ; bénéficier du forfait billet circulaire sur les autobus américains Greyhound (l'acheter en France, rue Saint-Jacques, il ne s'adresse qu'aux jeunes étrangers, il est introuvable sur place)... »

En relisant ces lignes, je comprends mieux le clin d'œil que constituait ce premier article dans *Le Figaro*. C'était bien plus exotique, excitant pour une journaliste de ce quotidien aux antipodes de la route de se jeter sur ce nouvel ouvrage que pour ses confrères de *Libération*, journal créé en même temps que le premier Guide du Routard. Pour les lecteurs de *Libé*, la route et l'antitourisme étaient d'une grande banalité.

« La Route des Zindes part de Saint-Mandé »

Qu'est-ce que je me suis fait charrier par les copains ! Nous étions encore étudiants et on parlait du Guide à la radio. J'ai été invité une heure durant, au bar du Ranelagh, dans une émission de France Inter mythique pour moi, le « Pop Club » de José Artur. Il y eut aussi Pierre Bouteiller, Philippe Bouvard, la télévision.

La presse écrite ne fut pas en reste. *Paris Match* découvrait que « La Route des Zindes part du métro Saint-Mandé ». *Rock and Folk* assurait que « *Le Guide du Routard* s'impose comme le seul manuel du savoir beatnik qui ait jamais été écrit ». *Ouest-France* s'étonnait que j'aie pu faire Paris-Istanbul en stop à l'aide de cinq voitures seulement. *Partir,* mensuel en vogue chez les hippies : « Ça ne s'invente pas, des renseignements pareils. C'est parce que tout cela a été expérimenté, vécu, que ce *Guide du Routard* a quelque chose d'incomparable. Un grand pied. » Dans *Elle*, nous avions droit aux compliments d'une ancienne égérie de Saint-Germain-des-Prés, copine de Juliette Gréco, Anne-Marie Cazalis. Même les très sérieux *Monde* et *Aurore* signalaient notre sortie. *Charlie Hebdo* parlait d'« une sorte de Guide Michelin de la démerde et du voyage à bon marché ». Quant à *Actuel*, le vieux copain Basile avec qui j'avais rédigé le « Spécial route » écrivit, sous le titre « Les conseils du capitaine Haddock » : « L'homme libre, chez les Apaches, ne devait pas posséder plus que ce que lui et son cheval pouvaient transporter. La liste des objets nécessaires et quelques autres, vous la trouverez dans *Le Guide du Routard.* »

Musiques du monde

Une interview, sur Europe 1, m'a particulièrement marqué. À cause de celui qui m'a interviewé : François Jouffa ! Durant ma jeunesse, que de soirées j'ai passées enfoui sous mes draps à écouter ses émissions ! François Jouffa n'était pas seulement un grand spécialiste de la pop et du rock, il avait beaucoup voyagé. Aussitôt l'interview terminée, nous avons découvert l'étendue de ce qui nous liait.

En 1969, François s'était rendu en Inde, avec sa compagne et un petit minicassette. Entre Bombay et Katmandou, il avait enregistré toutes les musiques locales qui se présentaient à lui. La mode des sonorités indiennes inspirait les groupes occidentaux, et pas seulement les Beatles. Tous recherchaient les feedback, les larsens, les notes planantes, les inspirations cosmiques… Quand il est rentré, François portait des chemises indiennes, des colliers en bois de santal des vieux sages indiens. Il s'est étonné que son rédacteur en chef ne l'envoie plus couvrir le Conseil des ministres. Lors d'un débat « pour ou contre Katmandou » qui l'opposait au journaliste de *L'Aurore* Dominique Jamet, François Jouffa diffusa des extraits de ses enregistrements de musique népalaise. Le directeur artistique de Vogue lui proposa d'en faire un disque.

On y entendait des musiques des fêtes de septembre en l'honneur de la déesse de la pluie, Idra. Des cymbales, des trompes tibétaines, des harmoniums indiens… De la musique ethnique avant l'heure ! François Jouffa sillonna d'autres pays, rapporta d'autres cassettes, édita d'autres disques. Nos conversations ont été si fructueuses que je lui ai commandé un article sur les musiques du monde. Je ne savais pas encore quand mon prochain Guide sortirait, mais je ne doutais pas qu'il y en aurait d'autres.

Chapitre VII

LA RÉVOLUTION DES CHARTERS

« Voler sans être volé »

Dans le premier Guide du Routard, tout en recommandant la prudence, « vu le nombre de faillites de compagnies de charters », nous faisions l'apologie de ce mode de déplacement, nettement meilleur marché que les vols des compagnies régulières. Et j'avais souhaité que nous ajoutions quelques tuyaux, déjà publiés dans *Actuel*, sous le titre « Conseils à ceux qui veulent voler et non être volés ».

Les jeunes générations n'ont pas idée de ce qu'était, avant les années quatre-vingt, le verrouillage des transports aériens, spécialement en France où le pouvoir gaulliste et son fidèle opposant, le Parti communiste, développaient la même vision nationale et étatique de l'économie. En 1945, gaullistes et communistes avaient engagé une politique de nationalisation, renforcé la puissance publique ; il n'était pas question pour eux de sortir de ce périmètre.

À partir des années soixante-dix où, sous l'impulsion de jeunes militants du « voyage moins cher » puis de compagnies étrangères, des offres bien meilleur marché ont été proposées, l'État français, le ministère des Transports et son bras armé, la Direction générale de l'aviation civile, ont défendu coûte que coûte la compagnie Air France, de sa petite sœur Air Inter et de la compagnie UTA, qui desservait principalement l'Afrique et l'Asie. Tout a été fait : réglementations, interdiction d'atterrissage, quotas dans les aéroports, pour mettre des bâtons dans les roues des avions charters ou des compagnies à bas coût *(low cost)*. Il aura fallu que l'Europe impose une certaine part de dérégulation pour que des compagnies à bas coût ou des charters puissent à peu près normalement s'installer en France.

Les dangers des compagnies pourries

Je précise aussitôt que je ne suis pas un partisan effréné de la libéralisation systématique des transports, aériens ou ferrés. Dans un domaine aussi sensible, il faut que la puissance publique exerce un contrôle strict, impose des règles de sécurité draconiennes. Combien d'exemples récents nous montrent les désagréments de privatisations brutales et incontrôlées des transports ? Je pense aux chemins de fer anglais marqués par tant d'accidents et de dysfonctionnements.

L'été 2005, pendant lequel j'ai commencé à réfléchir et à prendre des notes pour cet ouvrage, a été marqué par une série d'accidents tragiques. La plupart du temps, ce sont des charters ou des avions de compagnies à bas coût qui ont été impliqués dans ces catastrophes qui ont fait plusieurs dizaines de morts. Mais pas n'importe quelles compagnies low cost. Certaines respectent les règles communes et pratiquent des tarifs très avantageux sans rien céder aux conditions normales d'un transport fiable.

Non, la plupart des accidents ont été le fait d'avions hors d'âge ou mal entretenus, appartenant à des sociétés douteuses qui s'affranchissent des conventions internationales en multipliant les sociétés écrans et les domiciliations dans des pays sans volonté marquée de contrôle du transport aérien. Un peu comme certaines compagnies maritimes battant pavillon de complaisance dans des îles sans scrupule qui servent aussi au blanchiment de l'argent sale.

Mais là, on n'est plus dans le problème de la dérégulation du transport aérien, on est dans une affaire de délinquance. Je suis d'avis que les États, et encore mieux l'Europe, doivent imposer des règles absolument draconiennes pour autoriser les avions à décoller de leurs aéroports.

La démocratisation du voyage

Dans les années soixante-dix, prendre l'avion supposait une situation sociale largement au-dessus de la moyenne. Le moindre voyage coûtait des sommes exorbitantes. Dans mon enfance, il n'y avait à Paris qu'un seul aéroport international pour les lignes régulières, Orly. Des familles entières, certains dimanches, venaient y admirer les envols et les atterrissages derrière les baies vitrées des grands halls. L'avion était un monde inaccessible. On rêvait de l'étranger en lisant les atlas, en feuilletant des dictionnaires encyclopédiques. Traverser l'Atlantique, visiter l'Asie ou l'Afrique étaient inenvisageables pour la plupart des gens.

Ce désir, ne plus seulement rêver mais aussi vivre ses rêves, a marqué ma génération. Nous avons ouvert une voie que d'autres ont empruntée par la suite. Aujourd'hui, les personnes du troisième âge font partie des catégories qui voyagent le plus, et c'est tant mieux !

Ce mouvement a commencé quand les jeunes de ma génération ont bousculé les frontières établies ; il marque sans doute les prémices d'une mondialisation qui n'est pas, loin s'en faut, un phénomène uniquement économique, mais aussi culturel et sociétal. Il n'y a pas que les capitaux et les travailleurs qui veuillent circuler librement !

L'on associe trop souvent Mai 1968 à la France. Cela a été un mouvement bien plus large. De la Pologne et à la Tchécoslovaquie jusqu'aux pays d'Amérique centrale, les convulsions ont concerné une grande partie de la planète. La génération du baby-boom, arrivée à maturité politique, a décidé de prendre la parole de la manière la plus spectaculaire qui soit. Elle n'a pas fait la révolution mais elle a bousculé profondément les sociétés occidentales : place des femmes, exigence démocratique, découverte de l'écologie, mais aussi volonté de voyager, loin et différemment...

Qu'on réfléchisse à un slogan de 1968 comme « Sous les pavés, la plage », qui, à lui seul, remettait en cause la société urbaine et productiviste. Ou : « Allez mourir à Naples avec le Club Méditerranée », très explicite sur le refus des vacances étriquées, traditionnelles, qui reproduisaient le mode de vie occidental.

Les historiens diront un jour la portée de cette révolution touristique. Je suis persuadé, pour ma part, que cette démocratisation du voyage a été activée par plusieurs phénomènes entremêlés : la montée du temps libre, à partir des années cinquante aux États-Unis, un peu plus tard en Europe ; l'accroissement des congés payés ; le regard différent porté sur l'étranger, plus curieux, moins égocentrique, né dans les années de la décolonisation ; et l'avènement du consumérisme.

De Ralph Nader au Routard

En 1965, l'avocat américain Ralph Nader a remporté un procès retentissant intenté au nom de quelques personnes contre la firme automobile General Motors, accusée de fabriquer des voitures dangereuses. Dans la foulée de ce succès inouï, de nombreuses associations de consommateurs se sont créées et ont mené des combats fameux, notamment dans le domaine de la santé. C'est ce qu'on appelle le consumérisme ou la « consommaction », un mouvement social qui cherche à accroître les droits des acheteurs vis-à-vis des vendeurs.

En France, ce mouvement associatif est moins puissant, plus tardif. On en est encore aujourd'hui à tenter, bien difficilement, de faire naître le principe de *class actions*, des actions collectives de consommateurs. Mais les entreprises qui pourraient en subir les conséquences font tout pour freiner cette évolution. La voie semble être moins judiciaire, plus informative. Des associations comme UFC-Que Choisir ou 60 Millions de consommateurs mènent des combats utiles. Elles peuvent se retourner devant les tribunaux, mais une grande partie de leur travail, journalistique, est d'enquêter, de dénicher des scandales et de donner des informations fiables sur les produits à travers des bancs d'essai.

Je suis persuadé qu'à sa juste mesure le Guide du Routard participe de ce phénomène, et que nos cousins de *Paris pas cher*, nés à la même époque, aussi. Avec ces guides, nous avons inventé, sans le savoir, un consumérisme à la française marqué par le sens de la débrouillardise et du système D, la volonté de ne pas payer plus qu'il ne convient. La naissance du Guide du Routard fait partie de ces mêmes principes : le désir de voyager autrement et d'aller à la rencontre de cultures inconnues, mais aussi de voyager pas cher.

Bataille contre le monopole

Dans les années soixante et soixante-dix, le Guide du Routard s'est rangé aux côtés d'une dizaine de jeunes militants associatifs dans la terrible bataille qui les a opposés au monopole d'Air France et surtout d'UTA, dont les arrangements pour pratiquer des tarifs élevés interdisaient l'avion au plus grand nombre. La dizaine de révoltés du voyage était tous jeunes, souvent de gauche, quelquefois catholiques. Ces enfants terribles s'appelaient Jacques Maillot (Nouvelles Frontières), Maurice Freund (Le Point-Mulhouse), Jean-Jacques Porchez (Fédération mondiale des villes jumelées), Jean-Alexis Pougatch (Air Alliance), Marc Rousseau et André Peyrsaubes (Jeunes sans frontières), Jean-Jacques Gaté (Council), Justo Caballero (Uniclam) et quelques autres.

Des Liberty Ships aux charters

Avant d'être une industrie, le charter a été un projet associatif. Il s'agissait de permettre aux jeunes de voyager dans des conditions différentes et moins chères, de rencontrer des jeunes d'autres pays, de faire des stages de langue, de découvrir d'autres cultures. L'idée était toute simple : au lieu de posséder ses propres moyens de transport, il s'agissait de les affréter (*to charter* en anglais) pour des tarifs beaucoup plus modestes.

Avant l'avion, il y a eu les bateaux. Des fédérations universitaires américaines, après la Seconde Guerre mondiale, ont utilisé des Liberty Ships, ces navires qui, en 1944, avaient convoyé les troupes qui allaient débarquer en Normandie. Mon principal collaborateur, le rédacteur en chef du Guide du Routard, Pierre Josse, m'a raconté qu'en 1962 il avait traversé l'Atlantique sur un de ces Liberty Ships. Ça me semblait hallucinant ! Il était parti avec 1 000 jeunes venus de toute l'Europe âgés de dix-sept à vingt-cinq ans, mais aussi des jeunes Américains qui profitaient de ce voyage pour retourner passer l'été chez leurs parents. Ils s'étaient tous retrouvés au Havre. Le voyage avait duré deux semaines, ils étaient cinq ou six par cabine, c'était la fête nuit et jour. Grâce à ce bateau-charter, Pierre Josse a pu passer un été dans un camp de jeunesse, près de Woodstock.

Au milieu des années soixante, les avions ont remplacé les bateaux, en tout premier lieu des avions militaires américains qui avaient servi pendant la guerre du Vietnam et se voyaient offrir une seconde vie, autrement plus pacifique.

L'économie emprunte des détours parfois surprenants.

Pas de talons hauts pour Katmandou

Le plus connu de ces jeunes militants du voyage, celui qui au final s'imposera, s'appelle Jacques Maillot. Ce catho de gauche, ancien scout, a organisé son premier voyage en 1965 avec des jeunes du XIVe arrondissement de Paris. Ils sont partis en train et en car jusqu'au Maroc. Maillot s'est ensuite battu afin d'imposer le voyage pour tous et aussi de « changer les rapports entre pays riches et pays pauvres ». C'est pourquoi il a appelé son association Nouvelles Frontières, en référence au grand discours de John Fitzgerald Kennedy.

Il faut se rappeler ce qu'était Nouvelles Frontières avant de devenir une grande entreprise. Maillot avait ouvert une toute petite boutique, près de Denfert-Rochereau, qui a longtemps ressemblé au local d'un groupuscule anarchiste. La ronéo tournait à plein régime, ses programmes de voyages étaient semblables à des tracts tiers-mondistes. Il organisait des réunions préparatoires aux voyages parce que, bien évidemment, il s'agissait de faire un effort, on n'était pas là pour jouer les touristes passifs et avachis.

Un jour, à l'aéroport, Jacques Maillot a dit à une adhérente en partance pour Katmandou : « On ne va pas là-bas avec des talons hauts. Ou vous les retirez, ou vous ne partez pas. » Elle n'est pas partie.

C'est qu'il fallait s'intéresser, se documenter sur les pays qu'on allait découvrir, il fallait se montrer curieux, ouvert, disponible. Et si un client potentiel passait la tête par sa boutique afin de prendre des renseignements, la fougue gouailleuse de Maillot faisait merveille et il se retrouvait à coller des timbres, à écrire des adresses sur des enveloppes, à tirer des tracts.

Interdits de décollage en France

Le bénévolat se nourrissait d'enthousiasme, indispensable si l'on voulait résister à la pression des autorités françaises. Il était pratiquement inconcevable de décoller de Paris, même en pleine nuit. La plupart du temps, il fallait rallier Bruxelles ou le Luxembourg en car, afin d'embarquer. Pour avoir une chance de partir de France, il fallait créer une association n'ayant explicitement rien à voir avec le voyage, constituée pour un événement précis. Ah, le nombre d'amis de l'Inde, du Machu Picchu ou d'ailleurs qui, dans ces années-là, se sont soudainement constitués en associations dûment déclarées ! Pour être recevable, l'association devait présenter les cotisations de ses membres, payées depuis six mois. Les clients des charters réglaient alors en liquide ou avec des chèques postdatés et se voyaient remettre des cartes d'adhérents avec des timbres de cotisations bien à jour. Tous les lundis, la préfecture de Paris enregistrait des dizaines de demandes de créations d'associations toutes plus farfelues les unes que les autres. Cela signifiait simplement que des voyages étaient en préparation.

L'Association des gauchers d'Orient

J'ai tout de suite noué des liens amicaux avec nombre de ces jeunes militants des charters. Nous avions les mêmes publics, les mêmes envies, les mêmes combats. Dans ce petit milieu, nous nous racontions quelques anecdotes savoureuses récoltées lors de ces bagarres avec la Direction générale de l'aviation civile (DGAC). L'une des plus loufoques me revient en mémoire : un vendredi soir, il y avait eu une fête très mouvementée à la suite de laquelle l'un des animateurs décida d'aller déposer, le lundi suivant, les statuts de l'Association des gauchers d'Orient, d'Occident et du Japon. Ainsi fut fait, ce n'était pas qu'une promesse d'après-boire ! Quelque temps après, les adhérents de cette prétendue association attendaient dans le hall de l'aéroport du Bourget le départ de leur vol en direction de New York.

En découvrant l'existence de cette association un peu loufoque, la directrice de la DGAC en personne piqua une colère noire. À ses yeux, c'était la provocation de trop. Elle décida de s'occuper elle-même de ces prétendus gauchers internationalistes. Elle se pointa au départ de l'avion et contrôla une à une les cartes d'adhérents de ces fameux gauchers d'Orient, d'Occident et du Japon. Elle leur demanda en outre de tous certifier sur l'honneur et sur papier officiel qu'ils étaient bien membres de ladite association. Les trois quarts des prétendus adhérents, pas très au fait des détails de cette vraie-fausse association ou bien trop pressés de s'envoler, remplirent leur déclaration de la main droite. La directrice bloqua l'avion pendant un très long moment.

Le choc des ego

Aux côtés de Jacques Maillot, il y avait un ancien syndicaliste de Peugeot, Maurice Freund, qui estimait que le voyage pouvait être un formidable outil d'aide au développement du tiers-monde. C'est pourquoi il avait créé la compagnie Point Air qui travaillait essentiellement avec la Haute-Volta, aujourd'hui devenue le Burkina Faso. Il y avait aussi la Fédération mondiale des villes jumelées, d'obédience socialiste, qui aux premiers succès se désengagea de cette activité qu'elle estimait trop lucrative.

Beaucoup de ces associations n'ont pas survécu à ces années pionnières. Il faut dire que le combat a été rude, que le ministère des Transports a tout fait pour que ces petites sociétés aient les pires difficultés à vivre. La solution aurait sans doute été de s'unir tout de suite, pour mieux résister et même espérer prospérer. C'est ce qui s'est passé en Belgique. Toutes les organisations d'étudiants et les associations de voyages ont créé une coopérative d'achats de voyage, Sytour. La Belgique a beau être grande comme une poignée de nos départements, Sytour avait bien plus de poids que la kyrielle de charters français. Nouvelles Frontières et la Fédération mondiale des villes jumelées ont bien tenté de s'unir en coaffrétant des avions, mais cela n'a pas duré.

Dans cette bande de jeunes, il y avait trop d'ego forts pour qu'ils réussissent à s'entendre durablement. Seuls les plus avisés, les plus tenaces ont survécu. Le principal, c'est évidemment Jacques Maillot. En 1965, il transportait 1 650 personnes ; en 1994, 1,4 million... Il a si bien réussi qu'un grand groupe allemand du tourisme a mis la main sur Nouvelles Frontières et a remercié son créateur. Pour être juste, les Allemands ont tout de même sauvé l'entreprise de la faillite.

Mon premier vol Air France

Pour les charters, le Guide du Routard a été un appui appréciable. Je me souviens que, un jour de ces années de lutte homérique, Jacques Maillot m'a téléphoné pour me demander si je pouvais écrire un article sur les conséquences désastreuses du monopole. Bien plus qu'Air France, c'est UTA qui était notre bête noire. Soutenue par l'État, UTA, pourtant une société de droit privé, s'appuyait sur son quasi-monopole avec l'Afrique et l'Asie pour pratiquer des tarifs totalement scandaleux. C'est pourquoi si peu de jeunes routards partaient en Extrême-Orient mais se contentaient de l'Inde ou du Moyen-Orient. L'article ne faisait pas dans la dentelle, il n'est pas passé inaperçu.

J'ai réalisé en feuilletant le premier Guide du Routard édité par Gedalge que, a contrario, Air France, malgré notre prose militante pro-charter, avait acheté une page de publicité. Il s'agissait de ramener les jeunes égarés dans le droit chemin du monopole aérien. Dès les années soixante-dix, Air France a essayé d'être plus intelligente qu'UTA et d'ouvrir un peu ses avions aux jeunes générations. La compagnie nationale a créé une officine dirigée par un ancien préfet, Atitra, et ouvert une boutique en plein Quartier latin, rue Monsieur-le-Prince, qui vendait des billets spéciaux avec des tarifs avantageux pour les jeunes. Ensuite, Air France a racheté l'agence Jumbo pour s'adresser aux jeunes voyageurs.

C'est ainsi que mon père, refusant que je revienne en stop d'Inde, m'avait payé un billet d'avion pour rentrer de Bombay, un billet spécial jeunes, j'imagine. Ce n'était pas un charter mais un vol régulier d'Air France. Sacré clin d'œil.

Chapitre VIII

LA DÉCOUVERTE DE L'AMÉRIQUE

Être indépendant

Il fallait bien fêter cette année 1973 si riche en événements : le premier Guide du Routard était enfin publié et j'entrais en dernière année à l'ESCP ; je serais bientôt sur le marché du travail. En principe, quand on fait une grande école de commerce, c'est qu'on se destine à un poste de direction dans une grande entreprise. C'est la logique ultime, le but de tant d'efforts.

Pour ma part, je n'avais absolument pas cette idée en tête. Depuis toujours, j'avais décidé – du moins j'avais très envie – de rester indépendant. Pour moi, être salarié constituait un statut peu enviable, une perte de liberté difficilement supportable. Je me disais que les cadres, même très haut placés, quels que soient leurs mérites, n'étaient jamais que des courroies de transmission puisqu'ils ne possédaient pas leur entreprise. Je les voyais comme les scribes du pharaon, rejetés par le peuple et, en fin de compte, écartés du pouvoir réel car ils ne faisaient pas partie des lignées royales.

Quand j'ai refusé la direction des Guides Bleus

Qu'on ne s'y trompe pas, mon propos n'est la manifestation d'aucune mégalomanie. Bien au contraire. C'est plutôt la méfiance d'un fils d'instituteur breton, petit-fils de paysan breton qui préfère rester maître chez lui, même si c'est plus petit.

Je fais un saut dans le temps : quelques années après le démarrage avec succès du Routard chez Hachette, la direction du groupe m'a proposa de m'occuper en plus des fameux Guides Bleus. Sans même prendre en compte le caractère ardu de la mission proposée, il ne m'est pas venu à l'idée un seul instant d'accepter la proposition : je n'allais pas devenir un salarié ! Certes, j'aurais disposé d'un périmètre de responsabilités élargi, mais pour quoi faire ?

L'accumulation de pouvoir comporte un danger évident. Je préférais me concentrer sur ma seule force : le succès d'un guide dont je suis le fondateur. C'est tout sauf une prétention, c'est une prudence, une forme de réalisme, la seule garantie que j'ai de toujours pouvoir exercer ma liberté.

Cette idée, je l'avais déjà tout gamin. Je voulais être mon propre employeur, vivre de mes idées, vendre mon travail. J'avais envie d'être comptable de mes succès et d'endosser ma part de risques.

Devenir journaliste !

L'idéal eût été de devenir journaliste pigiste. C'était mon rêve. Mes parents ne comprenaient pas très bien ce qu'ils prenaient sans doute pour une lubie. Ils ne le disaient pas, ayant décidé une fois pour toutes de me fiche la paix, mais je sentais bien qu'ils étaient perturbés : leur fils avait fait l'ESCP, ce qui les avait rendus fiers, et voilà qu'il voulait vivre de la publication d'un guide chez un éditeur novice et de quelques articles ici ou là, notamment dans le magazine de BD *Pilote*. Une vie peu en rapport avec le statut d'élève d'une grande école.

Ce n'était pas grave, je continuai à collecter des informations sur le terrain afin de placer des articles dans les journaux et d'enrichir de nouvelles éditions du Guide du Routard. C'est pourquoi je m'envolai, cet été 1973, pour le continent américain retrouver mon camarade corse Joseph qui avait passé les premières semaines de juillet à travailler comme serveur dans un grand restaurant de Montréal, dans le cadre d'un stage d'entreprise.

Une autre Amérique

L'Amérique... C'était la marotte de mon copain et associé, Michel Duval. D'ailleurs, il avait déjà tellement visité les États-Unis que, cet été-là, il avait préféré partir en Amérique du Sud, toujours dans l'idée d'élargir nos horizons pour une réédition du *Guide du Routard*. On s'était donc partagé le continent américain. Duval faisait le Sud et moi le Nord, du Canada jusqu'au Mexique, et même au Guatemala...

J'ai déjà dit ma (relative) déception de l'Inde. J'en attendais des merveilles ; la réalité, à côté de ces rêves mirifiques, ne pouvait qu'être décevante. Pour les États-Unis, ce fut le phénomène inverse. Je n'y avais jamais mis les pieds, donc je ne prétendais pas connaître. Mais tout de même, j'entendais dire tellement d'horreurs sur ce pays, sur Wall Street et ses affreux capitalistes et même sur ces impérialistes qui exploitaient la planète avec leurs multinationales et faisaient la guerre au peuple vietnamien...

J'ai découvert, cet été-là, que les États-Unis étaient autrement plus complexes et intéressants que ce que je croyais. J'ai réalisé qu'une autre Amérique existait, inconnue de moi pour l'essentiel. En fin d'année scolaire, un professeur nous avait incités à poser notre candidature pour suivre un stage d'été à Harvard, en précisant qu'il fallait se dépêcher, qu'il n'y aurait pas de place pour tout le monde. J'ai encore dans l'oreille les quolibets qui avaient accueilli sa suggestion, un vacarme qui n'avait laissé d'autre ressource à notre prof que de quitter prématurément la salle. Harvard, c'était l'Amérique conspuée de nos années babas cool. Mais il y avait autre chose.

New York, New York

Dès mon arrivée à Montréal, Joseph m'a emmené dans un squat où des clandestins avaient constitué une société fraternelle. Ils avaient mis au point un système pour cacher les jeunes déserteurs américains de la guerre du Vietnam. J'ai découvert avec un peu d'étonnement – mais finalement, c'est assez logique – que les mêmes filières fonctionnent aujourd'hui pour ceux qui refusent de faire la guerre en Irak. Les déserteurs avaient besoin d'un réseau très solide d'accueil, ils savaient qu'il leur faudrait rester plusieurs années au Canada avant d'espérer rentrer un jour chez eux.

À Montréal, on a logé chez un jeune ouvrier québécois qui collectionnait le mensuel satirique et contestataire français *Hara-Kiri*. Après, direction les États-Unis, toujours avec mon pote Jo.

Montréal avait été une initiation à cette société underground. À New York, ce fut un choc énorme. La seule comparaison qui me vienne, c'est ma découverte, plus jeune, de Londres. New York, c'était bien plus fort. Toutes ces images qui me reviennent en tête...

Je me souviens d'un concert en plein Central Park contre la guerre du Vietnam avec Joan Baez, Dylan et les Platters. J'avais soudain l'impression, par ma simple présence, de faire quelque chose contre les atrocités d'un conflit dont je suivais les derniers soubresauts dans *Le Monde*. C'était un peu illusoire, mais l'exaltation ressentie à l'écoute des discours et des groupes de rock et de pop était à cette mesure. Il y avait aussi ces concerts improvisés à Washington Square, où tout le monde dansait.

Je me souviens d'un combat de boxe au Madison Square Garden entre un Irlandais et un Noir américain où les coups de poing n'étaient pas donnés que sur le ring. Une folie, la salle était remplie par 2 000 Blancs et 8 000 Noirs. Chaud, l'ambiance ! C'était cela aussi, l'Amérique, des tensions raciales qui s'exprimaient, tout à coup, lors d'une soirée de boxe.

Je me souviens de boîtes branchées, de l'une d'entre elles notamment qui avait un étage pour le restaurant macrobio et un pour le bar où des Blacks et des Mexicains fumaient des joints en écoutant de la musique. Je me souviens d'un autre bistrot où nous avons approché Charlie Mingus. Jo était au septième ciel. Pour lui, Mingus n'était pas seulement un magnifique bassiste, l'un des plus grands, il était aussi une figure de la contestation politique. Nous avions réussi à nous faufiler au milieu de plusieurs rangées de fans pour le saluer, et Jo avait même pu lui payer une bière. J'ai découvert, à cette occasion – découverte maintes fois répétées depuis –, qu'à l'étranger le fait d'être français n'est pas un handicap, loin s'en faut.

Je me souviens d'un artiste contemporain qui voulait monter un musée où il n'y aurait qu'une seule œuvre, de sorte qu'elle serait vraiment contemplée, admirée, disséquée. Il nous en avait parlé pendant des heures ; sa remise en cause de la société de consommation allait jusqu'à l'anéantissement des musées et de toute notre culture de l'art pictural.

Je me souviens d'une rencontre, toujours à Central Park, avec une jeune et jolie fille dont les cheveux étaient couverts de fleurs. Elle portait une tunique blanche brodée, elle était membre des Women's Lib, ancêtre américain du MLF français. Elle s'était approchée de Jo, qui apparemment lui plaisait. J'ai été impressionnée par sa façon franche et directe de choisir les hommes. On commençait à parler en France de la libération des femmes et de leurs droits, y compris du plaisir sexuel. J'ai été encore plus interloquée quand elle a interrogé mon camarade sur son signe astrologique et son ascendant. Elle était d'accord pour l'amour libre sans la moindre contrainte, sans les codes sentimentaux de l'ancienne société coincée, mais elle y mettait une condition : que leurs signes astrologiques, planètes et ascendants, concordent. Sinon, rien ! Malheureusement pour Joseph, rien ne concordait cette fois-là...

Je me souviens de ces petites chambres minables à Time Square, ces immenses hôtels pour jeunes sans un rond où l'on squattait à une demi-douzaine par chambre ; je me souviens aussi d'un hôtel gratuit sur la 45e Rue où les frigos étaient communautaires. Je me souviens enfin d'avoir donné une leçon à Jo sur le fait qu'il ne fallait jamais ranger ses vêtements dans les commodes, que c'était un coup à les oublier au moment de partir. D'ailleurs, je l'avais noté dans mon premier Guide et comme je l'avais écrit, j'étais certain, moi, de n'avoir aucun problème ; je pouvais passer outre le conseil. Je me suis retourné, fier de mon effet, et j'ai commencé à ranger mes vêtements dans la commode.

Jo se fichait pas mal des contingences. Depuis longtemps, il trouvait le sac à dos parfaitement ringard. Tous ces hippies qui portaient la même chose, ça ne lui convenait pas du tout. Il préférait son vieux sac marin dans lequel il rangeait ses affaires avec une technique bien à lui, qui m'a toujours échappé : tout était en désordre mais rien n'était froissé ! Sur ce sac, il notait toutes les villes qu'il avait traversées.

Au moment de filer de l'hôtel, plus rapidement que prévu parce qu'il y avait une descente de police et qu'on était bien trop nombreux par chambre au regard des règlements –, j'ai fait ce que je croyais réservé aux autres, aux voyageurs de base, à ceux qui n'avaient pas rédigé de guides : j'ai oublié mes affaires rangées dans la commode.

Les routes du sud

New York, d'accord, nous en avions pris plein les mirettes, mais ce n'était pas le tout : j'avais un guide à faire, moi ! Mon carnet croulait sous les adresses new-yorkaises, il fallait passer à autre chose, filer vers le sud, retrouver les grands espaces du Texas, rejoindre le Mexique et le Guatemala avant de remonter vers la Californie.

À l'époque, nous avions recours à un système appelé les *auto drive away*. La formule consistait à convoyer des voitures de particuliers. C'était gratuit, il fallait juste payer l'essence. Nous avons attendu des heures, avec Jo, qu'une annonce veuille bien nous expédier dans la direction souhaitée. Finalement, nous avons opté pour le stop traditionnel. J'imaginais des longues décapotables, nous avons eu droit à une Coccinelle qui tombait en panne dès qu'elle dépassait les quatre-vingts kilomètres à l'heure. À La Nouvelle-Orléans, nous avons opté pour le Greyhound, ces grands bus qui sillonnent l'Amérique en tous sens. À Houston, re-stop. Une nuit, nous avons dormi sur le bord de l'autoroute, à cent mètres de la voie, dans un champ de coton, sans sac de couchage. Le matin, nous avons découvert un crotale mort, écrasé sur le bord de l'autoroute, très près de nous.

Aux États-Unis, les limitations de vitesse sont en général respectées. Nous avons trouvé le moyen de tomber sur une bande de jeunes fous qui conduisaient une grande berline à tombeau ouvert, en éclusant des bières qu'ils jetaient à mesure sur la chaussée. Ils avaient dans leur coffre un pack de cinquante canettes, mais apparemment ce n'était pas suffisant. Ils ont décidé de s'arrêter pour piquer un autre pack.

« Mais oui, ont-ils fini par nous expliquer. On vit en chouravant. Notre spécialité c'est de piquer des cartes bancaires qu'on jette après les avoir utilisées pendant deux ou trois jours. »

Dans une boîte du Texas, il y avait une pancarte stipulant qu'il était interdit de rentrer avec des armes. Dans cette boîte, je me souviens très bien d'une jeune Texane que je trouvais très séduisante. Elle a eu la gentillesse et la présence d'esprit de me faire comprendre qu'il était préférable que je prenne quelques distances avec elle. Non qu'elle me trouvât antipathique, loin de là, ou qu'elle ne se sentît pas assez libre pour continuer à flirter avec moi, mais ses compatriotes, en revanche, n'appréciaient pas du tout cette forme de liberté. Nous étions au fin fond du Texas. Il était plus prudent de continuer la route.

Un Breton et les bakchichs

À Piedras Negras, la frontière mexicaine, je ne sais ce qui m'a pris. Aujourd'hui, on dirait que je me suis coincé. Un fonctionnaire mexicain nous demandait nos passeports. Il a pris une gomme et a commencé à effacer méthodiquement le visa que Jo s'était fait délivrer pour trois mois, à Paris. Puis il nous a regardés d'un air satisfait :

« Combien vous avez en dollars ? »

Jo avait très bien compris le manège. Il a hésité un instant, comme s'il procédait à un rapide calcul mental.

« Cent dollars. »

Cent dollars ? Quelle arnaque ! De toute façon, peu importe le prix, dix dollars, vingt dollars, j'aurais réagi pareil. Jo avait estimé que à cent dollars, le douanier nous laisserait passer. Il n'en fut rien.

« Cent dollars ? Dans ces conditions, je pense que vous allez prendre tout votre temps. Mais si vous êtes plus pressés, revenez me voir, on trouvera un arrangement. »

Sous-entendu, à un tarif supérieur à cent dollars. Jo sourit à son tour et m'entraîna à l'extérieur de la douane. J'étais furieux. Joseph, pas trop. Il avait l'air de se retrouver en terrain connu, habitué qu'il était à ce genre d'économie parallèle souterraine et à la subtilité de la communication au second degré qui n'utilise jamais les mots vulgaires de racket, pourboire ou bakchich. On est restés silencieux un long moment.

« Il faut payer, a fini par dire Jo. Il n'y a pas d'autre moyen. Il faut lui donner ce qu'il veut, sinon on ne passera pas.

– Tu plaisantes, pas question ! »

Mon vieux fonds breton remontait à la surface. Routard, d'accord, mais j'avais un désir d'ordre, de justice. Pas question de me plier à un racket organisé. Il y avait aussi un peu de fierté dans mon attitude ; ce n'est parce qu'on était deux jeunes Français qu'on allait se laisser plumer. Mais beaucoup d'inflexibilité, surtout.

« Il n'a pas le droit de faire ça ! On va l'obliger à nous donner les deux visas gratos. Et je t'assure, on va passer »

Jo me regarda, étonné. Pendant toute la journée, nous avons déambulé dans les rues désertes de Piedra Negras. Deux fois, nous sommes retournés à la douane. À chaque fois, j'ai réclamé que le fonctionnaire indélicat rétablisse le visa de mon camarade indûment effacé, d'ailleurs, il en restait assez de traces pour prouver notre bon droit. La troisième fois, le douanier a craqué, il a donné le coup de tampon nécessaire sur le passeport de Joseph. Un mois, pas trois, c'était sa petite vengeance. Un mois, cela suffisait pour ce que nous avions à faire, le Mexique et le Guatemala. Un mois contre zéro dollar. J'avais gagné, c'était ma revanche après ma stupidité de l'hôtel new-yorkais.

« N'empêche, on a perdu une journée », a conclu Joseph.

Corse contre Breton, je ne sais lequel des deux était le plus têtu.

Des champignons sur des Clarks

Au Mexique, j'ai découvert une technique marketing dont j'ignorais tout auparavant. Après quelques jours à Mexico, nous avons pris un bus pour le Pacifique. Un jeune Mexicain était assis près de nous. Il a remarqué que nous fixions ses chaussures depuis assez longtemps. C'était pourtant des Clarks, tout ce qu'il y a de plus classiques. À cette époque, des millions de jeunes portaient ces chaussures en peau. Le Mexicain avait simplement innové en dessinant dessus deux champignons.

« Ça vous intéresse, les *hongos* ? »

Ses dessins servaient à sélectionner la clientèle potentielle. Il nous fit un cours sur les vertus hallucinogènes de ces champignons autrefois cultivés par les Indiens. Puis il nous sortit tout l'éventail de ces talents.

« Je deale surtout de l'herbe pour les gringos, mais je peux aussi vous trouver des champignons. »

Avec moi, il ne pouvait pas espérer grand-chose. J'ai goûté à ces machins, et ça m'a rendu tellement malade que ça m'a vacciné. Mais il s'est montré assez sympathique pour nous emmener visiter les pyramides de Palenque. Nous avons ensuite continué seuls, Jo et moi, vers la cité lacustre de Belize, où nous avons dormi sur le perron de l'Armée du Salut, puis vers les pyramides de Tikal. Nous sommes alors tombés en panne en pleine jungle guatémaltèque, au milieu des singes araignées, des pumas et des jaguars.

On lit le Routard au Mexique

Sur une plage de Puerto Angel, sur la côte pacifique du Mexique, j'ai eu l'énorme surprise de tomber absolument par hasard sur un copain, Jean-Pascal, qui arrivait de New York en *auto drive away*. Lui s'était montré plus tenace que nous. On lui avait d'abord proposé une Renault 10, tu parles d'un exotisme ! Il avait attendu, attendu, attendu. Au bout d'une semaine, il avait réussi à dégotter une Chevrolet Durham.

Jean-Pascal m'a raconté ensuite une histoire tout aussi incroyable que notre rencontre inopinée. Au nord de Mexico, il a aperçu deux Françaises dans un bus. L'une d'elles a sorti de son sac le Routard de la librairie Gedalge qu'elles ont commencé à lire, collées l'une contre l'autre. Jean-Pascal leur a demandé si elles aimaient ce guide : « Oh oui, quand on en a marre, qu'on est fatiguées, on lit les autres pays. » J'aurais voulu voir ça ! Tout jeune auteur rêve d'assister secrètement à la lecture de ses œuvres, mais l'histoire de Jean-Pascal était plus belle que tout. Elles étaient au Mexique et elles rêvaient, plongées dans le chapitre sur l'Inde !

Je n'ai jamais oublié ni cette histoire ni cette journée, d'autant plus que le soir même, sur la plage hippie de Zipolite, j'ai failli mourir lors d'un bain de minuit, emporté par des vagues ultra-puissantes. J'ai mis beaucoup de temps à revenir sur le bord. C'était l'une des plages les plus dangereuses du Mexique, mais je ne l'ai appris qu'après avoir risqué la noyade.

Les Raisins de la colère

Pendant notre remontée vers la Californie, un Américain s'est arrêté pour nous prendre en stop. Il s'appelait Ben. Il ne parlait pas beaucoup et roulait plutôt vite, juste à la limite réglementaire. Il allait à Reno, comme nous, mais pas pour son plaisir. Il venait d'y trouver un boulot et il fallait qu'il se dépêche s'il ne voulait pas rater le début du chantier. Sa voiture était pourrie : plus d'amortisseurs, l'embrayage en bout de course, la carrosserie dans un état lamentable. Les policiers ne cessaient d'arrêter Ben et de lui coller des amendes de dix dollars pour l'état de son véhicule, amendes qu'il payait sur-le-champ, seule condition pour pouvoir poursuivre sa course. Je ne sais d'où il venait, mais il était épuisé, il s'endormait au volant. Jo lui tapait régulièrement sur l'épaule pour le réveiller.

Ben était fauché, un descendant des hobos, ces vagabonds travailleurs qui, jusqu'en 1930 et la Grande Dépression, sillonnaient l'Amérique à la recherche d'un travail. Ces héros des *Raisins de la colère* représentent l'une des origines des routards. En tout cas, les poètes beat, Ginsberg, Kerouac ou Burroughs, les considèrent comme des personnages infiniment respectables. Ces clochards célestes, ces trimardeurs de grands espaces ont influencé leur poésie et le comportement des futurs hippies.

On a fini par payer un plein à notre ami Ben qui, ayant donné tout son argent aux flics, était prêt à abandonner sa guimbarde sur le bas-côté pour terminer en stop sans la moindre garantie d'arriver à temps. Et Jo a pris le volant pour que Ben puisse dormir un peu. Notre hobo roulait sans discontinuer depuis presque 3 000 kilomètres.

Les poètes beatniks

J'ai déjà dit à quel point Kerouac, Burroughs et les autres ont poussé ma génération sur la route des Indes. Ils incarnaient cette contre-culture beatnik. Eux aussi font partie de cette autre Amérique. Le mouvement hippie et toute cette contestation ont été profondément marqués par ces poètes, eux-mêmes influencés par les surréalistes, l'écriture automatique et la prise de stupéfiants.

Comme nombre d'Américains cultivés, les poètes beat

aimaient Paris. En face de Notre-Dame, ils se retrouvaient dans la librairie fondée par leur compatriote et ami, George Whitman, la Shakespeare and Company (qui existe toujours). Non loin de là, ils avaient élu domicile dans un petit hôtel du Quartier latin dans la rue Gît-le-Cœur, vite surnommé le « Beat Hôtel ». C'est là que William Burroughs a terminé son *Festin nu* entamé à Tanger. C'est là que Jack Kerouac a dormi, à même le sol, lors de son expédition à la recherche de ses racines françaises.

Lors de mon premier voyage en Amérique, en 1973, je ne connaissais que Kerouac et son *Sur la route*. Je ne soupçonnais pas l'importance du mouvement poétique beatnik. Pour mesurer tout cela, mieux comprendre cette Amérique souterraine, subtile et déjantée, découvrir cette poésie de l'instant et de la transcendance, il me faudra attendre quelque temps encore et la rencontre avec mon libraire ange gardien, René Beaudoin.

Au milieu des années quatre-vingt, nous avons fait un pèlerinage, René et moi, sur les terres californiennes fréquentées par les grands écrivains : le grenier à Russel Place où Kerouac a écrit *Sur la route* ; Monterey, où Stevenson a rédigé *L'Île au trésor* ; Big Sur et sa plage sublimée par les tempêtes où tant d'écrivains se sont arrêtés ; et surtout San Francisco et la fameuse librairie du mentor et ami des poètes beat, Lawrence Ferlinghetti, la City Lights Bookstore, fondée après la guerre et ainsi nommée en hommage à Chaplin.

Le créateur était dans sa librairie au moment de notre passage, vieux monsieur au visage cerné d'une barbe blanche, coiffé d'un feutre. Il écrivait toujours, il peignait aussi, il publiait ses amis, organisait des performances. Nous avons salué Ferlinghetti ; Beaudoin lui a dit son admiration éperdue puis lui a expliqué l'histoire du Guide du Routard. Le vieux monsieur a souri, il a fait demi-tour sur lui-même et a sorti d'un rayonnage un Guide du Routard déjà ancien. C'était en 1983, le Guide avait déjà dix ans. Sacré hommage.

Les Yurt People

C'est aussi à San Francisco que, en 1973, avec Joseph, nous avons terminé notre périple. En quelques semaines, mon opinion avait complètement changé sur les États-Unis. Ce n'est pas le passage par cette Californie, terre d'écarts culturels, qui allait me décevoir et gâcher mes dernières impressions. Seulement, j'ai dû rentrer assez rapidement à Paris. La rentrée scolaire m'attendait, tout comme l'espoir d'une nouvelle édition du Guide.

Jo me raconterait plus tard la fin de son séjour, une semaine supplémentaire passée à fréquenter des actrices et mannequins qui connaissaient Andy Warhol. Surtout, il s'était intégré dans une communauté totalement farfelue, les Yurt People, qui vouait un culte aux peuples de Mongolie. Ils vivaient dans des yourtes, ces tentes coniques qui reproduisent la forme de leur spiritualité, resserrée vers le ciel. Ils cultivaient leurs légumes, macrobiotiques bien entendu, mais buvaient du Coca et se méfiaient des excès de la drogue. Ils avaient construit leurs yourtes en bois mais prévoyaient déjà que la Californie serait bientôt surpeuplée et qu'il faudrait émigrer vers l'Oregon.

C'était l'époque de toutes les utopies. Aujourd'hui, les Yurt People sont professeurs à l'université. Jerry Rubin, le leader des enragés, les yuppies, ces hippies radicaux, a même rejoint une société de Wall Street où il est conseiller financier. Ce n'est peut-être pas ce qu'il a fait de mieux.

God bless you

Je suis retourné très récemment aux États-Unis, au moment où je relisais les épreuves de ce livre. C'était la première fois depuis cette lamentable guerre en Irak. Je n'ai pas reconnu l'Amérique de ma jeunesse. Je sais, il y a eu le choc du 11-Septembre, les campagnes contre Al-Qaïda, mais tout de même... J'ai vu des gens qui s'enfoncent dans un intégrisme religieux délirant, prétendent faire le bien d'autrui, édicter des codes de conduite. On refuse de servir du vin dans les restaurants à des jeunes de moins de vingt et un ans. On remet en cause l'avortement, la contraception. Dieu est dans tous les discours, tous les espoirs. Si Dieu le veut, Ben Laden sera vaincu ; si Dieu le veut, l'Irak sera pacifié ; si Dieu le veut, la croissance éternelle sera assurée. J'en ai eu froid dans le dos.

Ce n'est pas la religion qui me hérisse. J'ai aimé le catholicisme humble, social, généreux de mes parents. C'est ce sentiment de supériorité à l'égard du reste du monde. Ce peuple formidable a retrouvé d'étroites vertus missionnaires et, en même temps, une mentalité de forteresse assiégée. *God bless you.* Quoi qu'il arrive, les Américains sont, dans leur grande majorité, sincèrement convaincus de leur bon droit. Il faut dire que les dirigeants actuels n'ont pas ménagé leur peine pour les entretenir dans l'illusion que les solutions simples de la guerre antiterroriste suffiront à amener la *pax americana.*

Cette Amérique n'est pas celle que j'ai profondément aimée.

Chapitre IX

CHEZ HACHETTE

Écrasé par un bus

Dès mon retour à Paris, mes rêves de réédition du Routard allaient être déçus. Le premier guide s'était pourtant vendu durant l'été de façon plus qu'honorable, 8 500 exemplaires au total. La presse avait plébiscité ce coup d'essai ; combien d'articles et de citations sur les ondes, sans même avoir embauché d'attaché de presse ! De nombreux libraires se plaignaient : dans les présentoirs, des jeunes déchiraient les pages du guide qui les intéressaient. À qui la Grèce, l'Inde ou l'Angleterre... C'était le risque d'un guide mondial. Il était évident que nous tenions une idée intéressante.

Le problème, c'est que l'éditeur, le propriétaire de la librairie Gedalge, M. Waast, venait de trouver la mort, écrasé par un autobus près du jardin du Luxembourg.

J'attendais, pour prendre une décision, que mes copains Michel Duval, mon associé, et Gérard Ladant, qui m'avait amené chez Gedalge, rentrent de leur périple en Amérique du Sud. On parlait d'un rachat de Gedalge, qu'en serait-il du Routard ? En débarquant à Orly, Michel et Gérard avaient mille choses à me raconter. Ils avaient tout de même parcouru la cordillère des Andes du nord au sud, ils étaient montés à pied jusqu'au Machu Picchu ! À la frontière chilienne, ils s'étaient trouvés bloqués. C'était le 11 septembre 1973 : « *Golpe militar* », avait annoncé un militaire, mitraillette à l'épaule. Salvador Allende venait de trouver la mort, le général Pinochet prenait le pouvoir avec l'armée et l'appui des États-Unis. Sale temps...

J'ai rapidement mis fin au récit de leur voyage en annonçant à Michel et Gérard la mort tragique et brutale et de M. Waast.

« Finalement, il est très probable que le stock soit liquidé. On risque 20 000 francs de dettes. »

Mes deux camarades ont bien tenté de me remonter le moral, m'assurant qu'une aussi bonne idée ne pouvait que trouver preneur ailleurs. Peut-être, mais je ne pouvais oublier les galères passées : dix-neuf refus, quand même ! Je ne me voyais pas repartir de zéro.

Génération stagiaires

Il est facile, aujourd'hui, de ne retenir de l'histoire du Guide du Routard que ses succès. C'est excessif, voire malhonnête. Le Routard est une très belle réussite, certes, mais le démarrage a été plutôt difficile : j'ai vécu six à sept années de vache enragée. La légende de la success story, à laquelle, je dois en convenir, je me suis parfois prêté – amusé, flatté, étonné de tant de sollicitude –, a fait oublier les difficultés des débuts. J'ai payé par bien des tracas ma volonté résolue de ne pas être salarié.

Aujourd'hui, les jeunes savent qu'ils doivent passer par des mois, voire des années, de stages tous azimuts avant d'espérer percer quelque part. On parle de « génération stagiaires » pour caractériser ces stages sans fin d'une entreprise à l'autre, souvent même bénévoles. Je peux comprendre ce que ressentent les jeunes soumis à une telle précarité. Je suis passé par là.

Pendant mes études, j'ai travaillé dans un bar près de l'Opéra, l'Orphée. Puis, j'ai fait la connaissance du fils de Jacques Borel, l'homme qui a introduit la restauration rapide en France avec la chaîne des Wimpies. J'ai été stagiaire au Wimpie du boulevard Saint-Michel, près de la Sorbonne. J'ai tout fait, même chef saladier le week-end dans une pizzeria du centre commercial de Vélizy 2. Au cours de ces stages et remplacements, je n'ai pas forcément été confronté directement aux pires situations mais j'ai vécu auprès des autres serveurs et employés. J'ai vu les difficultés qu'ils rencontraient, surtout ceux qui n'avaient pas la chance de faire des études. J'ai côtoyé ceux qui cherchaient du travail et qui se faisaient jeter juste parce que leur tête ne revenait pas au chef. J'ai vu ceux qui étaient renvoyés à la première erreur, au moindre retard, à la plus petite des remarques considérée comme déplacée. Je me suis fait la réflexion qu'on changeait plus souvent de serveur que de percolateur.

Un détail m'a chiffonné, qui peut paraître complètement anecdotique mais qui, pour moi, constituait une forme d'injustice. Dans la pizzeria, le midi ou le soir, avant le service, on n'avait pas le droit de choisir le plat qu'on souhaitait manger. C'était chaque jour, invariablement, steak-frites. Moi, ça allait, je ne travaillais que le week-end, mais pour ceux qui travaillaient à plein-temps, c'était steak-frites tous les jours, deux fois par jour. Pourquoi ne pas leur avoir proposé le plat du jour, par exemple ? Pour moi, c'est une question de principe, le minimum du respect. Cette affaire du steak-frites est révélatrice du mépris dans lequel les petits employés sont tenus.

Un resto à la place du Guide ?

Je voulais absolument être mon propre patron, et pas seulement pour ne jamais avoir à subir et à supporter les brimades que je viens de décrire. Parce que c'est bien beau : au temps du plein-emploi, il était aisé de dire à un supérieur qu'il vous faisait suer, on retrouvait une place dans la journée. Mais aujourd'hui... Le chômage est une pression permanente sur le bas de l'échelle qui le condamne à supporter l'insupportable.

Je cherchais ma voie : que faire après le Routard ? D'abord, terminer l'ESCP. Pour la suite, j'étais tenté par la restauration. On m'avait parlé d'un fonds de commerce à céder en plein Quartier latin. Une amie avait un père qu'elle présentait toujours comme un employé de banque. En réalité, il était le président de la Banque régionale de l'Ouest, ce que sa fille cachait du mieux qu'elle pouvait. Pas question de passer pour la fille d'un banquier ! Elle craignait nos quolibets, ou bien que l'on veuille la séduire en songeant à la situation de papa. Mon amie savait que j'avais dans l'idée d'acquérir un restaurant. Le banquier de la BRO m'avait assuré qu'il m'obtiendrait les crédits pour acheter l'endroit de mes rêves.

Le Guide, en tout cas, c'était fini. À cette époque, la mère du futur animateur télé, Muriel Dechavanne, m'a interviewé. Je ne lui ai rien caché de mon amertume et de mon désir de passer à autre chose. Pour lui décrire les espoirs que Michel Duval et moi avions placés dans le Guide du Routard, j'employais le passé simple, passé révolu, comme mon père me l'avait enseigné à l'école Saint-Edmond.

« C'est complètement con ! »

Il y eut pourtant un miracle, qui a pour nom René Beaudoin. J'ai déjà évoqué ce grand homme maigre, un ami absolu, un ami pour la vie, malheureusement décédé il y a quelques années. En 1973, après la fin de Gedalge, René Beaudoin, libraire de son état, a racheté le stock de tous les Routard invendus. Dans la foulée, il m'a invité à déjeuner. Ce n'était pas pour me remonter le moral, René n'a jamais perdu de temps à écouter des jérémiades. Il avait trop à faire, il regardait toujours vers l'avenir. Sa première mission : me passer un savon. Et je précise aussitôt que nous ne nous étions encore jamais rencontrés.

Si René vous trouve (j'ai bien des difficultés à parler de lui au passé) plaisant, sympathique, il n'y a aucune transition, c'est le tutoiement d'entrée. Je rapporte son propos tel qu'il s'est gravé dans ma mémoire :

« Qu'est-ce qu'on me dit, tu veux changer de métier. Mais c'est complètement con ! Ton idée de Routard, elle est bonne, il faut que tu t'accroches. Tu auras l'air malin quand un autre fera le Routard à ta place. Tu vas le regretter toute ta vie ! Tu vas me faire le plaisir de te remettre en chasse d'un éditeur. Le Routard, c'est trop gros pour moi, mais je vais t'aider, et pour te le prouver, je vais te présenter les meilleurs éditeurs. Alors maintenant, mon petit bonhomme, au boulot, tu te retrousses les manches et tu arrêtes tes bêtises. »

Une réunion chez Gibert

Je dois dire que, à la fin du déjeuner, René m'avait sacrément secoué, mais qu'en même temps il m'avait fait douter. Quelques mois plus tard, René Beaudoin m'a à nouveau téléphoné.

« J'organise une réunion chez Gibert, il y aura des gens intéressants. Il faut que tu viennes. »

C'était comme une sommation, je n'avais pas le choix, ce que je n'aime pas trop. Mais cet ordre était donné avec une grande assurance, et en même temps quelque chose de tendre dans la voix, un paternalisme de grand frère.

« Ça sera sur les guides de voyage. Il y aura des jeunes comme toi et des grands éditeurs aussi, la fille des éditions Nagel et surtout Gérald Gassiot-Talabot, le grand boss des guides chez Hachette. Tu pourras lui dire tout ce que tu as sur le cœur. »

J'étais effectivement assez séduit par la perspective d'aller exprimer mes reproches, de vider ma colère à propos de la paresse et de l'absence de vision à long terme d'éditeurs incapables de voir que le Routard était une bonne idée.

Et puis, cela se passait chez Gibert Joseph. Un signe. Pour la sortie du premier guide Gedalge, la grande librairie du boulevard Saint-Michel avait placé toute une pile de Routard à l'entrée. Aujourd'hui, cela paraît parfaitement banal vu le succès de la collection, mais en 1973, ce petit guide mondial terriblement imparfait aussi bien exposé par des gens que je ne connaissais pas, c'était quelque chose !

Le jour dit, je me souviens que la réunion commença sans moi. J'étais en stage chez Jacques Borel, j'avais dû attendre la pause de midi pour rejoindre la librairie Gibert Joseph. En prenant place, je réalisai que j'étais en terrain connu. Nous étions plusieurs, dans l'assemblée, à vouloir bousculer le monde de l'édition des livres de voyages. L'un des invités, Alain Bourrillon, avait publié, en même temps que mon premier Routard, *L'Asie pour trois fois rien*, dont le titre suffit à dire que nous puisions notre inspiration aux mêmes sources. Il y avait aussi Catherine Domain qui avait fondé en 1970 la librairie Ulysse dans l'île Saint-Louis. Catherine avait beaucoup voyagé pendant dix ans, Katmandou avant l'arrivée des hippies mais aussi les Andes, les États-Unis, l'Afrique.

Un autre de ses confrères, libraire de voyage, était là aussi : Raymond Chabaud, fondateur de L'Astrolabe, du nom de l'instrument qui sert à déterminer la hauteur des astres au-dessus de l'horizon. C'est sur la côte basque que Raymond a découvert la contre-culture, grâce aux surfeurs américains ou australiens qui venaient affronter ses vagues puissantes. Ils arrivaient de Londres ou même d'Allemagne, profitant de leur permission de bidasse pour sortir leur planche.

Catherine et Raymond partaient du même constat : de plus en plus de jeunes s'intéressaient au voyage. La littérature classique française, Montaigne, Rousseau, Stendhal, Dumas ou Chateaubriand, ne leur suffisait plus. Ils avaient envie de dévorer, par la lecture, les grands espaces américains, ils avaient envie de Steinbeck, ils avaient envie de Kerouac, ils avaient envie d'Hemingway. Ils cherchaient aussi des cartes et des guides qui n'existaient pas en français pour des destinations aussi lointaines. Les ouvrages français méconnaissaient le tiers-monde. Michelin était axé sur les pays proches, accessibles en voiture. Pour remplir les étagères de leurs librairies alternatives, Catherine et Raymond allaient se fournir en Allemagne, aux Pays-Bas ou en Grande-Bretagne. Ils en rapportaient cartes, livres et guides en anglais, allemand ou néerlandais. Quel dommage !

Raymond Chabaud est devenu un ami proche. Je me souviens de notre premier contact. Pas triste. C'était juste après la sortie du premier Guide Gedalge. Raymond n'est pas homme à cacher ses sentiments. Moi non plus, ça tombe bien.

« On ne traite pas 52 pays en 320 pages, m'avait-il dit aussitôt après que nous avions été présentés. C'est se foutre de la gueule du monde ! »

J'avais répondu sur le même ton.

« Il vaut mieux avoir trois pages d'informations sur un pays que pas d'informations du tout. »

On n'a pas mis longtemps à devenir copains, puis amis.

« Jeune homme, votre Routard m'intéresse »

Quand je suis arrivé, la réunion avait largement dépassé le stade des congratulations et des salamalecs. Raymond Chabaud invectivait Gérald Gassiot-Talabot, l'homme de chez Hachette, patron des Guides Bleus.

« C'est incroyable, il n'y a pas de guide pour les routards. Pour les nouveaux publics. Pour les nouvelles directions. C'est parce que vous ne considérez que votre public installé, pépère. Il y a un nouveau public qui est en train de se former et vous êtes en train de passer à côté. »

Gérald Gassiot-Talabot n'était pas seulement un grand éditeur de guides de voyage. C'était aussi un critique d'art contemporain fort avisé qui avait organisé de grandes expositions, conceptualisé le mouvement de la figuration narrative. Raymond Chabaud savait tout cela. Il tenta donc de le prendre par le biais de l'art :

« Monsieur Gassiot-Talabot, le Pérou, tout de même, la civilisation inca, c'est quelque chose, non ? Ça vaut bien les Aztèques. Alors, qu'est-ce qu'on fait ? On passe tout sous silence ? »

Quand René me donna la parole, je m'aperçus, dès mes premiers mots, que j'étais de méchante humeur. L'homme de chez Hachette avait tenté de faire comprendre que les éditeurs savaient aussi, dans certaines circonstances, se montrer sensibles à la modernité. Je ne laissai pas passer ce discours sans réagir.

« Tout ça, c'est bien joli, mais ce ne sont que des mots. Je vais vous dire une chose. Pour *Le Guide du Routard*, j'ai fait le tour des éditeurs, dix-neuf en tout, je les ai comptés. Vous vous rendez compte, dix-neuf ! Ils m'ont tous jeté. Aucun ne m'a donné ma chance. Sauf Gedalge. »

Je me souviens que Gérald Gassiot-Talabot a abandonné un instant sa mise impeccable de quinquagénaire sanglé dans son costume trois-pièces qui garde son calme en toutes circonstances. Il s'est levé d'un bond.

« Pour ce qui me concerne, jeune homme, je ne sais pas qui vous avez contacté chez Hachette, mais je sais pertinemment que vous n'êtes pas venu me voir. Car moi, ça m'aurait intéressé, votre Guide du Routard ! Alors, je ne me sens pas, mais pas du tout concerné par vos critiques ! »

À la fin de la réunion, Gérald Gassiot-Talabot, pas fâché de sa réplique et de la petite leçon qu'il m'avait administrée, vint me trouver. Il me tendit sa carte de visite, me précisa que le Routard l'intéressait toujours. Il souhaitait que je vienne le voir dès que possible.

Roland Barthes raille le Guide Bleu

Il faut que je dise un mot des Guides Bleus. Je pense que, pour la jeune génération, c'est un guide de voyage comme un autre, plus classique, un peu passé, rien d'autre. Aujourd'hui, le Routard a largement dépassé la diffusion du Guide Bleu. À mon époque, c'était une véritable institution. L'ancêtre des Guides Bleus est paru la première fois en 1841. Un avocat parisien, Adolphe Joanne, amoureux de la montagne et fondateur du journal *L'Illustration*, publia son *Itinéraire descriptif et historique de la Suisse*. Dix-huit ans plus tard, Louis Hachette éditait la collection des Guides Joanne, qui deviendraient les Guides Bleus en 1916. Ils ont suivi une progression parallèle au développement du chemin de fer puis des voitures. Avec leur couverture parée de lettres d'or, ces guides étaient des trésors de culture classique et littéraire. Au XIXe siècle, l'un des responsables des guides, Élisée Reclus, était un géographe parmi les plus brillants. Plus près de nous, Francis Ambrière a dirigé le

Guide Bleu jusqu'en 1972 où il a transmis le flambeau à Gassiot-Talabot. Ambrière a reçu le prix Goncourt en 1946 pour son roman *Les Grandes Vacances*.

Le Guide Bleu était si fameux que Roland Barthes lui a consacré un article dans son recueil *Mythologies*, paru au Seuil en 1970. Il faudrait citer pratiquement tout l'article tellement il est caustique et pénétrant. Il analyse le Guide Bleu comme l'outil de promotion touristique de la bourgeoisie éclairée. Barthes raillait cette conception du monde selon laquelle les hommes existeraient uniquement en tant que types ethniques et les monuments seraient tous religieux, mais, surtout, il donnait des pistes pour une pratique du voyage et du tourisme différente :

« En réduisant la géographie à la description d'un monde monumental et inhabité, le Guide Bleu traduit une mythologie dépassée par une partie de la bourgeoisie elle-même : il est incontestable que le voyage est devenu (ou redevenu) une voie d'approche humaine et non plus "culturelle" : ce sont de nouveau (peut-être comme au XVIIIe siècle) les mœurs dans leur forme quotidienne qui sont aujourd'hui objet capital du voyage, et ce sont la géographie humaine, l'urbanisme, la sociologie, l'économie qui tracent les cadres des véritables interrogations d'aujourd'hui, même les plus profanes. »

En prenant la tête des Guides Bleus, Gérald Gassiot-Talabot avait tenu compte des critiques de Barthes, et de celle-ci tout particulièrement : « Le Guide Bleu ne répond en fait à aucune des questions qu'un voyageur moderne peut se poser en traversant un paysage réel et qui dure. La sélection des monuments supprime à la fois la réalité de la terre et celle des hommes, elle ne rend compte de rien de présent, c'est-à-dire d'historique, et par là, le monument devient indéchiffrable, donc stupide. »

Pour le Guide Bleu *La Grèce buissonnière*, Gassiot avait demandé à Jacques Lacarrière une préface aux antipodes du savoir classique des hellénistes distingués. Il avait aussi commandé une « Grèce sans les monuments ». Il flairait les nouvelles formes du voyage, les nouvelles sensibilités, les nouveaux publics. Avec son souci de l'antitourisme, son refus des commandements classiques, le choix d'une écriture subjective, le Routard ne pouvait pas lui déplaire.

Hachette ou Flammarion ?

Après la réunion, j'ai pris quelques jours de congés, un week-end prolongé. Je suis parti avec une copine en Allemagne. Mon père m'avait prêté la fameuse 2CV de l'école Saint-Edmond, celle qui, six ans plus tôt, nous avait transportés Mayout et moi jusqu'à la gare du Nord pour ce premier voyage en stop à travers l'Angleterre, voyage qui, finalement, a décidé de tant de choses dans ma vie. En Allemagne, ce fut un week-end plein de flâneries mais aussi de prises de renseignements. J'avais beau m'être juré qu'on ne m'y reprendrait plus, que les guides, c'était fini, terminées les grandes illusions, *basta cosi*, je n'en continuais pas moins à noircir des tas de carnets.

Le successeur de M. Waast avait fait faillite au bout de quelques mois. De plus, une énorme crise des prix du papier liée au choc pétrolier avait fragilisé les éditeurs, si bien qu'aucun ne se précipiterait pour éditer le Routard à un prix abordable. Il y avait eu trop de faux espoirs pour que, cette fois, je me laisse reprendre. En mon for intérieur pourtant, une petite musique résonnait de façon dissonante : « Tu es en train de faire la connerie de ta vie. C'est de la fierté, uniquement. Tu es déçu, vexé. Tu as morflé, OK. Mais arrête ! Tu vas passer à côté d'une belle aventure. »

Lors de ce week-end, j'ai téléphoné à Meudon, chez mes parents. Je les ai trouvés complètement affolés.

« Les gens d'Hachette te cherchent, me dit mon père. Ils ont appelé à la maison, tu te rends compte ! Mieux, ils ont appelé trois fois de suite, tu veux bien me dire ce que cela signifie ? Ce doit être important, tout de même ! Et nous qui nous sommes fait un sang d'encre, on ne savait pas où te joindre. Dis, tu n'as pas raté une opportunité, au moins ? »

Je ris sous cape et décidai de rentrer tranquillement, de profiter des dernières heures d'insouciance, mais au fond, je sentais que quelque chose d'important allait bouleverser mon existence. À Paris, je proposai à Michel Duval de m'accompagner :

« Tu as deux heures de libre. Viens avec moi chez Hachette, on n'a rien à perdre. On verra bien. »

Je faisais le fier, mais au fond, quels étaient mes sentiments ?

« S'ils nous veulent, on ne se jette pas dans leurs bras. D'autant que j'ai reçu un appel de Charles-Henri Flammarion. Il vient de reprendre la maison de ses ancêtres. Il a l'air très sympa, et en plus, il est jeune ! »

Michel Duval était d'accord, on jouerait la carte de l'indifférence, voire du scepticisme.

Sacré pied de nez !

Les locaux des Guides Bleus étaient situés dans les beaux quartiers, non loin de l'Étoile, avenue Pierre-Ier-de-Serbie, tout près du siège du patronat français, le CNPF, ancêtre du Medef. L'immeuble s'appelait d'ailleurs « Hachette Serbie ». Gérald Gassiot-Talabot ne dépareillait pas dans un tel univers. Avant de me demander un rendez-vous, il avait sondé trois de ses éditeurs. Deux s'étaient montrés fermement opposés à héberger le Routard. Arguments classiques : « C'est très mal écrit, ils ne connaissent pas le français et leurs renseignements, pardonnez, mais c'est de la foutaise. » La troisième personne, Yvonne Vassart, n'était pas opposée à la publication du Routard. Elle avait pourtant fait toute sa carrière aux côtés du patron du Guide Bleu, Francis Ambrière, dans la pleine mythologie du voyage à l'ancienne. Mais elle sentait qu'une rupture était en train de s'opérer.

La réunion ne dura pas plus de trente minutes. Nous avions beau nous être promis, Michel et moi, que nous ne prendrions pas de décision hâtive, notre accord fut total. Un point était pour moi crucial : des dettes qui me minaient, un peu d'argent emprunté à droite, à gauche. J'avais un peu honte, ce n'était pas ainsi que mes parents m'avaient élevé, contracter des dettes ; quand de surcroît on sort d'une grande école et qu'on refuse d'aller travailler comme tout le monde dans une entreprise. Alors, ces dettes liées à la mort prématurée de M. Waast étaient, pour moi, un point très sensible.

« Passez voir ma secrétaire, elle vous établira un chèque », répondit Gassiot-Talabot.

La somme, apparemment, lui paraissait négligeable. Rembourser l'ensemble des dettes ? Accordé. Nous avons aussi demandé de pouvoir puiser dans la cartographie des Guides Bleus. Il faut dire que nos cartes, tracées à la main, n'étaient pas terribles. Aucun de nous n'avait de notions de cartographie. Les cartes, donc ? Accordé. Et la documentation texte des Guides Bleus, pourrions-nous en bénéficier ? Accordé, accordé, accordé !

Qu'avions-nous à répliquer ? J'essayais de ne pas trop regarder Michel Duval, de peur qu'un fou rire ne nous prenne. Gassiot nous demandait de sortir quatre guides pour l'année suivante, 1975 : Amérique, Asie, Europe et Afrique... Tout était parfaitement clair, plus qu'acceptable. Sauf que nous avions décidé de ne rien signer. Et Flammarion ? Et tous ces éditeurs qui nous avaient laissés tomber ? Et ma promesse d'abandonner l'édition, d'ouvrir un restaurant ?

« Monsieur Gassiot-Talabot, est-ce que je puis me retirer un instant avec mon associé ? Nous devons nous concerter avant de vous donner notre réponse. »

Quand il le voulait, Michel Duval savait adopter le ton déterminé des managers. Il avait de qui tenir : son père était le directeur financier de l'armateur Delmas-Vieljeux. Pour ma part, je n'ai jamais réussi à prendre ce ton de voix grave, posé, impressionnant les autres par son assurance. En tout cas pas à cette époque, et pour tout dire, je crois que j'ai compensé avec d'autres atouts. Gassiot-Talabot trouva parfaitement naturel la requête de « mon associé » et nous indiqua une pièce attenante à son bureau où nous serions parfaitement à notre aise pour discuter, seul à seul.

Je ne me rappelle pas précisément ce que nous nous sommes dit pendant les cinq minutes où nous sommes sortis du bureau du boss de Hachette. « Mon associé » a peut-être tenté de peser le pour et le contre, mais franchement, il y avait beaucoup de pour et pratiquement aucun contre. Flammarion ? Ce n'était qu'un contact superficiel. Hachette, c'était quand même quelque chose ! Alors banco, va pour Hachette, le vénérable Louis Hachette, une histoire d'un siècle et demi. Et puis le Routard édité par le patron des Guides Bleus, c'était une bonne farce, non ? Pour ma part, j'ai toujours adoré les pieds de nez qu'adresse l'histoire à ceux qui ne croient pas aux surprises.

Chapitre X

« LA FIN DU PETIT COMMERCE »

« En route pour de nouvelles aventures »

Quatre guides au lieu d'un... Il nous a fallu travailler d'arrache-pied avec Michel Duval et quelques copains qui nous accompagnaient depuis le début de cette aventure. Si je me souviens bien, j'ai passé ces mois à Satory comme chauffeur d'un colonel. Je faisais mon service militaire, heureusement dans des conditions plutôt favorables. Mon colonel m'avait entendu répondre aux questions de José Artur sur France Inter. Il m'avait à la bonne et ne m'a jamais empêché d'écrire pour le Routard sur mes heures de service. Mieux, il me prêtait sa voiture, le soir, pour rentrer à Meudon, chez mes parents.

Nous avons réussi à tenir nos délais. Un guide de voyage, même s'il adopte un contenu décalé, ne peut décemment sortir après le début du printemps. Il fallait en outre justifier auprès des lecteurs, surtout de ceux qui avaient acheté notre premier guide, pourquoi Hachette reprenait le flambeau : « On a beau aimer le petit commerce et la petite maison d'édition familiale, une expérience nous suffit. Une faillite aussi. Et puis Hachette respecte notre autonomie, nos libertés de langage et notre public. Alors, on a signé. Allez, routards, en route pour de nouvelles aventures ! »

Et pour bien démontrer que nous n'avions rien cédé de notre ton et de nos engagements, que nous n'allions pas nous mettre à copier les grands frères des Guides Bleus, ce que, entre parenthèses, Gérald Gassiot-Talabot ne nous a jamais demandé, bien au contraire, nous avons dès le départ mis les choses au point. Pour bien marquer notre empreinte, nous avons signé ces quelques lignes préliminaires sous la mention « Quelques réflexions destinées à nous faire des ennemis », assorties de cette maxime d'Yvan Audouard : « Jamais la connerie n'a parcouru autant de kilomètres. »

Et nous nous démarquions de certains voyageurs dont, manifestement, nous ne tenions pas trop à ce qu'ils nous achètent : « Sans vouloir dicter la ligne de conduite des autres, nous tenons à désapprouver l'attitude de certains voyageurs au long cours... Ce genre de globe-trotter en T-shirt n'hésite pas à jouer le nouveau riche. Il se croit supérieur et il le montre. Ce touriste ne se rend pas compte que son autorité, ou sa soi-disant supériorité, ne lui vient que de l'épaisseur de son carnet de traveller's. Il possède le pouvoir de tout critiquer. En face d'un site somptueux et sauvage, il réussit à se lamenter de ne pas y trouver son sempiternel steak-frites... Il descend dans un petit hôtel sympathique mais s'en va avant que le patron insoupçonneux ne se réveille... Quand il veut bouffer gratis, il en profite, même si le paysan, trop hospitalier, n'arrive pas à nourrir sa famille... Et pourtant, la route pourrait vraiment être fantastique si elle était fréquentée par des gens un peu moins cons que tous ceux qui se sont reconnus au passage. »

Et l'argot...

C'était provocant comme entrée en matière, pas vraiment délibéré, mais une bonne manière de démontrer que nous n'avions pas changé, que rien ne nous ferait abandonner nos convictions. Et les beaux littérateurs des Guides Bleus s'étoufferaient de rage devant nos approximations syntaxiques, nos mots inventés, notre argot, nos formules à l'emporte-pièce, « bouffer gratis » par exemple... C'était ainsi.

Il est de bon ton de railler aujourd'hui le style oral du Guide du Routard. D'abord, je conseille à ceux qui le font d'être plus précis dans leurs critiques et d'étudier, par coups de sonde, l'histoire des trente et quelques années du Routard. Ils verront que notre style a beaucoup évolué, que nous avons éliminé, au fur et à mesure, pas mal de grossièretés faciles et d'ornementations inutiles. Nous avons beaucoup plus changé que ces quelques contempteurs ne le pensent. Nous avons suivi notre époque en tentant de garder une marque de fabrique.

J'ai encore en mémoire la tête d'Yvonne Vassart, la fidèle collaboratrice de Francis Ambrière puis de Gérald Gassiot-Talabot. On ne travaille pas impunément avec un prix Goncourt puis avec un des grands critiques d'art de son temps ; elle avait été convertie à la religion de la syntaxe précise, immuable, de l'orthographe correcte et des bonnes manières. Pas question d'utiliser des mots s'ils n'étaient pas présents depuis plusieurs décennies dans au moins trois dictionnaires sérieux. Le néologisme était une notion à proscrire, comme les expressions populaires et argotiques.

Malgré ces divergences linguistiques, Yvonne Vassart était pourtant notre alliée. Elle m'appelait « Tout-Cœur ». Je débarquais dans son bureau mon casque de scooter à la main, elle me suggérait des transformations, des coupes, des réécritures, je me récriais aussitôt. J'aimais beaucoup Yvonne, mais pas question, pas une seule fois, d'accepter qu'on édulcore le Routard. C'était notre indépendance qui était en jeu, je me serais fait couper en quatre plutôt que d'accepter qu'on y touche !

À la réflexion, c'était un peu plus qu'un désir d'indépendance. Pour reprendre la terminologie en vigueur à l'époque, c'eût été une grosse connerie d'amoindrir notre originalité, de gommer nos aspérités, une bêtise, si j'ose dire d'ordre marketing, comme on dit aujourd'hui. Ce style avait un sens plus profond qu'il n'y paraît. C'était une forme qui permettait de comprendre aussitôt qu'on était différents des Guides Bleus, de Michelin et consorts. L'argot traduisait notre approche plus humaine que monumentale, plus ouverte, plus actuelle, plus contemporaine que passée, muséifiée, religieuse pour reprendre Barthes dans *Mythologies*.

Alors, d'accord, certaines expressions, quand on les relit

aujourd'hui, paraissent un peu excessives : « Les chiottes sont sales, les draps sont dégueulasses, c'est triste et chiant comme la pluie. » Ce genre de phrase a disparu depuis longtemps du Routard mais nous poursuit encore. Non, on n'écluse plus de gorgeons, les flics ne sont plus systématiquement des cons ou des fascistes, on n'a plus forcément besoin de faire gaffe quand on débarque les doigts dans le nez, sans savoir où pieuter, ripailler ou trouver un bon pinard.

Tout ceci a disparu du Routard d'aujourd'hui, même si notre style demeure léger, humain, rapide ; mais Yvonne Vassart serait contente que nous nous soyons rapprochés des canons d'une écriture un peu plus académique.

Courrier des lecteurs

Malgré nos critiques contre les mauvais voyageurs, les quatre premiers Routard édités par Hachette furent un succès. Nous avons tiré celui sur l'Asie à 15 000 exemplaires, les trois autres à 12 000. Quelques semaines après leur sortie, l'Europe, l'Afrique et l'Amérique étaient épuisés et réimprimés. C'était plutôt une bonne vente, surtout pour un guide de voyage. Un lien de sympathie s'était aussitôt créé avec nos lecteurs. J'ai tout de suite pensé que c'était un appui fort, qu'il fallait tenir compte de leurs avis. De toute façon, nous étions trop peu professionnels pour ne pas commettre d'inexactitudes. Chacune de leurs remarques devait être conservée, étudiée, ce serait notre bien le plus précieux et aussi la preuve, pour eux, que nous étions honnêtes, puisque leurs suggestions, si elles étaient acceptables, après vérification, pourraient être publiées.

C'est pourquoi j'ai pensé à instituer, dès la deuxième édition des Guides, un lien presque organique : à l'époque, cela s'appelait : « Les routards parlent aux routards ». Cela avait un petit côté suranné – clandestinité, résistance, Londres et les compagnons de la Libération –, mais cela nous a rapprochés de nos lecteurs, cela a créé un lien de proximité, de connivence, la marque d'un véritable club.

Je m'étais engagé à expédier un Guide gratuit à tous ceux qui feraient par courrier des suggestions dignes d'intérêt. Aujourd'hui, nous recevons par la poste plus de 25 000 lettres par an sans compter les quelque 15 000 mails. Il faut une véritable organisation pour lire, dépouiller, classer cette correspondance. Dès le début, j'ai eu le plus grand respect pour ces gens qui prennent le temps de nous écrire. Je trouvais que, de leur part, c'était une sorte d'engagement, un témoignage de sympathie – ou pas d'ailleurs, car je reçois aussi, évidemment, des lettres de reproches. Mais j'ai toujours considéré que si une personne prend cinq, dix, quinze minutes ou plus pour nous écrire, c'est qu'elle apprécie nos Guides.

Parfois, nous lisons des lettres de plusieurs pages, de véritables contributions à la réédition des Guides. Nous les classons toutes, et chaque rédacteur, avant d'aller refaire une partie d'un Guide, reçoit en guise de paquetage les suggestions des lecteurs concernant sa destination.

La lecture du courrier est, pour moi, une activité quasi quotidienne, une façon de rester proche des lecteurs, un plaisir et un respect dû à ceux qui nous achètent.

Mlle Routard s'interroge

Une anecdote me revient, concernant les quatre premiers Guides du Routard Hachette. J'ai reçu une lettre d'une vieille dame qui avait écrit à « Messieurs les directeurs des éditions Hachette ». Je n'ai jamais perdu ce courrier : « Ayant appris, par la télévision, que vous veniez d'éditer un livre intitulé *Le Guide du Routard*, je désire savoir pourquoi l'auteur s'est servi de mon nom. Je m'appelle mademoiselle Routard. Connaissait-il quelqu'un portant ce nom, pourtant peu répandu, sauf peut-être dans le Nord ? Pourriez-vous me faire parvenir un exemplaire afin que je puisse juger si le personnage est sympathique ? Dans ce cas, je verrais avec plaisir mon patronyme subsister après ma disparition. Par contre, je serais très contrariée dans le cas inverse. »

J'ignore ce que cette demoiselle Routard, qui vivait du côté de Montmorency, a pensé du personnage qui portait son nom, mais je me souviens lui avoir envoyé la collection complète du Guide. Pour une raison qui m'échappe, j'ai toujours été très attachée à cette lettre, à cette dame que je ne connaissais pas. Je l'imaginais assez âgée, ayant vécu seule, mais peut-être pas, comme une grand-tante éloignée, une trace de mes origines rurales et populaires. Depuis, j'ai appris qu'il existe d'autres « Routard ».

Un guide portait donc ce nom tellement improbable ? Ce mot, pratiquement inventé dans les couloirs d'*Actuel* et qui renversait les us et coutumes ! Depuis le XIIIe siècle, combien de termes de la langue française ont été construits sur ce suffixe péjoratif : paillard (un vaurien qui couche sur la paille), fêtard, pillard, richard, pochard (celui qui est plein comme une poche), pantouflard, l'exact inverse du routard, clochard évidemment, mais aussi, au XXe siècle, taulard, maquisard, salonnard, thésard, binoclard, chauffard, motard, zonard, smicard et même soixante-huitard...

La liste est impressionnante. Je ne sais si cela peut se comprendre, mais je suis plutôt fier qu'un succès aussi important que celui des Guides du Routard ait pris forme sur un mot a priori péjoratif. Pardon, mademoiselle Routard !

La folie du Polidor

Finalement, tout s'est précipité. L'achat du Polidor, le restaurant de mes rêves, s'est réalisé courant 1976, après ma sortie du service militaire, pratiquement en même temps que la sortie des quatre premiers Guides Hachette. Le père de mon amie s'était associé avec une autre banque pour financer l'achat du fonds de commerce, situé rue Monsieur-le-Prince.

J'avais hérité de toute une histoire : à la Belle Époque, le Polidor était, selon *Le Crapouillot* : « Un restaurant à vingt-deux sous où se retrouvaient philosophes faméliques et poètes peu fortunés. » Maurice Barrès, Paul Verlaine, Arthur Rimbaud, Pierre Benoît, Ernest Hemingway, André Gide, Paul Valéry y avaient leurs habitudes. Dans son *Journal littéraire*, Paul Léautaud qualifie le Polidor de « petit restaurant hors du commun ». En 1948, le Collège de Pataphysique, science des solutions imaginaires selon Alfred Jarry, a commencé à y tenir des agapes, baptisées banquets littéraires. S'y retrouvaient régulièrement les écrivains Raymond Queneau et Boris Vian, Max Ernst, le cinéaste René Clair, le dramaturge Ionesco, l'explorateur Paul-Émile Victor. René Fallet, les dessinateurs Cabu et Wolinski y avaient aussi leur rond de serviette. Tout cela me fascinait.

Pendant que Hachette me convainquait de leur confier le Routard, je reprenais le Polidor avec ma sœur, Marie-Christine. Dans quelle galère ne m'étais-je pas engagé ? Un restaurant, je croyais que ce serait un bon moyen d'assurer mon indépendance ; le Guide, même relancé, ne me paraissait pas un appui assez solide. Je m'imaginais que le Polidor serait un moyen aisé d'obtenir ma liberté. Je me voyais accueillir une fois par semaine tous mes amis. D'ailleurs, ils y sont venus très régulièrement, mais je ne les voyais pas. Pas le temps !

Avec ma sœur, nous étions accablés de travail, trop jeunes, trop inexpérimentés. Nous dirigions une équipe de dix personnes qui nous prenaient – ils n'avaient pas entièrement tort – pour des blancs-becs. Très vite, un contrôle fiscal m'est tombé dessus. Nous manquions de trésorerie. Avec Marie-Christine, nous avions tellement de travail que nous dormions dans un petit hôtel tout proche afin de perdre le moins de temps possible. Outre la charge énorme, les soucis, la difficulté à s'en sortir financièrement avec des emprunts sur dix-sept ans, je me sentais complètement prisonnier entre quatre murs.

Moi qui voulais ma liberté, j'étais bien attrapé ! Et Hachette, qui croyait vraiment dans le Routard, commençait à s'inquiéter de ma dispersion. L'aventure du Polidor n'a pas duré très longtemps, je m'en suis désengagé assez rapidement. Fort heureusement d'ailleurs, et ce fut un enseignement extrêmement précieux pour mon travail au Routard. Je sais ce que c'est que de tenir un restaurant, assurer les commandes, diriger la restauration et le service, tenir la caisse, contrôler les factures. C'est une folie !

Ma vieille machine IBM

Quand je pense à ces premières années, une autre image me revient, au milieu de ce tumulte d'activités diverses : celle de ma vieille machine à écrire électrique IBM, une increvable avec laquelle j'ai rédigé ou corrigé la plupart des Guides pendant des années. Je travaillais souvent la nuit. La journée, il y avait les contacts, les enquêtes et le Polidor, les premiers temps.

J'écrivais donc la nuit, sur ma fidèle machine qui en a vu du pays, fait des voyages, respiré des odeurs, exprimé des coups de cœur et des coups de gueule sans avoir jamais quitté Paris ! À force d'être martyrisées, ses touches frappaient la feuille en grinçant. Quand je l'éteignais, à l'aube, mon petit appartement retrouvait un silence réparateur. Quand je pense aujourd'hui au système informatique ultra-perfectionné dont s'est doté le Routard, un parc évolutif qui change tous les trois ans, avec des logiciels pointus qui nous permettent de suivre précisément toutes nos corrections sur manuscrit, de vérifier que les adresses que nous visitons ne forcent pas sur l'addition, je mesure le chemin parcouru. Mais aujourd'hui, nous sommes plusieurs dizaines à travailler sur plus d'une centaine de Guides chaque année. Jusqu'au début des années quatre-vingt, j'ai rédigé la plupart des Routard avec quelques aides, dont celle d'un copain d'école, Jean-Marc Gay. Il fut mon tout premier collaborateur.

Les années de galère

Michel Duval était parti en Afrique du Sud pour sa coopération. Il était attaché commercial à l'ambassade de France. Il envoyait régulièrement des cartes postales, mais, évidemment, il n'était pas là pour le Guide. À son retour en France, il allait prendre des responsabilités dans une compagnie de navigation. Assez vite, il me revendrait ses parts de notre projet, notre rêve de jeunesse.

Avec des copains, nous avons loué un grand appartement. Chacun sa chambre, chacun son tour de pâtes. L'hiver, avec Jean-Marc Gay et quelques autres, nous nous répartissions les voyages pour lesquels nous essayions d'obtenir les billets les moins chers. On partait vite, on rentrait en catastrophe pour écrire, toujours en retard. C'était parfois difficile d'assurer la croissance et le succès : quatre Guides en 1975, six en 1976 dont un *Manuel du routard* qui connaîtrait un succès immédiat. Les ventes grimpaient aussi : 52 000 exemplaires en 1975 ; 83 000 en 1979.

Et malgré la masse de travail, je continuais à partir au long cours, trois, quatre ou cinq semaines. Hachette faisait face, en mon absence, à l'afflux de courriers, aux décisions de réimpression et à tous les petits ennuis qui surgissent nécessairement quand on commence à s'approcher des 100 000 exemplaires annuels.

J'approchais de trente ans et je courais sans cesse, je me demandais quand je me poserais enfin, quand j'éprouverais une relative sérénité. Malgré toutes mes déclarations de principe – s'amuser plutôt que s'ennuyer, rester indépendant –, j'éprouvais quelques doutes. Il faudrait bien qu'un jour j'arrête de faire le con, que je trouve un vrai métier. S'amuser, d'accord. Passer ses soirées à inviter des copines dans des restaurants que je testais pour le journal *Pilote*, aller au cinéma, écrire une partie de la nuit des textes en retard, certes, c'était cool, mais c'était pas encore ça.

Tout ne fut pas toujours rose, clair et simple. Notre histoire n'a rien à voir avec un conte de fées. Il y eut nombre de découragements, de coups de blues, de doutes et d'échecs.

Un voyage avant une noce

Durant l'été 1978, j'ai fait très fort en partant trois mois pour l'Amérique du Sud que je ne connaissais pas. Hachette a beaucoup toussé ; en même temps, c'était une période plus calme pour les rééditions. J'avais convié Bénédicte Charmetant à m'accompagner ; elle partageait déjà une partie de ma vie, je veux dire cette existence un peu précaire dans cette chambre d'un appartement de garçons et ces soirées brindezingues entre amusement et travail. Bientôt, elle deviendrait ma femme, la mère de nos enfants. Entre-temps, nous allions passer trois mois de voyage « routard, pur et dur » à travers les Andes avec, en tout et pour tout, 2 000 francs chacun en poche.

Cela n'avait rien d'un voyage de noces, mais, en y réfléchissant après coup, de telles galères peuvent souder ou bien détruire un couple. Cela peut représenter le test suprême. Ce n'était pas le but, mais nous ne sommes plus jamais quittés.

La journée, on visitait, on vérifiait des adresses, on en visitait de nouvelles, on crapahutait, essoufflés, dans les rues en pente de la plupart des villes du Pérou. La nuit, on roulait, pris en stop par des camions, dormant parfois quelques heures dans des hôtels minables, parfois dans des bordels. Un copain qui organisait des vols charters vers l'Amérique du Sud m'avait assuré que j'aurais droit à mon coup d'État. Des élections démocratiques se déroulaient en Bolivie quand nous y sommes passés. En réalité, les tanks étaient sortis des casernes, le vote était organisé sous haute protection militaire. L'intimidation, pourtant, n'a pas marché. Les candidats démocrates ont remporté les élections, ce qui signifie que, dès le lendemain, les militaires ont repris le pouvoir.

Un routard exigeant

Dans le parc national de Huascaran, au Pérou, patrimoine mondial de l'Unesco, nous avons rencontré un Français, Jean-

Pierre qui, me reconnaissant, m'a fait à la fois la plus grave des critiques et le plus beau des compliments.

« Je suis parti avec vous, dès le premier Routard, en 1973. Vous m'avez fait rêver, je vous ai lus pendant trois ans, sans voyager. C'était formidable. Mais quand j'ai pris la route, j'ai réalisé que beaucoup d'adresses étaient fausses, j'ai déchanté. »

J'avais déjà entendu la remarque, bien que jamais formulée dans ces termes.

« Je sais. On n'était pas assez professionnels, au début. On était des étudiants, on s'amusait. Pourquoi croyez-vous que je suis là, à vérifier des adresses ? On essaie d'améliorer, mais ça demande beaucoup de moyens. »

La fiabilité des infos

J'anticipe, mais ces critiques sur la fiabilité des adresses, je les entends aujourd'hui encore. L'équipe du Routard s'est pourtant étoffée. Notre « noyau dur » se compose de 17 rédacteurs et de 80 pigistes réguliers pour l'édition ou la réédition de 130 Guides. Pourtant, nous ne sommes pas infaillibles. Je le vérifie parfois de visu. Quand un plantage est trop grave – je parle surtout de commerçants peu scrupuleux qui profitent d'un article dans le Guide pour augmenter leurs prix, ou de plus grave, comme au Maroc où une arnaque a été découverte sur des villas louées à des Occidentaux –, je me déplace parfois en personne. Mais l'erreur est toujours possible.

Une anecdote m'a marqué : en 2003, j'étais à Istanbul pour un reportage sur les trente ans de la première édition du Guide. Un rédacteur, professeur au lycée de Galatasaray qui venait de terminer la réédition partielle de la ville, nous conduisait pour nous montrer des adresses originales et nouvelles. Dans un caravansérail, après une boutique de tissus, il nous parla d'un restaurant kurde étonnant. Il avait envoyé sa copie trois semaines auparavant, l'enquête avait été réalisée avec l'un des meilleurs rédacteurs du Routard. Je n'avais aucun doute sur le sérieux de leur travail, l'originalité et la précision de leurs informations. Manque de chance : le restaurant avait fermé, ses vitres étaient couvertes de peinture blanche. Un homme d'une cinquantaine d'années en sortit. En anglais, il nous expliqua qu'il venait de faire faillite, que c'était fini, fermé. Il avait l'air désolé. Le rédacteur du guide tout autant. Je reviendrai plus loin sur les conditions de la réédition des Guides.

Le découvreur de Tantamayo

Je repense à Roland Barthes. Les monuments, c'est bien, mais les gens, c'est mieux. Pardon pour la formule réductrice et iconoclaste, mais c'est comme ça. On a cultivé au Routard le goût d'une culture portée par ses acteurs, passés ou présents. Au Pérou, avec Bénédicte, nous avons eu l'immense et rare plaisir de conjuguer les deux. Nous montions vers Tantamayo, où une civilisation brillante s'est épanouie à 3 500 mètres d'altitude, deux siècles avant les grandes découvertes et l'arrivée de Christophe Colomb. Il a fallu attendre 1955 pour qu'un explorateur français, Bertrand Flornoy, découvre les vestiges de vrais immeubles précolombiens de cinq à six étages construits par ces Indiens.

Sur la route, nous avons fait une halte dans un petit hôtel. Une Indienne était à la réception. J'ai jeté distraitement un regard sur le registre. Un nom m'a fait sursauter.

« Bénédicte, c'est incroyable ! Le type qui a découvert Tantamayo, je crois qu'il est là. Ou alors, c'est un homonyme.

– Qu'est-ce que vous lui voulez, au type qui a découvert Tantamayo ? »

Bernard Flornoy était là, dans mon dos, un vieux monsieur au teint blême, la mine un peu bougonne.

« Si mes travaux vous intéressent, venez prendre le thé à seize heures, au salon de l'hôtel. »

Là, l'explorateur nous raconta ce qu'il ne cessait de répéter depuis vingt-trois ans, les circonstances de sa découverte hautement improbable. Comment ces trente-deux immeubles de onze mètres de haut avec des planchers et des plafonds, répartis sur un rayon de huit kilomètres, avaient-ils échappé au ratissage de tous les archéologues et anthropologues ? Bertrand Flornoy avait sillonné quatorze ans l'Amazone, remonté le rio Maranon, mais Tantamayo lui échappait, comme à tous ses prédécesseurs. Un soir, il s'est retrouvé surpris par la nuit. Un Indien lui a offert l'hospitalité.

« Vous cherchez de l'or ? lui demanda son hôte.

– Non, répondit Flornoy. Je cherche des ruines. Des maisons du passé.

– Ah ! Les maisons des gentils. »

Pour les Indiens, les gentils sont ceux qui vivaient là avant l'arrivée des conquistadores espagnols. L'Indien connaissait ces fameux immeubles, ces « maisons des gentils », situées à une demi-journée de marche.

Après avoir écouté Bertrand Flornoy pendant plusieurs heures, nous sommes partis le lendemain à l'assaut de Tantamayo : dix heures d'une route en terre impraticable à la saison des pluies et la fin du parcours à dos de mule. Nous avons mieux compris pourquoi le site était resté inviolé si longtemps. L'endroit, qui domine la vallée du Maranon, est magnifique. La rencontre avec les habitants fut aussi magique que l'après-midi passé avec « l'inventeur » des ruines pré-incas. Le maire de Tantamayo était marié avec une Suissesse venue admirer les splendeurs précolombiennes, qui n'est jamais repartie.

Depuis, tous les habitants du village, le maire et son épouse compris, ont été massacrés par les guérilleros du Sentier lumineux. Pendant des années, plus personne ne pouvait visiter Tantamayo. Bertrand Flornoy est mort en 1980.

En plein cartel de la drogue

Nous avons vadrouillé six semaines sur le pourtour du Pérou, le long de ses frontières incertaines avec le Brésil, dans la région du fleuve Amazone. Nous avons marché des journées entières dans la forêt vierge où Werner Herzog a filmé l'épopée de *Fitzcarraldo*, une terre tellement éloignée de toute civilisation que beaucoup prétendent qu'il faut nourrir une grande aversion à l'égard de la société pour s'aventurer jusque-là. C'est pourtant là, après une marche exténuante, que nous avons atterri dans un hôtel plutôt confortable pour ce cadre de bout du monde. En même temps, quelque chose nous avait surpris, quand nous approchions, descendant un sentier en pleine forêt. Nous avions entendu des bruits d'hélices puis découvert, à proximité, une piste d'atterrissage et un petit avion, un Piper, puis deux, puis trois. Un aérodrome clandestin ?

Nous avons eu la réponse à ce mystère après une douche, quand nous sommes allés prendre un verre au bar. Une dizaine d'Américains étaient rassemblés. Gourmettes en or, Rolex, lunettes Ray Ban... Un peu plus tard, j'apprendrais qu'il s'agissait de trafiquants de drogue qui convoyaient leur marchandise sans se cacher le moins du monde... L'hôtel et l'aérodrome clandestin leur servaient de relais entre la Colombie et les États-Unis.

Une hépatite pour terminer

Je crois que, en trente et quelques années, je n'ai jamais fait de voyage aussi épuisant. Les différences d'altitude et de température, l'auto-stop à 2 000 mètres dans des camions sans bâches qui passent des cols à 5 000 mètres où le froid est si intense qu'on ne peut allumer de cigarettes et que l'eau bout à soixante degrés, faute d'oxygène. J'ai cru, cette fois, que nous n'en sortirions pas vivants, du moins entiers. À la fin du voyage, j'étais tellement épuisé que j'en étais devenu irascible. Bénédicte, dont c'était pourtant le premier grand voyage, a bien mieux résisté que moi.

Sur la route de Bogotá, un jeune Bolivien nous a invités à boire un verre chez ses parents. On nous a servi un jus de mûre chaud, c'était assez curieux. En tout cas, deux jours plus tard, j'étais malade comme un chien. Je ne pouvais plus rien avaler. Un médecin de Bogotá a diagnostiqué une hépatite virale contractée pendant ces trois mois de balade. Le jus de mûre avait sans doute servi d'accélérateur au virus.

À l'aéroport, j'ai crû que j'allais défaillir. Pourtant, un policier avec qui j'avais eu une altercation, quelques jours plus tôt, a poussé le sadisme jusqu'à nous fouiller et nous interroger pendant une heure entière. Nous avons failli rater l'avion.

Il m'a fallu une bonne année pour me débarrasser de ce fichu virus. J'ai perdu quinze kilos et pas mal d'énergie. Quand les gens de chez Hachette m'ont vu rentrer dans cet état, ils n'ont plus du tout apprécié mes voyages au long cours. Absent trois mois et malade ensuite !

Je me suis tout de même escrimé à sortir les Guides prévus pour 1979. Au printemps, nous nous sommes mariés, Bénédicte et moi. J'avais fait imprimer une affiche pour notre mariage. Bénédicte portait une jupe indienne, j'avais un pantalon de velours trop large pour moi. Pour la photo, nous posions en train de faire du stop vers Roissy. C'était un gag pour nos amis. Les femmes ont abandonné depuis longtemps ces vêtements babas cool, plutôt ringards. Pour ma part, je n'ai jamais réussi à faire d'infidélité à mes velours côtelés.

Chapitre XI

RETOUR VERS LA FRANCE

Une offre de service par la poste

En 1979, nous avons sorti huit volumes. Bientôt, ce serait douze. Je vivais avec Bénédicte dans un petit deux pièces du XVe arrondissement. Notre chambre me servait de bureau, ma fameuse machine à écrire électrique voyageait entre le lit et une planche de bois. Nous étions dépassés par le succès. Il y eut trois années de flottement. Je savais que j'avais besoin de renfort.

C'est à cette époque que j'ai reçu une enveloppe calligraphiée avec un soin minutieux. Son auteur, Pierre Josse, avait conservé de sa formation d'imprimeur le goût de dessiner les lettres plutôt que les écrire. Je connaissais son nom, il était correcteur pour Hachette. La lettre était une offre de service, accompagnée de sérieuses corrections sur la Crète. Je l'ai lue, j'ai enfilé mon imper, pris mon casque et ma Mobylette, et je me suis aussitôt rendu à l'adresse indiquée au dos de l'enveloppe.

Le lendemain matin, Pierre Josse m'a appelé. Je m'en souviens comme si c'était hier. Le téléphone a sonné trois fois, j'ai décroché.

« Je viens de trouver un chèque de 250 francs dans ma boîte aux lettres, m'a-t-il dit.

– Oui. Je suis passé hier vous le porter. C'est pour votre contribution pour le guide *Grèce*.

– Vous croyez peut-être que j'ai fait cela pour de l'argent ? Je ne suis pas un mercenaire ! »

Je ne connaissais pas encore Pierre Josse, mais, outre qu'il écrivait joliment, je constatai qu'il avait du caractère. Cela me plaisait assez. Je tentai de le rassurer.

« Je n'ai jamais pensé de telles choses... »

Je ne sais ce qui me prit, une intuition. Je laissai passer un silence et je repris :

« ... mais vous connaissez la phrase de Karl Marx : "Toute peine mérite salaire." »

Mon interlocuteur resta muet un long moment. Pourquoi lui avais-je parlé de Karl Marx ? Comment avais-je su ? En réalité, je ne savais rien. J'ignorais que ce correcteur intermittent avait été, dans une autre vie, un militant trotskiste acharné.

Je me sentis obligé de relancer la conversation.

« Vous tombez bien. Ça fait quelques semaines que je voulais vous parler. J'ai remarqué que, contrairement à d'autres correcteurs, vous mettez beaucoup d'application dans votre travail.

– C'est normal, me répondit Josse. Et puis, j'aime votre collection.

– Justement, discutons-en demain midi. Vous êtes libre à déjeuner ? »

Le lendemain, nous avons mangé dans un routier de la rue Saint-Charles, dans le XVe arrondissement. Le courant est immédiatement passé entre nous. Je m'apercevrai rapidement que nous étions très différents, à tous points de vue. Mais c'était l'intérêt de la chose. Un quart de siècle a passé, et nous travaillons toujours ensemble, vieux couple professionnel solidifié par les joies et les tempêtes. Pierre Josse est aujourd'hui le rédacteur en chef du Guide du Routard.

Un enfant de Paname

Je ne savais rien de lui, je sentais simplement qu'il avait de la culture, de la curiosité, de l'originalité, et un parcours des plus atypiques.

Pierre Josse a grandi dans le Paname des années cinquante. J'ai déjà raconté comment il avait traversé l'Atlantique en 1962 dans un bateau-charter. En fait, deux tendances l'ont construit, deux tendances parfois bien éloignées, parfois très proches.

Les murs de l'appartement de ses parents, dans le Xe arrondissement de Paris, étaient recouverts de photos jaunies par le temps. Le grand-père de Pierre avait été fonctionnaire colonial à Madagascar. Sur l'une de ces photos, on le voyait assis sur un palanquin, transporté par des indigènes. Avant d'être gauchiste, tiers-mondiste, anticolonialiste, que sais-je encore, Pierre Josse a rêvé des heures devant cette photo et quelques autres.

Sur un buffet trônait un certificat d'un genre particulier. La mère de Pierre avait passé l'équateur, lors d'un voyage jusqu'à Pointe-Noire, en Afrique équatoriale française. À cette époque, passer d'un hémisphère à l'autre valait une fête de deux jours sur le bateau et un certificat. Elle avait aussi suivi son père jusqu'à Hanoï et dansé avec le Bao Dai, l'empereur du Vietnam. Le goût du voyage est un virus que Pierre Josse a contracté tout jeune.

À côté de cela, jeune homme, il a mené une vie de titi parisien. Blouson noir alors qu'il faisait l'école de Corvisart. Amateur de rock. Et révolté. En 1965, pour son deuxième voyage aux États-Unis, il participait à une manifestation aux côtés de Martin Luther King, le pasteur qui s'est battu pour les droits civiques des noirs avant d'être assassiné. Pierre Josse a milité contre la guerre du Vietnam, puis il a adhéré à un groupe trotskiste.

Ce que j'ai compris, et vérifié a posteriori en côtoyant le bonhomme, c'est que Pierre Josse était plutôt de la tendance romantique-libertaire que stalinienne-dogmatique. Il préférait le Che à Fidel Castro. En 1968, quand je faisais l'école buissonnière en Angleterre, Pierre, légèrement plus âgé que moi, digérait Mai 1968 en récoltant du tabac à Cuba. Il fit grève le jour où il apprit que les Soviétiques avaient envahi la Tchécoslovaquie.

Après 68, Pierre Josse a fait le tour de l'Europe à la recherche de mouvements qu'il estimait dignes d'intérêt : révolution des Œillets au Portugal ; Larzac ; grèves de dockers à Londres et, pour finir, l'Irlande du Nord, dont il est devenu un grand spécialiste. Le voyage et la révolution ont fini par se rejoindre.

Voyage de divorce

À ce court récit il faut que j'ajoute les circonstances pour le moins inattendues dans lesquelles il avait annoté et corrigé le chapitre Crète du Routard. Pierre Josse avait déjà fait beaucoup de métiers : il avait été enseignant à Fleury-Mérogis puis exclu de l'Éducation nationale pour « divergences pédagogiques ». Son enseignement n'avait pas l'heur de plaire au directeur de la prison qui lui adressa ce commentaire : « La différence entre vous et les détenus, c'est que vous sortez le soir ! » Il a ensuite été imprimeur chez Draeger, maison de belle qualité, puis il a pris des cours du soir dans la fameuse école des arts graphiques Estienne et a travaillé à la pige pour Hachette comme correcteur.

Pendant l'été 1979, il était parti en Crète avec sa première femme. Ils avaient le projet de divorcer mais voulaient savoir, une bonne fois pour toutes, s'ils étaient faits pour se séparer ou pour continuer à vivre ensemble. C'est tout Josse, ça. Un voyage de divorce ! Pierre avait choisi la Crète et son cadre à l'écart du monde réel, de ses contestations. Un huis clos de villégiature agréable. Pour la première fois de sa vie, il s'est retrouvé dans la peau d'un touriste ordinaire.

Tout de même... Il avait emporté dans sa valise le *Guide du Routard Grèce* et, comme au quatrième jour de son voyage il était patent que sa femme et lui divorceraient, Pierre disposa de beaucoup de temps pour vérifier et enrichir le guide. Ce fut sa première réédition, insolite, j'en conviens, mais particulièrement pertinente. L'enveloppe qu'il m'avait envoyée contenait plusieurs feuillets de propositions nouvelles pour le guide *Grèce*.

Des articles subversifs

Il nous fallait traquer les erreurs, les coquilles qui faisaient ricaner nos cousins des Guides Bleus, améliorer le contenu, le sérieux, sans rien céder de notre ton irrévérencieux. Sur le deuxième point, je ne courais aucun risque avec Pierre de verser dans le fade. Dans un guide sur l'Italie, il avait écrit qu'« avec le Vatican, on [savait] enfin où l'argent des pauvres [pouvait] disparaître ».

Dans le guide *Angleterre*, il avait raconté le Londres marginal et les squats, phénomène qu'il légitimait en exhumant une vieille loi datant du XIVe siècle qui affirmait que, dans certaines circonstances, il était juste d'occuper une maison vide. Dans son article, il donnait de nombreux détails sur les associations qui organisaient ces squats, grâce à des fichiers constamment remis à jour sur les adresses vacantes, la durée possible des occupations jusqu'à la démolition. À condition de ne pas se faire prendre au moment d'entrer dans l'habitation, aucun représentant de la loi ne pouvait, ensuite, en déloger les occupants.

Le texte de Pierre Josse tomba entre les mains du directeur de l'Office du tourisme britannique à Paris. C'était un *casus belli*. Margaret Thatcher était en train de privatiser une partie des HLM et voulait absolument se débarrasser des 40 000 squatters que comptait Londres. J'ai été convoqué à l'Office de tourisme. Il me paraissait difficile de garder les adresses des associations et la partie du texte sur la légitimation des squats. Nous en avons discuté longuement. Pierre hésitait à démissionner, je ne voulais en aucun cas me passer de lui. Je lui fis admettre qu'il vaudrait mieux ne pas se crisper sur ce cas et lui rappelait le texte antianglais qu'il avait écrit sur l'Irlande.

« Quand même, ton texte, il est très antibritish, non ? Alors, on retire la partie sur les squats, c'est ennuyeux, mais on n'en mourra pas. Et on laisse l'Irlande. »

C'est ce qu'on appelle un compromis acceptable.

Étoffer les parties culturelles

Très vite, Pierre Josse a troqué ses opinions politiques contre la défense d'un type de voyage différent, plus intelligent, plus humaniste. Là, nous étions sur la même longueur d'onde. Depuis plusieurs années, je me noyais dans l'intendance du Guide, ce qui a fait, dès l'origine, sa richesse – ces milliers d'adresses, ces conseils précieux. On n'eut guère le temps, à l'époque, de développer les parties culturelles. Et puis, il faut avouer que j'avais tellement approché les camarades des Guides Bleus, tellement intégré les critiques de Roland Barthes que je craignais qu'on ne finisse par leur ressembler en épaississant la partie culturelle. J'ai assez vite changé d'avis.

Nous nous sommes mis d'accord pour approfondir notre originalité : nous ne produirions pas d'articles universitaires pompeux, pas question de reproduire des parties de cours *ex cathedra* de la Sorbonne – je me demande d'ailleurs comment nous aurions fait, sauf à commander des collaborations extérieures. Je voulais que l'on se concentre sur la culture vivante d'hier et d'aujourd'hui, en passant le plus possible par l'histoire des gens. Il faudrait pour cela enquêter comme de vrais journalistes, ne pas se contenter de recopier les brochures des offices de tourisme, mais trouver des angles originaux. Ainsi, nous ne serions pas achetés uniquement pour les adresses mais aussi pour ces points de vue différents de ceux de nos concurrents.

Une approche journalistique ? C'est tout ce qui me passionnait. Une approche humaine et non pas culturelle au sens pompeux du terme.

Nous sommes rapidement tombés d'accord pour introduire des chapitres culturels plus étoffés, mais à la manière Routard : un peu d'histoire, un peu de culture... J'ai trouvé une expression pour résumer notre approche : « le détail qui tue », l'anecdote pénétrante qui ferait comprendre aux gens une société en peu de mots. Nous voulions raconter la société sicilienne au moyen de son code de la route, la tolérance des sociétés nordiques à travers la communauté autogérée de Christiania dont la philosophie était résumée dans cette phrase : « Le droit d'utilisation est plus important que le droit de propriété. »

Nous allions traquer l'anecdote, l'histoire vraie et drôle, l'aphorisme, l'humour qui permettrait de traduire une ambiance, de donner des clés à des lecteurs qui, ne l'oublions pas, nous lisent en marchant dans des foules compactes ou sur des chemins caillouteux, dans des trains ou des bus brinquebalants, dans des chambres d'hôtels, épuisés par des heures de visites. Nous voulions être percutants pour les intéresser, retenir leur attention.

Et puis, et c'est le cas aujourd'hui encore : nous n'affadirions aucun style, il fallait rester le plus près du caractère vivant de chacune de nos enquêtes. Même si l'oralité de nos écrits est moins marquée, il fallait rester dans une forme de culture ludique et un style humoristique.

La découverte du tourisme vert

Tous les dix ans ou presque, une crise économique secoue le monde, perturbe le tourisme et, par voie de conséquence, les guides de voyage. Ce n'est pas une prophétie que j'assène là. Juste l'observation empirique de trente années de Routard.

1983 : le gouvernement socialiste de François Mitterrand et Pierre Mauroy a instauré un contrôle des changes pour les Français qui souhaitaient passer leurs vacances à l'étranger. Chaque famille n'aurait pas le droit de dépenser plus de 5 000 francs et l'utilisation des cartes de crédit leur serait interdite. Faute d'une économie compétitive, les réformes de 1981 et la relance de la consommation avaient surtout abouti à une hausse des importations, une fragilisation du franc. Il fallait éviter que les Français ne contribuent, par leurs dépenses à l'étranger, à aggraver les attaques contre leur monnaie. La mesure, assumée par le ministre de l'Économie, Jacques Delors, a suscité un tollé immédiat. Les agents de voyages ont manifesté place de l'Opéra.

1991 : la première guerre du Golfe, la tension internationale et la crise économique qui ont suivi ont découragé nombre de familles de voyager à l'étranger.

2001 : les attentats du 11 septembre à New York, la guerre en Afghanistan puis en Irak, les attentats qui ont suivi à Bali, Madrid et Londres ont aussi fragilisé certaines destinations lointaines ou... plus proches.

Ces trois étapes ont correspondu à trois moments de maturation pour le Guide du Routard. Les babas cool avec lesquels nous sommes nés ont vieilli. Souvent, ils se sont mariés, ils ont eu des enfants, ils ont redécouvert les vertus d'une France dont ils avaient oublié les beautés, les richesses. Les routards ont investi un tourisme vert complètement inédit. Le Routard a suivi, parfois précédé cette évolution.

Week-ends autour de Paris

En 1983, nous n'avons pas longtemps hésité : si les Français ne partaient plus si nombreux à l'étranger, il fallait accompagner leurs retrouvailles avec la France, le charme des campagnes, les avantages de la proximité. Finalement, l'affaire du contrôle des changes nous a permis d'anticiper un phénomène qui, même sans cette péripétie, se serait déroulé sans aucun doute : le retour vers la France. Notre génération venait de dépasser les trente ans. Les voyages en Inde, au Pérou, à Bali étaient devenus trop onéreux ou problématiques avec des enfants en bas âge.

En quelques semaines, nous avons confectionné un premier Guide du Routard consacré à la France : *Week-ends autour de Paris.* Grâce à ce guide, on découvrait que, à quarante kilomètres de Paris, on pouvait dormir dans un moulin, admirer des paysages bucoliques dans une chambre début du siècle pour 80 francs, rêver devant des pommiers en fleur, une roue à aubes ou des vaches, comme au moulin des Fourges, dans la vallée de l'Epte, qui date du XIIIe siècle.

Non seulement, ce titre fut un succès, mais la collection tout entière ne souffrit pas du contrôle des changes. Au contraire. En 1983, la diffusion des guides approchait 200 000 exemplaires et les dépasserait largement l'année suivante.

Le Guide Paris

Fin 1984, je m'aperçus que Pierre était un amoureux de Paris. La France, soit, les campagnes, d'accord, et maintenant, Paris... À la réflexion, l'idée d'un guide sur la capitale n'était pas sotte. Voir Paris autrement qu'à travers les circuits traditionnels, c'était sûrement possible, et Josse était l'une des personnes les plus adéquates. Son enfance rue des Vinaigriers, près de la République et du canal Saint-Martin, l'avait imprégné d'une atmosphère Poulbot qui, certes, disparaissait à mesure de la modernisation de la ville, mais dont il fallait traquer les survivances. Surtout, c'est avec ce même état d'esprit qu'on raconterait le mieux les transformations de la ville.

Même si Josse était entouré d'une équipe de rédacteurs, le jour où le guide fut mis sous presse, il rentra dans son petit deux pièces de la rue des Saints-Pères envahi par des piles de livres, où il s'effondra et dormit pendant deux jours.

Je ne résiste pas au plaisir de citer quelques phrases de ce premier guide *Paris* qui deviendra vite un best-seller et même un grand classique : « Les promoteurs n'ont pas tout détruit. Après des mois d'enquête, ce guide montre qu'il reste des coins merveilleux épargnés par les bulldozers, des restos incroyables pratiquant des prix d'amis, de bons vieux bistrots où l'on se fait plein d'amis avant même de lever le coude, des balades plutôt curieuses. Paris respire encore. »

Pierre avait placé le guide sous l'auspice de cette phrase de Léo Ferré : « Les poètes mettent des couleurs sur le gris des pavés. Quand ils marchent dessus, ils se croient sur la mer. »

Chapitre XII

MA MALADIE

Fourmillements

En octobre 1989, j'ai commencé à ressentir, certains matins, des fourmillements dans les jambes. Je n'y ai pas trop prêté attention, je me disais que cela devait être dû à une mauvaise position dans le lit. J'étirais mes jambes ou bien je me levais et je faisais quelques pas. En général, la gêne disparaissait au bout de quelques minutes. Après une semaine, j'ai remarqué que les fourmillements me prenaient tous les matins, et qu'ils mettaient de plus en plus de temps à disparaître : trente minutes, une heure... Rien n'y faisait, ni les étirements des jambes, ni les pas dans ma chambre...

Était-ce dû à la fatigue ? Depuis quelques années, avec les voyages, l'organisation du Routard, grandir, toujours grandir, essayer de construire des structures qui nous permettent d'à peu près assumer la croissance accélérée des Guides, je ne m'étais pas tellement ménagé.

Et puis il y avait le manque d'exercice physique. Ce devait être cela, je ne faisais pas assez de sport. « *No sport* », telle était ma devise, comme l'illustre Churchill. Un peu de boxe à Sup de Co, il y a bien des années, beaucoup de marche en voyage tout de même, mais cela suffisait-il pour équilibrer un rythme de travail plutôt effréné ? Je tournais tout cela dans ma tête, entre le petit déjeuner et le début de ma journée de travail. Ensuite, c'était oublié. Jusqu'au lendemain matin.

À l'exception de quelques parasites en Inde et de l'hépatite contractée lors de mon voyage dans les Andes, je n'avais jamais été malade. C'est un sentiment inconnu qui a commencé à m'assaillir, une inquiétude inédite. Que m'arrive-t-il ? Je n'ai pas l'habitude de trop m'écouter. Le corps, pour moi, c'est comme les voitures, il faut que ça marche, ce qu'il y a sous le capot ne m'intéresse pas.

Le seul médecin que je pratiquais un peu régulièrement était un acupuncteur chinois, le docteur Trinh, qui soulageait les douleurs de vertèbres occasionnées par mes voyages répétés. Je suis allé le voir, je lui ai raconté les fourmillements et aussi des lourdeurs ressenties dans les jambes. Est-ce dû à un excès de stress, docteur ? Dans nos sociétés, on attribue tous les maux au stress. Deux séances d'acupuncture n'ont rien réglé.

La chute en patins

Un matin, début novembre, j'apporte la voiture à réviser chez mon garagiste, à Issy-les-Moulineaux. Je m'apprête à rentrer par la porte de Versailles. J'ai chaussé mes patins à roulettes. Ce n'était pas encore la mode des rollers, mais j'aimais bien mes patins qui me permettaient, quand je ne pouvais prendre mon scooter, de circuler presque aussi librement dans les rues de Paris. J'ai toujours voulu me déplacer sans perdre de temps. Trop pressé... Toujours vouloir gagner de précieuses minutes...

Ce matin-là, je crois que je n'ai pratiquement pas ressenti de fourmillements en me levant. Le mal disparaîtra peut-être de lui-même. C'est ce que j'espère en tout cas, que tout cela s'en aille sans explication et qu'on n'en parle plus. Dans quelques semaines, j'aurai même oublié avoir souffert ainsi.

À mesure que j'avance vers Paris, je sens à nouveau mes jambes devenir lourdes, comme tétanisées par une grosse fatigue inexplicable. J'ai plutôt bien dormi. Soudain, je ne sens plus rien, je m'effondre lourdement sur le sol, comme un pantin à qui l'on vient de couper ses fils et qui chute en se désarticulant. Sentiment incroyable. Je pèse deux cents kilos. Je tente de me relever, une chape de plomb me maintient au sol. J'essaie de rassembler mes jambes, de prendre des appuis pour bouger, me redresser. Impossible. À chaque tentative, je suis obligé de renoncer. Je m'affale, tente de reprendre mon souffle avant de recommencer. Rien n'y fait. Je suis effondré, au sens propre, j'ai la sensation de toucher le fond, englouti par une pesanteur démultipliée. Une dernière fois, j'essaie de me relever. Rien à faire.

J'ai perdu une grande partie de mes souvenirs de cette période. En écrivant ces lignes, je serais tenté de dire que cela a duré de très longues minutes, mais il est probable, en ce cas, que des passants auraient fini par m'apercevoir et m'auraient proposé leur aide. Je me souviens que j'ai tout de même réussi, en mobilisant le maximum de forces, millimètre après millimètre, à retirer mes patins. J'ai fouillé dans mon petit sac à dos, trouvé ma paire de chaussures, que j'ai enfilée à grand-peine. Puis, par un ultime effort qui m'a paru gigantesque, je me suis redressé. Tout cela a peut-être duré cinq minutes, mais elles m'ont semblé une heure.

C'était très étrange, je n'avais jamais rien vécu de semblable. Les fourmillements avaient disparu. En revanche, mes jambes étaient incroyablement lourdes. Je me suis traîné jusqu'à la porte de Versailles en avançant très lentement. Je crois que j'ai encore chuté une ou deux fois, mais sur ce point ma mémoire est très floue. J'ai tout de même fini par m'écrouler dans un taxi.

Le coup de l'escalier

Je suis parti le lendemain à Marrakech pour un séminaire avec les représentants du Routard, ceux qui le vendent auprès des libraires. Il fait beau, il y a dans l'hôtel une superbe piscine. Les représentants sont ravis. Avec le temps, on a fini par se connaître, je sais qu'ils apprécient ces escapades.

Le voyage m'a permis d'oublier ma chute de la veille. Je suis plus détendu, je marche mieux, tout du moins, je le crois. J'ai même réussi à nager un peu. Mes jambes sont toujours un peu lourdes, mais rien n'indique que j'ai pu être malade : pas de fièvre, aucun symptôme d'aucune sorte... Ce doit être un problème musculaire, voilà tout.

Le premier matin, à Marrakech, je m'éveille avec un peu de retard. Un escalier monumental permet d'accéder à la salle à manger. En bas, j'aperçois mes camarades qui déjeunent le plus joyeusement du monde. Je m'appuie sur la balustrade, je leur fais signe que je vais les rejoindre. À cet instant, je réalise qu'ils m'ont préparé une surprise : ils portent tous le même T-shirt sur lequel ils ont fait inscrire : *Merci Philippe.*

Je pars d'un grand rire, ravi, ému de leur attention. Je m'apprête à descendre l'escalier, je veux les remercier, un par un. Je songe aux liens que nous avons tissés depuis si longtemps, liens professionnels, liens de respect mutuel, liens d'amitié avec certains... Je me retourne, les fixe à nouveau, j'ai descendu deux marches et je devine à leur expression qu'il y a un problème.

C'est incroyable : il aura fallu que je croise leur regard pour comprendre qu'en réalité je ne réussissais pratiquement plus à marcher, que j'avais des semelles de plomb. Sans la rampe de l'escalier sur laquelle je m'appuyais de tout mon poids, je n'aurais pas franchi la moindre marche.

C'est une leçon qui me revient, vérifiée mille fois dans les mois, les années qui ont suivi : on se sent malade ou handicapé surtout dans les yeux des autres. C'est en surprenant leur angoisse qu'une phrase m'est venue soudain à l'esprit : je vais être paralysé. C'est à travers les yeux de mes collaborateurs que j'ai deviné la gravité de ce qui m'affectait. Cela faisait trois semaines que les premiers symptômes s'étaient déclarés et il fallait arrêter de se voiler la face : j'étais dans un état grave. Ce fut un choc : dans mon esprit, je suis passé en une seconde du statut de bien portant à celui de handicapé, voire pire.

« Venez au plus vite à l'hôpital »

Sitôt rentré à Paris, j'en ai parlé avec Bénédicte. Nous avons cherché le médecin adéquat pour traiter un mal aussi étrange. Un ami m'a signalé qu'il avait connu les mêmes symptômes, et m'a dirigé vers un médecin renommé de La Pitié-Salpêtrière. Celui-ci n'a pas mis longtemps à confirmer l'intuition de mon ami : je devais souffrir d'un Guillain-Barré.

Il s'agit d'une maladie virale, rare et mystérieuse, une inflammation du système nerveux périphérique qui se caractérise par une paralysie des membres inférieurs. Cela commence par les pieds, les chevilles, les mollets et peut monter jusqu'aux membres supérieurs, au tronc, au cou. Il n'y a pas grand-chose à faire, aucun médicament à prendre, il faut simplement se coucher, se reposer en attendant que le virus disparaisse en priant pour que l'infection ne remonte pas jusqu'aux poumons et au cerveau, sinon, c'est la mort. Il y a évidemment des procédures de surveillance et d'hospitalisation, une assistance respiratoire efficace en cas de paralysie des poumons. Si l'on passe le cap, tout rentre dans l'ordre et la maladie s'en va sans laisser la moindre séquelle.

J'étais à peu près rassuré. L'attente dura deux mois. J'étais presque toujours allongé, je me reposais, j'espérais que mon Guillain-Barré veuille bien tirer sa révérence, mais il prenait son temps. Un jeune interne s'interrogea sur la pertinence du diagnostic et ordonna des analyses sanguines complémentaires. Et si ce n'était pas un Guillain-Barré ? Un soir, le téléphone sonna à la maison, pas très longtemps avant minuit. En général, c'est l'heure des mauvaises nouvelles. On m'indiqua que je devais venir d'urgence à l'hôpital, aux premières heures du matin, afin de procéder à des examens complémentaires. On peut imaginer le désespoir qui peut s'insinuer après un tel coup de téléphone. Pourtant, je suis plutôt optimiste de nature.

« *Je vous présente une maladie très rare* »

Les analyses ne donnaient toujours rien de probant sinon que je ne souffrais pas d'un Guillain-Barré. Un ami libraire, un de plus, le patron des librairies Fontaine, sachant ce que je vivais, me fit décrire avec le plus de précision possible l'ensemble de mes symptômes. Il avait un client médecin assez savant dans les maladies rares. Mon ami libraire me rappela et me conseilla de prendre rendez-vous d'urgence avec un spécialiste, au Kremlin-Bicêtre, de la neurologie périphérique.

Je me retrouvai dans les mains d'un vieux monsieur, le professeur Saïd, et de son principal collaborateur, le docteur Moulonguet. Les deux hommes étaient suivis d'un aréopage fourni d'assistants, d'internes, de médecins, d'étudiants et de stagiaires. Le professeur Saïd s'approcha de moi, dûment informé de ce qui m'arrivait. Il me prit la main droite qu'il posa dans la sienne. C'était un geste d'une douceur extrême, un geste de compassion. Puis il me dit qu'on allait faire un test : il fallait que je resserre mes doigts, le plus possible. Peine perdue : je n'ai pratiquement pas réussi à le faire. Le docteur Saïd se retourna vers tous ces collaborateurs. Il m'avait examiné pendant deux ou trois minutes, à peine. Un seul exercice lui avait suffi, qui plus est sur les doigts d'une main qui ne me faisait pas souffrir. La médecine est un mystère émouvant.

« Mesdames, messieurs, je vous présente une maladie extrêmement rare. »

Là, mes souvenirs s'embrouillent. Je les ai reconstitués avec ce que j'ai appris par la suite. Mais cet instant, je ne l'oublierai jamais. Plus que l'annonce d'une maladie rare et gravissime, c'est le geste du docteur Saïd, sa main prenant la mienne, qui m'a marqué. J'ai su que cet homme allait me sauver.

Des trous dans mes nerfs

Il n'y avait plus de temps à perdre. Le lendemain, j'ai subi une batterie impressionnante d'examens. Pendant quatre heures, on a fait des radios de mon corps sous toutes les coutures. Cinquante clichés au total. Comme mon père à son retour d'Allemagne, prisonnier évadé et malade, j'ai été passé aux rayons X. Au bout d'un long moment, les radiologues ont fini par isoler la tumeur qui se trouvait au niveau de la hanche.

Le professeur Saïd m'a alors expliqué que je souffrais d'une maladie orpheline rarissime, le syndrome de Poems, une polynévrite paralysante.

« On ne connaît pas très bien cette maladie. En trente ans de carrière, vous êtes mon sixième cas seulement. Mais rassurez-vous, on va essayer de vous soigner. »

Me rassurer ? Le cinquième cas était un Roumain dont on avait détecté le syndrome à un stade plus avancé que le mien. Personne ne m'a dit ce qu'il était devenu mais je pouvais aisément imaginer qu'il n'avait pas survécu. J'ai compris aussi que le syndrome de Poems provoque des trous dans la couche de myéline, cette gaine de protection des nerfs qui sert à la bonne transmission des ordres du cerveau. Causés par un défaut d'enzymes, ces trous expliquent pourquoi mes jambes ne répondaient plus aux commandes de mes nerfs moteurs.

Une bombe à neutrons dans le corps

Trois semaines de radiothérapie, plusieurs mois de chimiothérapie... J'ai été soigné dans plusieurs hôpitaux en parallèle, le Kremlin-Bicêtre et la Salpêtrière. J'ai connu, comme tous les malades d'un cancer, la sensation que les substances que l'on vous injecte explosent littéralement à l'intérieur de votre corps. Comme si seule une bombe à neutrons surpuissante pouvait nettoyer les saloperies qui infestent votre organisme. Il faut dire que mon protocole de soins était très lourd. Les huit médecins qui y participaient m'ont dit que le plus grand spécialiste de cette maladie était japonais. Lui n'avait pas connu six cas dans sa carrière, mais cent. J'avais alors, parmi mes copains routards, un ami qui vivait à Tōkyō. Grâce à lui, toutes mes données médicales ont été transmises à cette sommité, traduites par un médecin franco-japonais. Le professeur a répondu par un très long fax : c'était OK, le protocole de soins que l'on m'avait établi était parfait. Seule recommandation supplémentaire : je devais faire épurer mon sang grâce à une machine japonaise.

« Quatre mois pour préparer l'avenir »

Dès l'annonce du professeur Saïd, j'ai vaguement compris que ma vie était en jeu, mais j'en ai repoussé l'idée, la perspective précise. Cela peut paraître ridicule, mais le malade, quand il décide de tout faire pour combattre le mal, n'a pas une pleine conscience de la gravité de ce qui l'atteint et c'est heureux : il faut tout consacrer à la lutte, cela ne laisse que peu de disponibilité pour réfléchir, se poser des questions, déprimer. Ce n'est qu'après coup qu'on réalise.

Ma prise de conscience est intervenue grâce à une jeune et jolie endocrinologue qui, lors d'un de mes séjours multiples à l'hôpital où je suivais d'épuisantes séances de chimiothérapie, m'a posé toute une série de questions. L'une d'elles m'a fait sursauter :

« Est-ce que vous connaissez l'importance, je dirais même la gravité de votre maladie ? »

Je me souviens lui avoir répondu un petit « oui », à peine audible. Elle a ajouté :

« Il faudrait que dans les quatre mois qui viennent, vous ayez préparé l'avenir. »

Quelle belle façon de parler d'une mort éventuelle ! J'aurais pu être choqué, effondré. Au contraire, j'ai accepté cette conversation qui m'a permis de mobiliser le peu de forces qui me restait. Il était temps que je range mes affaires au cas où je m'en irais prématurément.

C'est ainsi que, à l'âge de trente-huit ans, j'ai rédigé un testament, chose inimaginable quelques semaines auparavant. Un détail stupéfiant me revient : j'ai toujours souffert d'une légère claustrophobie. Je me souviens m'être fait la réflexion, très sérieusement, que je ne voulais absolument pas être enterré dans un cercueil trop petit, que je voulais avoir de la place, ne pas être à l'étroit, engoncé. Ce genre de pensées peut paraître totalement surréaliste, mais j'ai tout de même commandé une place au cimetière Montparnasse, un caveau tout près de chez moi que, ironiquement, je n'ai obtenu qu'après avoir su que je survivrai. Tout à côté de celui de mon meilleur copain...

Ma très grande chance

Après les mois de traitement, j'entamai une très longue rééducation. J'aurais pu me morfondre, me répéter que j'étais perdu, mais la maladie, les traitements puis la rééducation ne laissent que peu de temps pour ce genre d'introspection. Je ne dis pas que je n'ai pas eu de coups de blues, mais quelque chose m'a retenu du côté de la vie, de l'espoir, de la bagarre.

Au départ, c'est une vision. Dans la salle d'attente du pavillon des cancéreux, à la Pitié-Salpêtrière, j'étais avec des enfants atteints de leucémie. J'ai vu leur maigreur, j'ai ressenti leur souffrance, leur désarroi, j'ai entendu leurs cris déchirants. Ils ne supportaient plus la chimio agressive, les traitements épouvantables.

Cela a été un déclic : comment aurais-je pu me plaindre en sachant ce que ces enfants enduraient ? D'abord, je ne souffrais pas trop, sinon des maux classiques, épuisement et nausées, liés au traitement. Je me déplaçais avec des cannes anglaises. Grâce à ces enfants, j'ai compris la chance que j'avais, une chance inouïe même : mes propres enfants, mes deux fils adorés, étaient en bonne santé. Ni Adrien ni Clément ne souffriraient de cette tumeur qui m'avait attaqué la hanche. Ce n'était pas génétique. Mes deux garçons, pour qui je suis un père perpétuellement inquiet, allaient bien, c'était la seule chose qui comptait.

De toute façon, j'avais vécu et bien vécu, réussi des choses, créé une entreprise qui faisait vivre une vingtaine de personnes. Je m'étais beaucoup amusé, tout allait bien. Pendant ces mois délicats, j'ai souvent pensé à mes voyages. L'un d'eux me revenait particulièrement en mémoire : l'Amérique du Sud avec Bénédicte. Pourquoi celui-ci plus qu'un autre ? Parce que c'étaient les Andes, terre fantastique d'exploration. Parce que c'était elle qui, après ce voyage, passerait le reste de son existence à mes côtés, sans jamais me décevoir une seule seconde. J'aimerais pouvoir dire que la réciproque est vraie.

L'épreuve des amis

Grâce à elle, grâce à mes enfants, grâce à tous ceux qui m'ont entouré, j'ai réussi à me battre comme il convenait. Certes, j'ai perdu dans la bataille quelques amis. Comme par enchantement, ceux-là se sont envolés aussitôt qu'ils ont appris que j'étais malade. J'en ai conçu un peu d'amertume, puis j'ai réfléchi : soit ils ne supportaient pas la maladie au point d'être incapables de passer me voir ou même de seulement prendre de mes nouvelles ; soit ils ne m'avaient fréquenté que pour ce que je pouvais leur apporter. Dans les deux cas, cela ne valait pas que je continue à les compter parmi ceux que je considérais comme mes amis.

La maladie est une épreuve cruelle. Pas seulement pour celui qui la combat, mais aussi pour tous ceux qui ne réussissent pas à suivre, qui ne s'insèrent pas dans le processus subtil et complexe qui lie le malade à sa maladie, à ses traitements, à ses médecins, à ses sauveurs. Mon carnet d'adresses a maigri de moitié. J'ai rayé des noms, peut-être de manière injuste, pas toujours. Cette fichue maladie m'a permis de mettre mes affaires en ordre, au-delà de ce que je croyais.

Si je l'analyse sous cet angle, je me dis que ce syndrome de Poems fut une grande chance, un moment fondamental de mon existence. Si jamais je m'étais parfois égaré, les premières années du Routard ; si je m'étais laissé quelque peu enivré par le succès malgré l'éducation plutôt janséniste de mes parents ; si je m'étais laissé parfois – rarement, mais tout de même – étourdir par tant de fausses attentions, la maladie m'a permis de revenir aux valeurs fondamentales de mon enfance : le travail, l'humilité, un solide sens de la dérision, un peu de méfiance et pas mal de générosité.

Grâce à la maladie, je regarderai la vie, mon travail, ma famille, mes amis avec peut-être plus de sagesse et de folie à la fois, de recul et de plaisir accordé aux moindres détails du quotidien.

Rééducation

En attendant, il me restait à vaincre complètement ce syndrome de Poems. Après les mois de traitement qui m'ont laissé sur le flanc, épuisé, vomissant tout ce que je savais après les séances de radiothérapie, ne m'alimentant plus, marchant à peine et toujours avec des cannes anglaises, cloué la plupart du temps dans mon lit ou mon fauteuil, vieilli d'un coup de trente ou quarante ans, il me fallait entamer la rééducation. Quatre années de travail intense, un programme des plus chargés : au Kremlin-Bicêtre, on me faisait faire des exercices de motricité sur des appareils et un vélo ; à la Salpêtrière, c'était des massages et des séances avec une psy. Un kiné privé complétait les exercices de motricité.

Pendant ces quatre années, j'ai vécu avec des jeunes cassés par les accidents de la route, para ou tétraplégiques. Combien de livreurs de pizzas qui coupent les lignes continues, brûlent les feux rouges et se retrouvent à Garches ou ailleurs ? Est-ce le désir de brûler la vie, de se confronter au risque ou la nécessité de livrer leurs pizzas au plus vite ? Je me souviens d'un jeune, en particulier. Ses deux jambes étaient fracturées en vingt endroits. Était-ce son regard, son corps immobilisé soutenu par un système complexe de fils et de poulies ? Je ne peux plus croiser de livreurs de pizza sans penser à lui. À chaque fois que, sur mon scooter, j'en vois un prendre des libertés avec le code de la route, je tremble.

J'ai également côtoyé des personnes qui avaient réchappé de justesse à une rupture d'anévrisme et luttaient contre les effets de la paralysie, ou bien des malades atteints de sclérose en plaques. À côté de tous ces gens, j'étais le plus heureux des hommes. Je savais que, en suivant une kiné sérieuse, je progresserais et je retrouverais l'autonomie de la marche, au moins en partie. Pendant ce temps, je voyais certains malades stagner, voire régresser. Ces compagnonnages m'ont poussé à mobiliser au fond de moi toutes mes forces disponibles. Cela m'a rendu plus fort, plus combatif, plus optimiste, plus serein.

La première année, pourtant, aucune amélioration ne fut notable. C'était une phase de récupération. Il fallait laisser le temps aux traitements de complètement produire leur effet et à mon organisme de digérer ces transformations brutales pour reprendre le dessus. Puis que les nerfs repoussent de la moelle épinière jusqu'aux jambes ; c'est très lent.

Pendant plusieurs années, je ne me suis déplacé qu'à l'aide de deux ambulanciers qui venaient me chercher tous les matins, me permettaient de franchir les quatre marches pour sortir de chez moi, m'emmenaient jusqu'aux séances de rééducation et m'attendaient pour le retour. Heureusement, les contacts réguliers avec les rédacteurs et l'obsession de poursuivre le développement des Guides m'ont aidé à tenir.

Ce que je dois à ma femme

Pendant la rééducation, j'ai rencontré un homme de mon âge qui souffrait d'une sclérose en plaques. C'était un cadre supérieur dans l'industrie automobile, très doué, assumant parfaitement ses responsabilités. Très vite pourtant, après l'annonce de sa maladie, il a été licencié par son entreprise. Peu de temps après, sa femme l'a quitté. Bon pour la casse. J'imagine que ses amis se sont aussi détournés de lui. En tout cas, je n'ai jamais vu personne lui tenir compagnie. Cet homme était d'une tristesse infinie. Je ne suis pas certain qu'il ait été placé dans les meilleures conditions pour combattre le mal qui le touchait.

J'ai beaucoup regardé cet homme et, une fois encore, j'ai mesuré la chance que j'avais. Bénédicte, ma femme, a été là, à mes côtés, tout près de moi pendant toutes ces années, indéfectible, infatigable, me donnant des raisons d'espérer au moment où je m'interrogeais, me soutenant du mieux qu'elle pouvait, me fournissant les informations nécessaires à mon moral, décrivant la bonne marche des choses sans rentrer dans le détail des impondérables. Elle m'a aidé de toutes ses forces, avec toute sa sensibilité et sa tendresse, toute son intelligence. Elle m'a permis de mieux franchir toutes les étapes de la guérison. Avec elle, j'aurais pu vaincre toutes les maladies du monde.

J'ai dit, plus haut, qu'un long voyage aussi épuisant que celui des Andes avait été un véritable test pour la solidité de nos liens amoureux. Que devrais-je dire alors de la maladie ? C'est une évidence pour laquelle il n'est pas la peine de trop insister. Il faut une sacrée dose de courage et d'optimisme, être capable d'un don de soi assez rare pour supporter de voir son mari transformé en moribond, assumer la possible perte de son conjoint et continuer à sourire et donner le change, surtout pour les enfants.

Mes enfants, aussi, ont été à mes côtés. C'est un sujet plus douloureux. Je ne saurais jurer que ma maladie ne les a pas perturbés : comment vivre avec un père en danger, un père vieilli, un père qui va peut-être mourir ? Il y a eu des moments, nombreux au début, où malheureusement, je ne pouvais donner le change. Je pense que Bénédicte, à ces moments-là, a dû rassurer tout le monde, le malade et les enfants. Mais le sourire de mes deux garçons, certains matins, m'a permis d'aller faire ma rééducation avec une énergie décuplée.

Sans leur aide à tous les trois, Bénédicte, Adrien et Clément, je ne sais pas si j'aurais vaincu mon syndrome de Poems.

Leçon africaine

Tous ceux qui me connaissent le savent, j'aime l'Afrique par-dessus tout. J'y suis beaucoup allé en voyage, notamment avec mon ami libraire, René Beaudoin. J'y ai vécu les émotions les plus extrêmes, les rencontres les plus fortes, les plus folles, de grandes peurs aussi, comme cette fois où un enfant de Banjul, ivre, nous a braqués, Beaudoin et moi, avec un kalachnikov, simplement parce qu'il voulait une bouteille de bière.

Pour la plupart des Occidentaux, l'Afrique est un sous-continent, une insulte à la modernité, une plaie de sous-développement, de corruption et de maladies endémiques. Certes, l'Afrique va mal, c'est une évidence, mais il y a autre chose qu'il serait injuste de passer sous silence. En Afrique, on ne laisse pas un malade mourir isolé, dans son coin. En Afrique, les vieillards ne luttent pas seuls contre la canicule ou tout autre événement dramatique qui bouleverse la société. En Afrique, les événements climatiques sont assumés en famille, dans les villages, par tout le monde ensemble. L'entraide signifie encore quelque chose. L'individualisme n'a pas fait son œuvre destructrice, comme dans les pays occidentaux. En Afrique, la vieillesse n'est pas un naufrage qu'il faut obligatoirement cacher, mais une sagesse, un repère, un compagnonnage.

Ce respect, je l'ai ressenti mille fois. Un jour, avec Beaudoin, nous étions à Tambacounda et nous devions partir dans une réserve. Nous avions sympathisé avec l'employé d'un hôtel et nous lui avons proposé de nous accompagner pendant deux jours pour cette visite dans la réserve. Il était évidemment d'accord, mais il avait beau avoir trente-cinq ans, il avait besoin d'aller demander l'autorisation à son père. Je ne sais si le mot « autorisation » convient. Toujours est-il que nous sommes allés dans le village du papa, un vieil homme très malade, qui trônait, presque allongé dans un fauteuil. Il avait l'air d'avoir perdu une partie de sa tête, mais le fils lui a demandé, avec la plus extrême humilité, s'il pouvait partir deux jours avec les

« toubabs ». Le père n'a rien compris, il était à moitié endormi, mais le fils s'est retourné vers nous, soulagé, et nous a dit :

« Je crois qu'il est d'accord. »

Et nous sommes partis pour deux jours merveilleux. Je n'ai jamais oublié cette histoire, plus particulièrement le ton avec lequel cet homme de trente-cinq ans nous a dit que son père acceptait cette visite. Il y avait un infini respect pour l'ancien, le sage, celui qui sait.

Ce discours peut paraître surprenant de la part d'un enfant de 1968, mais j'ai compris que la guerre des générations n'avait pas beaucoup de pertinence. Et le jeunisme actuel, cette façon d'escamoter, de mépriser les générations précédentes, est particulièrement choquant. En Afrique, on n'envoie pas ses parents âgés à l'hospice.

Chapitre XIII

NOUVEAU DÉPART

Un cadeau pour guérir

Quand j'ai commencé ma rééducation au long cours, un psychologue de la Pitié-Salpêtrière m'a expliqué que ce que j'allais endurer serait tellement dur, épuisant et épouvantable, qu'il fallait absolument que je m'invente un but supplémentaire.

« Pensez à un plaisir pour la fin de la rééducation, à un cadeau à vous offrir. Je ne sais pas, moi, un grand voyage, quelque chose que vous désirez par-dessus tout. »

Un voyage ? Le psy devait ignorer quel était mon métier. Un cadeau qui sorte de l'ordinaire ? Je ne voyais vraiment pas. Je n'ai pas de passion particulière, pas de hobby. Ma famille, mon travail, mes amis suffisent à me combler. Un plaisir ? Je me creusais les méninges. Rien. Je restai silencieux, je n'avais rien à proposer. Soudain, une inspiration. Sur le petit bureau du psychologue trônait une pile du magazine *L'Auto-Journal.* Je ne sais ce qui m'a pris, c'est comme si quelqu'un d'autre s'était mis à parler à ma place. Je me suis littéralement entendu dire :

« Quand je serais guéri, je m'achèterai une voiture. »

Il fallait bien répondre quelque chose. Alors, va pour une voiture. Je n'ai pourtant aucun intérêt spécial pour l'automobile. Toute ma vie, j'ai circulé à Paris à Mobylette ou à scooter. Aujourd'hui encore, j'ai mon vieux scooter tout tagué et je ne m'en séparerais sous aucun prétexte. Avec Bénédicte, nous avions bien une voiture, une vieille Alfa toute pourrie, celle que j'avais apportée à la révision le jour où je suis tombé en patins.

Rencontre avec Beuve

J'ai un souvenir précieux d'une Talbot que j'ai achetée d'occasion. Un soir, on m'a invité à un dîner où se trouvait Hubert Beuve-Méry. J'ai été averti de sa présence quelques jours à l'avance. Je suis un lecteur du *Monde* depuis ma jeunesse. Abonné à Paris, je l'achète néanmoins frénétiquement à chaque étape de mes voyages. Rencontrer le fondateur de « mon journal » ! Avant le dîner, j'ai potassé sa vie, son œuvre. Pendant le dîner, je l'ai écouté, tel un groupie, raconter de Gaulle, Mao, Staline ou Roosevelt qu'il avait personnellement connus, ou parler sans ménagement de la famille Kennedy, sur laquelle il émettait déjà de sérieuses réserves.

À la fin du dîner, avec Bénédicte, nous avons proposé de raccompagner le célèbre journaliste en voiture. Beuve grimpa dans la Talbot toute cabossée. J'essayai de mettre le contact. Rien. Nouvelle tentative. Toujours rien. Troisième essai, la Talbot cracha tant qu'elle put puis cala. Hubert Beuve-Méry aurait pu s'irriter. Après tout, il était tard, Beuve n'était plus tout jeune et il avait montré, à la fin du dîner, des signes de fatigue. Il partit au contraire d'un grand rire. Pour un routard, être équipé d'une telle guimbarde, ce n'était pas très pro. Le fondateur du *Monde* fit remarquer qu'il était urgent de trouver une solution, car le dernier métro allait passer. Je me suis escrimé sur le démarreur encore quelques instants, et ma Talbot a fini par accepter de le déposer chez lui, boulevard Raspail.

La Saab jaune

Au bout de quatre ans, quand ma rééducation a touché à sa fin, la question de la voiture s'est reposée. En parallèle, je subissais tous les trois mois des analyses de sang pour savoir où en était ma tumeur. À chaque fois, c'était un examen crucial. À chaque fois, c'était la confirmation que j'étais en sursis, qu'à tout moment tout pouvait encore s'arrêter. En 1994, les analyses se sont améliorées de façon tellement continue et spectaculaire que j'ai repensé au « cadeau » : La voiture de « mes rêves »... N'y connaissant rien, je me suis adressé à un garage tout près de chez moi, leur laissant toute latitude pour choisir à ma place. La seule voiture automatique aussitôt disponible était une Saab décapotable, ce qui m'allait parfaitement, mais d'une couleur jaune tellement criarde (genre fleur des champs en plein été) que j'imagine qu'elle devait leur rester sur les bras depuis des mois déjà. Eh bien d'accord, va pour une Saab pâquerette, couleur de l'espoir !

Mais pour quelques mois, j'aurai encore droit à mes deux ambulanciers préférés. En réalité, ils étaient quatre qui venaient me chercher à tour de rôle tous les matins à huit heures et demie à la maison, m'aidaient à franchir les quatre marches pour sortir de chez moi et m'amener à la rééducation. Des liens d'affection se sont noués rapidement avec eux, au point qu'ils ne cessaient de me dire que, quand j'irais mieux, leur cadeau à eux serait de m'emmener au zouk, une fête qui rassemble deux mille personnes dans le Val-de-Marne. Je ne m'imaginais pas vraiment danser toute la nuit sur des rythmes antillais.

À partir de 1991, les ambulanciers ne me raccompagnaient plus chez moi mais dans un passage de la Butte-aux-Cailles où le Routard avait emménagé. J'y restais deux à trois heures, je lisais le courrier, quelques rééditions en cours, je me remettais un peu dans le bain, mais j'étais vite épuisé et j'appelais un taxi pour rentrer chez moi.

« Vous êtes sauvé ! »

Quelques mois après l'achat de la Saab, le professeur Binet qui me soignait à la Salpêtrière m'a fait venir dans son bureau après une séance de rééducation. Là, j'avais droit à un travail de rééducation neurologique, des massages d'une kiné qui se trouvait être aveugle. Au Kremlin-Bicêtre, les exercices, vélos, appareils de toutes sortes, étaient plus difficiles, plus épuisants.

Une fois installé dans son bureau, j'ai demandé au professeur Binet ce qu'il me voulait. Le médecin m'a tendu un papier en me souriant :

« Vous êtes sauvé. »

Le papier était une attestation destinée à ma compagnie d'assurances. En 1989, du fait de ma maladie, j'avais perdu l'assurance décès souscrite. Le professeur Binet certifiait que les résultats de tous mes examens confirmaient que le traitement subi depuis quatre ans avait fonctionné ; j'étais guéri, je pouvais à nouveau souscrire une assurance décès. Dans le même temps, il me confirma l'autorisation de conduire une voiture, à condition, bien entendu, qu'elle soit automatique, ce qui allait sans dire.

Nous étions en 1994, je réintégrais la société des gens bien portants. J'allais pouvoir reconquérir, petit à petit, l'autonomie qui m'est si chère et qui, pendant cinq ans, avait été réduite à néant.

Par excès de zèle, la Sécu n'a commis qu'une seule erreur en me versant une petite pension d'invalidité. Après coup, l'administration s'est rendu compte que je n'y avais pas droit. J'ai dû tout rembourser en une seule fois. C'était pour moi le prix de ma guérison.

Boiterie

Étais-je redevenu le même homme ? Je n'ai pas entièrement récupéré ma motricité. Au bout de quatre à cinq cents mètres de marche, je suis fatigué, comme un moteur avec une soupape déficiente. Ma capacité à relever le pied s'est réduite de moitié, ce qui provoque une boiterie assez forte, une perte de l'amplitude de mes mouvements, l'incapacité de courir, évidemment, mais aussi de marcher longtemps et vite. On peut donc dire que je suis resté handicapé, ce qui, pour ma part, ne me pose pas de problème majeur. Mon cadre d'action s'est seulement légèrement réduit, il faut que je m'adapte à certaines contraintes, mais il y a tellement de handicaps bien plus lourds à assumer.

Je me répète mais la maladie comme le handicap se vivent beaucoup dans le regard des autres. Ma claudication n'était presque rien. À l'école, j'avais un ami qui a toujours boité légèrement, cela ne lui posait pas de problème apparent et nous, ses amis, nous n'y accordions aucune attention particulière.

Le seul regard qui aurait pu me déranger, c'est celui de mes enfants. Quand j'étais très malade, j'ai tout fait pour que mes deux fils ne me voient jamais dans un fauteuil roulant. Je préférais me traîner sur des cannes anglaises.

Cette fois, même avec cette boiterie, j'allais recommencer à mener une vie quasi normale. J'allais repartir en voyage, retrouver ma passion de dénicher des adresses et de les faire partager. Cela m'avait terriblement manqué. La seule chose qui changerait, c'est que les voitures louées seraient toujours automatiques, que je ne partirais plus jamais seul et que je ne ferai plus des voyages au long cours, une semaine, voire dix jours, grand maximum. Et puis, je ne visiterai pas plus de dix adresses par jour, me concentrant sur les lieux qui posent problème.

« À la vie, à la mort »

Il faut que je dise un mot, et même un peu plus, sur l'attitude de l'équipe du Guide et d'Hachette pendant ma maladie. Ce qui s'est passé entre 1989 et 1994 est une étape fondamentale de l'aventure du Routard, une période qui a tissé des liens indéfectibles entre nous. Il y a une expression que j'aime bien, désuète mais qui, dans mon cas, veut dire tellement de choses : « À la vie, à la mort. » C'est rarement le type de relations qui s'instaure dans les rapports de travail, mais c'est ainsi que les choses se sont passées chez nous.

Pendant toutes les années de ma maladie, aucun ne m'a fait défaut. Au début, tout a continué comme si de rien n'était. Pierre Josse, Benoît Lucchini, Véronique de Chardon, Florence Bouffet, Olivier Page, qui nous a rejoints à cette époque, et tous les autres ont été admirables de fidélité, de courage, de sensibilité. Je n'oublierai jamais leurs petits gestes, leurs mots d'encouragement, leurs sourires positifs.

Bien plus que la Saab jaune, c'est leur attitude qui a constitué mon véritable cadeau. Ils ont été d'une présence, d'une attention inestimables. C'est un aspect, presque intime, le ciment d'un lien particulier pas vraiment compréhensible pour qui n'a pas vécu cette période au milieu de l'équipe du Guide du Routard.

Là encore, ma femme, Bénédicte, a été une compagne qui était près de moi tout au long de cette période difficile. Ce n'est pas quand tout va bien que l'on peut vérifier la solidité d'un couple. C'est dans la souffrance, l'adversité.

Liens indéfectibles

Le succès, inévitablement, entraîne des contestations, des jalousies. Certains journalistes ou éditeurs n'ont jamais vraiment accepté notre réussite. Ils se sont toujours interrogés sur les raisons qui faisaient que j'étais toujours resté fidèle, depuis trente ans, à Hachette. La réponse est toute simple : parce que Hachette m'a montré un soutien exemplaire pendant toutes ces années, quand d'autres me considéraient comme un mort vivant.

Au contraire, je n'ai eu de la part d'Hachette que des messages de soutien et d'affection. Jean-Luc Lagardère, que je connaissais à peine (je devais peser un dix millième de son chiffre d'affaires !), m'a téléphoné deux fois à l'hôpital pour prendre de mes nouvelles.

« Bienvenue à la maison »

Comment pourrais-je oublier ce déjeuner organisé en 1993 par la direction générale du groupe, sans que je n'en aie rien su jusqu'au dernier moment, un repas pour me souhaiter un bon retour chez Hachette. Le prétexte officiel était les vingt ans du premier Routard, mais cela ne trompait personne, c'était un repas de retrouvailles. Sur un grand gâteau était inscrit : *Bienvenue à la maison.*

Nous étions dans la bibliothèque Louis Hachette, boulevard Saint-Michel. Il y avait là les dirigeants du groupe Livre et les directeurs de toutes les filiales du groupe Hachette, de la presse à la radio en passant par la distribution.

Il y avait évidemment mon éditrice de l'époque, Adélaïde Barbey. Tous ceux qui ont travaillé au Guide du Routard ou dans l'équipe d'Hachette qui lui est dédiée savent que nous avons toujours entretenu, Adélaïde et moi, des rapports d'une grande franchise. Ce qui, en clair, signifie que nos deux forts tempéraments s'affrontaient parfois dans ces rapports de force inhérents à la relation entre un éditeur et son auteur. Nous n'étions pas toujours d'accord.

La réussite du Routard qui, à cette époque, venait de passer le million d'exemplaires vendus chaque année, me permettait d'avoir quelques exigences à l'égard de mon partenaire. Je défendais l'indépendance de mon équipe de façon farouche. Bref, nous avions parfois de franches engueulades, ce qui n'excluait pas un grand respect entre nous. Pendant toute ma maladie, Adélaïde a été admirable, exemplaire. J'ai découvert à cette occasion – nous avons découvert tous deux – que nous faisions partie de la même famille, la famille Hachette.

Une nouvelle époque

Ma gratitude est décuplée par le fait que, pendant ces années où j'ai été affaibli, des bouleversements de tous ordres, géopolitiques et commerciaux, ont eu lieu, qui auraient pu sceller la fin du Guide du Routard. Il y avait un vrai risque que notre aventure ne survive pas au début des années quatre-vingt-dix, surtout si la cohésion interne n'avait pas été au rendez-vous. Il s'est produit une vraie coupure. On est sorti des années babas cool pour entrer définitivement dans une nouvelle ère. D'une certaine manière, il aurait été presque logique que le Routard, enfant de l'après-68, ne survive pas à ces bouleversements. D'ailleurs, combien d'expériences nées au début des années soixante-dix, d'*Actuel* à *Libération*, ont connu ces difficultés d'adaptation !

Bouleversements ? Chute du mur de Berlin, effondrement des pays communistes, première guerre du Golfe, crise économique majeure, apparition d'un terrorisme de grande ampleur... La dernière décennie du XXe siècle restera marquée par de grandes fractures dont nous n'avons mesuré l'importance qu'après coup.

Pour notre part, l'invasion, en 1990, du Koweït par l'Irak et la guerre qu'une coalition dirigée par les États-Unis a menée jusqu'à Bagdad l'année suivante, la première guerre du Golfe, se sont aussitôt traduites par une baisse spectaculaire de nos ventes, surtout à destination de « pays à risques ». La menace de riposte irakienne, avec des missiles SCUD braqués vers l'extérieur, Israël notamment, rendait risqué tout voyage en avion passant par le Proche et Moyen-Orient.

L'année 1991, du point de vue du tourisme, est un peu la réplique en plus fort de 1983 et du contrôle des changes imposé par le gouvernement Mitterrand. La difficulté soudaine de voyager dans certains pays étrangers se conjugue avec le vieillissement de nos anciens babas cool, leur redécouverte de la France ou de pays plus proches. C'est la fin de la route des Indes. Ce rétrécissement des destinations n'a cessé depuis de se confirmer.

Le monde a changé

On a cru, dans l'euphorie des premiers temps, que la chute du communisme, tellement souhaitable pour les droits de l'homme et la démocratie, se traduirait par une nouvelle ère de paix et de concorde. Un chercheur américain, Francis Fukuyama, a même parlé de « fin de l'histoire ». C'est le contraire qui s'est passé. Les conflits, les tensions n'ont cessé de s'amplifier. L'Afrique est minée par les guerres tribales et l'Amérique du Sud par les guérillas, ce qui rend les voyages d'antan problématiques. Le terrorisme d'inspiration islamique, dévoiement d'un islam pacifique, a rendu périlleuse la traversée en routard de certains pays. Un peu partout, les luttes politiques se sont mêlées aux pratiques du brigandage, prises d'otages et rançons, meurtres gratuits, haine anti-occidentale largement développée.

Qu'on songe aux routes que j'ai empruntées dans ma jeunesse. Comment imaginer faire aujourd'hui des voyages au long cours de plusieurs mois en stop, bus et train ? Ce plaisir de partir d'un point pour arriver à un autre, de traverser toutes les frontières, est mis à mal aujourd'hui. C'est le paradoxe de la situation : autrefois, ni les dictatures ni le communisme n'empêchaient tout à fait les routards de passer. Trente ans après, nombre de régimes autoritaires ont été renversés. Pour reprendre mon parcours jusqu'en Inde : les bureaucrates bulgares, les colonels grecs, les militaires turcs, le shah d'Iran... Tous ont disparu, remplacés par d'autres formes d'impossibilités. Les guerres ont succédé aux glacis. Croates, Serbes et Bosniaques. Kurdes et Turcs. Iraniens et Irakiens. Afghans entre eux. Pakistanais et Indiens. Tamouls et Cinghalais... Et le terrorisme par-dessus le marché.

Le sens du périple s'est perdu dans ces conflits. Parce que le passage n'est plus si aisé. Parce que les avions, aussi, facilitent par trop la tâche. Et puis, il n'est plus courant de prendre trois, six ou neuf mois pour s'enfoncer dans les profondeurs d'une région. À l'époque du chômage, on ne largue plus si facilement les amarres, de peur de ne plus rien retrouver au retour.

Il existe encore des routards, évidemment. Des jeunes Japonais en rupture avec le modèle contraignant de leur société esclave du travail. Des Russes, des Européens de l'Est qui ont goûté aux joies soudaines de la liberté de circuler. Les routards existent encore, mais ils ne sont plus le fait d'une génération entière.

Survivre

En 1991, avec la guerre du Golfe, le Routard, avec sa grande majorité de guides aux destinations lointaines, courait un grand risque. J'imaginais que, sur le million d'exemplaires proposés à la vente, nous serions peut-être dans l'obligation d'en pilonner 400 000, puisque 60 % seulement de nos ventes concernaient des destinations sans risques. Je me tenais informé de la situation. Hachette m'avait assuré qu'ils soutiendraient le Routard, quoi qu'il arrive, même si nous perdions plus de la moitié de nos ventes, pendant au moins deux ans. Dans cette maison, l'entraide fonctionne dans les deux sens.

Mais nous ne pouvions pas subir la situation, attendre et voir. Ce n'est pas mon genre. J'aime anticiper, trouver des parades. La première idée qui m'est venue, ce sont les livres conçus pour les entreprises. Je ne m'imaginais pas abandonner la dizaine de rédacteurs habituels. Je ne le voulais pas, quitte à perdre beaucoup d'argent.

Les guides pour les entreprises

L'idée était de louer les compétences, l'expertise ou même l'image du Routard pour des marques qui souhaitaient confectionner des guides sur des sujets divers. Nous considérions, avec le directeur commercial et ami, que le Guide du Routard, au fil du temps, avait développé un savoir-faire qui pouvait s'appliquer à des domaines plus vastes que le seul voyage. C'est ainsi que des sociétés nous ont demandé de leur confectionner des petits manuels qu'elles voulaient offrir soit à leurs clients, soit à leurs employés. Nestlé nous a commandé quatre bouquins pour les barres chocolatées Lion. Nous avons réalisé un mini-guide de l'Écosse pour le gin Old Lady ; des itinéraires en France pour le loueur de voitures Hertz ; un agenda du routard pour Go. Ensuite, on a publié le *Guide du routard* pour les couches Pampers, un ouvrage recensant tous les conseils imaginables concernant les enfants en voyage et qui, d'ailleurs, a été primé.

Tout cela s'est fait dans la plus grande des transparences. Le nom des sociétés est parfaitement visible, la plupart du temps imprimé en couverture. Ces ouvrages sont gratuits pour les consommateurs. Nous avons eu des débats, d'abord sur le principe, un peu plus tard sur l'application. C'est qu'il ne s'agissait pas de galvauder la marque propre du Routard, ce bien le plus précieux.

Une marque déposée

Par parenthèse, je précise que j'ai déposé la marque Routard à l'Institut national de la propriété industrielle (INPI) dès 1976. J'ai d'ailleurs eu la surprise, en ouvrant le très récent et nouveau *Dictionnaire culturel Robert de la langue française*, qu'Alain Rey vient d'éditer, de constater que, au-dessus de l'article « route », le mot « routard » était traité par le célèbre linguiste comme étant né vers 1970, « et déposé par le *Guide du Routard* », ce qui n'est pas tout à fait exact.

Je conçois que cette démarche puisse paraître à certains peu romantique, mais je connais tant d'amis, créateurs, inventeurs ou simplement innovant en matière industrielle qui, n'ayant pas protégé leur idée, s'en sont vus tout simplement dépossédés... Dans la foulée du Routard, un autre guide est sorti, porteur d'une philosophie pas très éloignée : *Paris pas cher*. Une négligence sur l'origine de la propriété a brouillé durablement les relations entre ses créateurs. Je trouve cette affaire triste. Déjà, une agence de voyages méconnue et une marque de pneus utilisaient « Routard » dans leur publicité à nos dépens. J'ai donc déposé la marque « Routard », c'était la moindre des choses. Cela permettait à toute l'équipe de travailler tranquillement, à l'abri des coups de Jarnac toujours possibles et même fréquents dans ce monde.

Le succès du Guide a suscité bien des envies. Certains concurrents m'ont paru franchement très proches du plagiat.

Alors si quelqu'un avait pu, en plus, s'emparer du mot « Routard » ! Il faut savoir que partout dans le monde, jusqu'en Asie, certains restaurants peignent à la va-vite des imitations de notre logo, ce voyageur avec un sac à dos, pour faire croire qu'ils ont été sélectionnés dans le guide. J'ai, dans un tiroir de mon bureau, des dizaines et des dizaines de photos de ces faux panneaux et enseignes qui imitent grossièrement le Routard. La réussite attire toutes les convoitises.

« Les conférences de Yalta »

Pour revenir sur les guides pour les entreprises, nous en discutons régulièrement et très librement avec l'équipe. Aucun de nous n'aurait l'idée de galvauder le capital intellectuel et affectif du Routard pour des causes qui nous poseraient problème. Je me souviens d'une grande discussion à propos d'un très beau contrat, financièrement très lucratif, un fabricant de cigarettes qui sortait une nouvelle marque sur le marché français. Nous en avons discuté librement, c'était bien avant toutes les campagnes antitabac. Nous avons pensé, néanmoins, que nous ne pouvions pas nous marier avec un cigarettier, ou même lui prêter, par exception, nos compétences. C'était une question de morale, de santé publique. Le fait d'avoir fréquenté le service des tumeurs à la Salpêtrière accentuait mes convictions.

Les plus grandes décisions se prennent lors de réunions régulières, tous les trois mois à peu près, qu'à un moment, par boutade, nous avons appelées « les conférences de Yalta ». Une fois, je me souviens que nous avions organisé cette réunion dans un restaurant. Au bout d'un moment, c'était devenu gênant. J'observais la tête des tables voisines, ces gens qui déjeunaient tranquillement et qui subissaient les cris d'une bande de ripailleurs en train de s'échanger les destinations dans la plus parfaite allégresse. « Je te prends Java, je te laisse le Sénégal... Ah non, Bali, j'y suis allé trois fois, ras le bol... »

Depuis que nous avons professionnalisé notre travail, nous devons jouer avec une sacrée contradiction : d'un côté nous avons institué un partage par secteur qui apporte une crédibilité indubitable. Un seul exemple, Isabelle Durand qui connaît le Proche-Orient comme peu, y passe une partie de sa vie, a étudié à Amman et parle arabe. Elle a même épousé un Jordanien et s'appelle maintenant Isabelle Al-Subaihi.

Mais dans le même temps, il est hors de question qu'un pays soit la propriété d'un rédacteur. Aucune faiblesse, aucun passe-droit n'est admissible. Le travail d'enquête et de réédition tourne ; tout le monde corrige tout le monde ; pour chaque guide, de nouveaux rédacteurs apportent des textes neufs, un sang nouveau.

Il y a, au Routard, une vie interne très riche. C'est peut-être l'héritage de tous ces anciens soixante-huitards qui finalement ne sont pas si nombreux dans l'équipe, et des plus jeunes, majoritaires, qui ont de la persévérance, des idées bien arrêtées, veulent être informés et donner leur avis. Ils ont raison.

Hôtels et restaurants de France

Dès 1983, nous avions entamé un retour vers la France. *Week-ends autour de Paris*, *Côte d'Azur*, *Bretagne*, *Sud-Ouest*, *Midi-Pyrénées*, *Paris*... À partir de 1991, nous avons lancé une autre nouveauté. J'ai demandé à un nouveau venu, Olivier Page, de travailler pendant deux ans sur une idée que j'avais eue en me baladant en Aveyron avec mon ami Jacques : le guide *Hôtels et restaurants de France*. Il ne s'agissait pas de concurrencer frontalement le vénérable Michelin, c'est impossible, tous ceux qui s'y sont essayés se sont cassé le nez, mais plutôt d'élargir notre clientèle.

J'avais découvert, lors d'un séjour dans cet Aveyron méconnu, une auberge où les lits étaient surmontés de douillets édredons, où l'on servait de succulentes omelettes aux cèpes, des écrevisses et de l'aligot. Cet endroit béni ne figurait dans aucun guide. Il y avait donc encore des choses originales à écrire sur la France.

Je savais, en confiant cette mission à Olivier Page, qu'il ne produirait pas une recension d'adresses insipides mais qu'il sélectionnerait dans nos Guides régionaux, outre le rapport qualité/prix, le charme, l'insolite, le piquant. Toute son enfance, ce Breton, sculpté dans le meilleur granit, a rêvé de voyager en lisant Chateaubriand, en restant des heures et des heures à admirer les phares de la côte atlantique, en s'imaginant sur une goélette à destination de la Patagonie. À quinze ans, il a passé deux mois à sillonner la France en Mobylette en lisant *Les Rêveries du promeneur solitaire* de Jean-Jacques Rousseau. Aujourd'hui encore, quand il voyage, Olivier Page aime découvrir des personnages hors normes, témoins des joies et des drames de l'Histoire. C'est notre poète, imbattable sur l'humour.

Pour la première édition de *Hôtels et restaurants de France*, 25 collaborateurs ont parcouru 80 000 kilomètres, visité 7 000 adresses pour n'en retenir que 4 000. La patte d'Olivier Page, c'est un hôtelier sosie de Rimbaud à Charleville-Mézières, qui disparaît des jours entiers dans les forêts des Ardennes pour écrire. C'est un ancien chanteur de hard rock qui place à l'entrée de sa pizzeria un panneau *Interdit aux ringards* ; c'est le plus vieil hôtel de France, à Provins, l'Hostellerie de la Croix d'Or, qui a ouvert ses portes en 1270 ; c'est un chercheur d'or dans l'Ariège vivant dans une gare désaffectée ; c'est un forgeron corse à l'ancienne perpétuant si bien les secrets de la métallurgie que des émissaires de la sidérurgie japonaise viennent étudier ses secrets...

Toutes ces innovations n'ont pas été sans effets. Pour nous, 1991 n'a pas été la catastrophe annoncée. La guerre du Golfe a été beaucoup plus rapide que l'on ne pensait généralement et l'année a été bien meilleure que nos prévisions. L'année suivante, le guide *France* s'est vendu à 250 000 exemplaires.

Chapitre XIV

LE ROUTARD AUJOURD'HUI

Rééducation en Martinique

Pendant la rééducation, en dehors de la Salpêtrière et du Kremlin-Bicêtre, j'allais deux fois par semaine chez un jeune kiné, un Asiatique qui me faisait travailler en piscine. Dans soixante centimètres d'eau, j'effectuais des mouvements de jambes avec de grandes palmes. Cela musclait mes jambes, c'était épuisant, ennuyeux et répétitif, mais nécessaire. À un moment, le kiné m'a expliqué que ce travail harassant serait plus agréable dans un autre cadre.

« Tu connais les mouvements parfaitement, tu n'as plus besoin de moi. Si tu pouvais être au soleil pour ce travail, ce serait beaucoup mieux. Le cadre, la chaleur te feraient beaucoup de bien, et ce serait plus sympa pour toi. »

J'ai obtenu une permission de sortie pour quinze jours des hôpitaux du Kremlin-Bicêtre et de la Salpêtrière, cherché un point de chute en Martinique, trouvé un petit hôtel, le Manguier, déjà cité dans le Routard, qui s'est aussitôt avéré un vrai paradis. Ce n'était pas le grand luxe, un deux étoiles de neuf chambres, mais aussitôt je m'y suis senti parfaitement à mon aise. Le kiné avait raison, le soleil m'aidait à récupérer des efforts consentis pour travailler la musculation, mais surtout les gens de l'hôtel m'ont tout de suite adopté comme un des leurs.

C'était la première fois que je m'éloignais de Paris depuis le début de ma maladie, j'ai eu la chance de tomber sur un accueil formidable. Je passais de la piscine à l'eau de mer, j'étais si bien que j'ai décidé de renouveler ces séjours de deux semaines, cinq ou six fois. J'avais l'impression de revivre.

Le patron du Manguier, Alain Loos, m'a tout de suite été sympathique. Il m'a entouré de tout un tas d'attentions sans pour autant se montrer pesant le moins du monde. C'est un homme pudique, discret, plutôt silencieux qui fait passer l'affection par-delà les mots. Alain est vite devenu un ami.

L'histoire de Dudule

Alain est un « métro », comme on dit aux Antilles. Il est né en métropole, à Bergerac. Il a gardé de ses origines un fort accent du Sud-Ouest. Alain n'a pas fait de longues études, il vient d'un milieu simple, c'est un autodidacte qui vendait des pizzas sur les parkings des supermarchés. Pour l'amour de sa femme qui voulait vivre au soleil, il a décidé de venir s'installer en Martinique. Là, il a construit de ses mains ce petit hôtel.

J'avais remarqué l'un de ses employés qui n'avait pas le style des serveurs classiques de l'hôtellerie. Dudule était un peu rude, mais super gentil. Lui aussi était « métro » ; lui aussi avait un accent du Sud-Ouest. J'ai fini par apprendre qu'Alain et Dudule s'étaient rencontrés dans la rue, grâce à des amis brocanteurs. Mêmes origines populaires, même sympathie bourrue. En fait, Dudule est un enfant de la DDASS.

À un moment, Alain, qui était déjà en Martinique, a appris que son pote vivait dans la rue, qu'il s'était marginalisé. Je ne sais comment il s'y est pris, je n'ai jamais osé l'interroger sur ce point, mais il a réussi à contacter Dudule. Il lui a proposé de le rejoindre en Martinique, lui a offert un billet d'avion et un emploi dans son hôtel. Alain a mis une seule condition à sa proposition : que Dudule accepte de faire l'effort de revenir à une vie normale, qu'il veuille travailler, se passer de tous les expédients de la rue, où il se clochardisait.

Dudule m'a avoué qu'Alain lui avait sauvé la vie, pas seulement en lui proposant un emploi, mais aussi en le forçant à revenir à une existence plus saine. Quand j'ai su les détails de cette histoire, c'est peu dire que j'ai encore plus apprécié le patron. Son geste m'a énormément touché. J'étais à peine sorti de mes séjours à l'hôpital, j'avais vu tellement de détresse, tellement de malades abandonnés par leur propre famille, j'ai profondément admiré la générosité d'Alain.

L'agrandissement de l'hôtel

J'étais bien au Manguier. Toutes proportions gardées, j'avais trouvé, moi aussi, comme une petite famille, protectrice, accueillante. Alain ne m'avait pas sauvé la vie, mais il était lié à cet épisode de résurrection. Ma guérison était en bonne voie. À un certain moment, j'ai deviné qu'Alain connaissait des difficultés. Il avait le projet d'agrandir son hôtel, d'ajouter huit chambres aux neuf existantes, mais les banques refusaient de l'aider. Alain s'était déjà endetté pour la construction de la première tranche, il cherchait quelqu'un pour le soutenir dans cet agrandissement.

Malgré sa pudeur, il a fini par me demander si je ne connaissais pas quelqu'un qui voudrait investir à ses côtés. Je n'ai guère pris de temps pour lui répondre que, oui, je connaissais quelqu'un, c'était moi. Je n'avais réfléchi à aucune des conséquences possibles de ma réponse : c'était comme ça, je ne pouvais faire autrement, je devais aider Alain. Comment pouvais-je admirer sa générosité et ne pas faire de même ?

Ma participation aux travaux d'agrandissement s'est chiffrée à un million de francs. Et comme les choses ont bien marché pour lui, j'ai accepté de l'épauler, quelques années plus tard, pour la construction d'une résidence océane toute proche. À chaque fois, Alain et moi avons eu recours, aidés par d'autres amis investisseurs, à des emprunts bancaires.

L'article du Routard sur le Manguier

Les premières années, je n'ai pas parlé de cette histoire à mon équipe. Il se trouve que le guide *Martinique*, avant même mon association avec Alain, avant même que je ne mette les pieds la première fois au Manguier, accordait à l'hôtel une appréciation très élogieuse. L'article n'était en aucun cas lié ni à mon amitié pour Alain, que je ne connaissais pas, ni à nos projets ultérieurs. Le rédactionnel sur cet hôtel datait de l'automne 1990, bien avant mon investissement, qui s'est réalisé trois ans après.

Ensuite, j'ai mis un peu de temps à parler de cette histoire à mes proches, un peu trop de temps. J'étais gêné, pas tellement par le mélange des genres. Il y a bien eu, pendant des années, au début des Guides, un « Spécial copinage » très explicite, comme le resto de ma sœur ou celui de mon frère. La probité du Routard ne peut être mise en cause.

Et j'ai toujours été très scrupuleux sur un point crucial : combien de fois des tour-opérateurs, des agences de voyages de toutes sortes, des sociétés de location de voitures même, m'ont proposé d'entrer dans leur capital, parfois gratuitement ! Je n'ai, bien évidemment, jamais accepté. Une exception toutefois, bien bénigne. Nicolas (un ami de trente ans !) m'a gentiment proposé un poste d'administrateur de son agence, Air Sud, avec une action. Je n'ai jamais touché aucun jeton de présence. Bien entendu, je n'ai toujours rien encaissé quand il a vendu sa société en 2005. La messe est dite.

Avec la Martinique, c'était autre chose : une affaire personnelle, d'amitié, une question de pudeur, un épisode douloureux de ma vie, à la fin de ma maladie, une période sombre que je n'aimais pas exhumer. Quand je m'en suis ouvert à mes plus proches collaborateurs, nous avons décidé non pas de retirer le Manguier du Routard, cela eût été injuste vu la prestation de l'hôtel et son rapport qualité/prix, mais de spécifier clairement ma participation aux côtés d'Alain.

L'honnêteté

On peut reprocher beaucoup de choses au Routard : des erreurs parfois, le moins souvent possible ; des lacunes éventuellement, mais sûrement pas son manque d'honnêteté. C'est notre vertu cardinale. Nos enquêteurs visitent les restos ou hôtels, le plus souvent, anonymement. Je dis le plus souvent parce qu'ils sont parfois découverts, assez rarement. Et s'il faut, pour les besoins de l'enquête qu'ils s'annoncent, ès qualités, cela doit se faire après avoir payé l'addition.

J'ai établi et j'impose une charte du Routard, document que nous remettons à tous les nouveaux collaborateurs du Guide pendant les stages de formation. Ce document explicite « comment travailler pour le Guide du Routard ».

Extrait des instructions écrites et fournies aux nouveaux enquêteurs : « Un principe, remettre en question toutes les informations contenues dans les guides, considérant qu'il faut tout revérifier. Se présenter en anonyme, éviter de subir des comportements de type flagorneur ou carpette insupportables, conserver son indépendance, ne pas se sentir obligé de passer la pommade au proprio. Seul l'intérêt du lecteur compte. Le Guide du Routard se doit de dénoncer les pratiques malhonnêtes. Recherche d'adresses insolites et de coins authentiques. Écriture subjective, décontractée mais sans complaisance, pas d'exhaustivité, pas de littérature inutile, pas d'exotisme facile. Vous le savez, nous ne sommes pas un guide comme les autres. Pour certains, nous sommes un peu une deuxième maman, pour d'autres, le bon copain qui donne ses tuyaux. »

On peut se tromper, cela arrive à tout le monde, mais on ne peut nous soupçonner de vouloir tromper nos lecteurs.

Je me souviens que Thierry Brouard, qui contribue depuis plusieurs années avec un beau succès à nos guides sur les tables et chambres d'hôtes, avait visité dans un endroit splendide en Provence une chambre d'hôte qui se trouvait appartenir à l'un de mes vieux copains de l'ESCP, Jean-Pascal. Il était hors de question que je pousse Brouard à l'intégrer dans son guide. Il a décidé, de sa propre initiative, de ne pas retenir l'adresse parce qu'il en trouvait les tarifs trop élevés. Plus tard, Jean-Pascal a baissé ses prix, et Brouard l'a sélectionné.

Les parents d'un autre collaborateur, Benoît, l'un des plus anciens, tiennent un établissement similaire en Corse. Pendant de nombreuses années, leur gîte n'était pas dans le guide *Corse* par déontologie. À un moment, cela devenait absurde : pourquoi pénaliser ces adorables retraités et surtout pourquoi priver les lecteurs d'une adresse remarquable et sélectionnée par des guides concurrents ? Mais nous avons longuement pesé le pour et le contre. J'ai demandé *in fine* que cette chambre d'hôte soit visitée et validée par un pigiste extérieur. Il l'a finalement retenue.

Les subventions pour certains guides

Si nous nous trompons, c'est de bonne foi. L'honnêteté est notre vocation ; le lien de confiance avec nos lecteurs notre principal atout. Une grande chaîne d'hôtels a acheté, plusieurs fois, des publicités dans nos guides. Cela ne nous a pas conduits à modifier notre ligne de conduite : ces établissements ne figurent pas dans le Routard, tout simplement parce qu'ils ne correspondent pas aux désirs de nos lecteurs.

Comme tous les guides de voyage, je peux souhaiter sortir certains ouvrages sur la base de partenariat avec des régions ou des offices de tourisme. Des destinations, en effet, ont un potentiel de vente moins fort ; une aide extérieure est parfois souhaitable. Seulement cinq ou six Guides au total, hors France, ont bénéficié de ces subventions. Mais pour certains pays ou certaines régions de France, qu'un Guide du Routard soit publié est plus important qu'une campagne de publicité. La majorité des grandes collections de guides procède ainsi.

Certaines destinations trop lointaines ont des ventes plus faibles. *A contrario*, je ne reçois aucune aide pour ces pays, mais même sans subventions, il faut absolument les publier. J'aime trop l'Afrique, par exemple, j'ai trop conscience des conséquences plus que négatives que l'arrêt du guide sur le Burkina Faso, pour ne citer que celui-là, aurait sur de nombreuses familles tenant de petits établissements. Je ne veux en aucun cas arrêter ces ouvrages.

L'indépendance

Ces subventions ou les publicités de groupes privés ne modifient en rien notre indépendance rédactionnelle et notre façon de travailler. Cela nous permet de tenir des prix de vente très bas. Nos lecteurs s'y retrouvent. Évidemment, nous n'acceptons pas de subventions de pays qui sont des dictatures, de pays où les droits de l'homme ne sont pas respectés.

Je rappelle que, au moment où le gouvernement autrichien avait accueilli en son sein des ministres de la formation de Jorg Haider, nous n'avions pas supprimé le guide mais nous avions très explicitement affirmé notre condamnation de ce parti d'extrême droite et, pour certains de ses membres, d'inspiration néonazie, en habillant de noir et blanc la couverture. Nos ventes ont chuté de 40 %. La liberté d'écrire a un prix. Les droits de l'homme, la démocratie sont et restent notre préoccupation permanente. D'ailleurs, la défense de ces valeurs forme le ciment de notre équipe.

Des échecs

J'ai dit, plus haut, que le succès du Routard, indéniable, avait masqué non seulement les premières années de galère mais aussi des échecs. Ils existent. Ils ont été plus nombreux qu'on ne le croit généralement et surtout, peu importe que l'ensemble de la collection se porte bien, quand un Guide auquel vous croyez, que vous avez veillé jusqu'à sa naissance, ne rencontre pas son public, cela fait toujours mal au cœur.

Je tenais par exemple à sortir un *Guide de l'humanitaire.* Je ne peux pas dire que ce fut un gros succès. Je l'ai publié sur trois éditions, à perte. Le *Guide du citoyen et des associations* était un projet très attachant : nous avons été obligés de l'arrêter. J'ai tenu à bout de bras pendant des années le *Guide pour les juniors en France*. Cette création en direction des ados et des enfants fonctionnait pour Paris mais pas sur tout le territoire. La *Bibliothèque du routard* également, témoin de mes découvertes littéraires sur la route et de celles de tous mes collaborateurs : nous avions envie de faire partager nos coups de cœur en matière de romans, de BD. Cela n'a tenu que trois ans.

Le *Guide des marchés à Paris* ou l'*Atlas du routard* n'ont pas non plus trouvé de lecteurs en nombre suffisant. Le *Guide des vacances* a été notre plus gros échec. Hachette, s'inspirant du succès de notre *Manuel du routard*, avait pensé qu'on pouvait en élargir la cible et donner des tas de conseils à toutes les catégories de voyageurs et de vacanciers, des campeurs aux amateurs de Relais et Châteaux. Nous l'avons tiré à 40 000 exemplaires, nous avons été obligés d'en pilonner 37 000 exemplaires. Ça calme !

Le petit beur breton

Il ne suffit pas de coller le mot « routard » pour que tout fonctionne par magie. J'avais très envie, par exemple, de lancer une collection de polars du Routard qui aurait valorisé les valeurs qui nous ont vus naître et que nous défendons toujours, comme les droits de l'homme, le respect des femmes ou des enfants.

Le héros s'appelait Edmond Benakem, c'était un beur breton. Dans ces romans, ancien coursier débrouillard, il était rédacteur au Routard. Il arrivait toutes sortes d'aventures à Edmond Benakem, espèce d'antihéros, sur le mode du feuilleton de mon enfance, ces globe-trotters joués par Yves Rénier et Edward Meeks. Il découvrait à Lisbonne un réseau de corruption. Il s'attaquait à une mafia de pédophiles sur les bords du Mékong. Au Québec, il se retrouvait aux prises avec un trafic de drogue tenu par des Hells Angels.

Nombre de ces histoires étaient véridiques, je publie en annexe de ce livre quelques-unes des aventures toutes assez incroyables vécues par des membres de l'équipe Routard pendant leur enquête. Et j'ai moi-même vérifié l'existence de réseaux pédophiles en Extrême-Orient, je le raconte dans le chapitre suivant.

Certains écrivains qui ont collaboré à la série du Poulpe ont participé à l'aventure des Polars du Routard. Serge Moati en a racheté les droits télé. Une dizaine de romans sont sortis, mais, au final, cela n'a pas été le succès annoncé. Et les films télé ne se sont pas faits, les tournages aux quatre coins de la planète s'avérant trop onéreux.

La mort du petit Edmond Benakem m'a vraiment attristé. Sans doute m'étais-je projeté en lui. Mais l'économie du marché a des lois plutôt impitoyables. En même temps, en matière de livres, il est vain de se lamenter. On peut créer des modes vestimentaires, susciter des goûts particuliers pour la consommation des yaourts, mais les lecteurs obéissent à un instinct remarquable, à des désirs très singuliers. Aucune campagne de publicité n'a jamais fait vendre massivement un livre illisible ou tout simplement un bouquin que le public n'a pas envie de lire. Première conclusion, le public a toujours raison. Seconde conclusion, tant pis pour mon pauvre Benakem.

Les produits dérivés

Je parcours des milliers de kilomètres par an : en avion, en train, en voiture, de toutes les façons possibles et imaginables. Et lorsqu'on voyage façon Routard, on change presque tous les jours d'hôtel, on marche beaucoup... Il faut voyager léger, il faut voyager pratique. Faire et défaire son sac, sa valise, voilà la galère.

Les bagages classiques ne me semblaient pas adaptés à cette façon de voyager, et je ne trouvais pas mon bonheur dans les blousons et jeans habituels – pas assez de poches. Je me suis dit qu'il y avait certainement quelque chose à faire. Un jour, en discutant de cela avec une copine, Christine de Rostolan, qui travaillait dans une société qui gérait des licences et faisait fabriquer en Extrême-Orient, au Maghreb et au Portugal, j'ai eu l'idée de faire étudier une petite ligne de bagages qui répondrait exactement aux besoins des Routards. Elle a accepté de s'en occuper. Pour ce faire, nous avons créé une société, GRG, dont je suis le gérant, et dont je détiens la majorité des parts. Cela se passait il y a une douzaine d'années.

Petit à petit, j'ai été contacté par des fabricants de chaussures, de vêtements et autres articles qui pouvaient avoir un rapport avec le voyage. C'est encore GRG qui s'en occupe. Ce n'est pas avec cela qu'on fera fortune, car ni Christine ni moi n'avons le temps de nous en occuper sérieusement, mais ça m'amuse de trouver des astuces pour les produits que nous faisons fabriquer.

Il se trouve que Christine est la femme de Louis de Rostolan, patron des points de vente Relay dans les gares et les aéroports. La belle affaire ! Certains concurrents m'ont accusé d'avoir créé cela de toutes pièces pour bénéficier d'une place privilégiée dans les Relay. Franchement, est-ce crédible ? Est-ce que les Guides Michelin sont également bien traités dans les Relay parce que la voiture de Louis de Rostolan serait équipée de pneus Michelin ou parce que son fils, ingénieur agronome, travaille en Afrique pour une filiale de Michelin qui produit du caoutchouc ? Soyons sérieux. L'amitié est une chose, le travail en est une autre. C'est la meilleure façon de se brouiller avec des amis que de faire des affaires avec eux. Aurais-je dû m'interdire de travailler avec une femme parce que je connaissais son mari ? À ce sujet, M. de Rostolan ne m'a dit qu'une seule chose : « Je ne veux pas m'en occuper. Je ne me suis jamais occupé des affaires professionnelles de ma femme. D'ailleurs, elle ne l'accepterait pas, et je n'ai pas envie qu'on s'eng... »

En fait, les Relay, qui sont des points de vente de petite taille comparée aux Fnac et Virgin, ne peuvent exposer qu'un nombre limité de livres, et essentiellement des best-sellers :

Michelin, le Routard et les Guides Fivedit (chambres d'hôtes). À nous trois, nous sommes toujours les seuls à figurer en haut du hit-parade de *Livres Hebdo,* qui fait foi en la matière.

Et pourtant, dans les grands Relay d'aéroports et de gares TGV, bien d'autres collections de guides concurrents ont leur place. Si les livres ne se vendent pas ou peu, ils sont impitoyablement rappelés et éliminés du réseau. Je suis bien placé pour le savoir : les Polars du Routard ont été retirés dans les Relay bien avant les librairies traditionnelles, faute de vente.

Dans le commerce, si ce sont les amis qui font la pluie et le beau temps, on a vite fait de faire faillite !

Humilité

Je dois avouer que des échecs, j'en ai connu au début, que j'en connais maintenant encore et que c'est une formidable épreuve d'humilité. Même si ce n'est jamais agréable, cela a du bon. Cela apprend ou rappelle la modestie nécessaire. Certains croient tirer du succès du Guide du Routard la certitude que j'aurais une formule magique, que je serais un gourou du marketing. C'est totalement faux.

Je suis certain que la grande leçon, dans l'édition, c'est savoir rester humble, avancer pas à pas ; personne n'a la clé du succès, surtout pas moi. C'est ce qui est magique avec le livre. Cela reste, malgré tout, un artisanat, une question de relation quasi personnelle entre un auteur et un lecteur, grâce à un ambassadeur : le libraire. C'est ce qui me plaît le plus dans cette activité. L'aventure de l'édition est une somme de hasards, d'incompréhensions et de petits miracles. Il faut creuser des sillons, essayer de connaître son public, le respecter le plus possible, le mieux possible, tenter des paris sans jamais la moindre certitude.

Je me suis fixé une règle, une fois pour toutes : je prends chaque réussite comme une divine surprise. La dernière : le succès, sur un marché très occupé, des guides de conversation en coédition avec Larousse. Nous avons réussi à marier le sérieux de Larousse et le côté décalé du Routard. Nous en avons vendu plus de 100 000 exemplaires en quelques mois. Mais le mariage aurait pu tout aussi bien ne pas fonctionner.

Rien n'est facile, même quand on vend 2,5 millions d'exemplaires chaque année. C'est une bataille permanente, d'autant que l'actualité, depuis septembre 2001, n'a pas vraiment incité les gens à prendre le chemin de pays lointains. Des cyclones, des accidents d'avions, le tsunami et des attentats un peu partout, tout cela a un effet puissamment dissuasif pour les voyages. Depuis les bombes à Bali, par exemple, on constate une baisse de 40 % sur cette destination. Évidemment, le fait de publier chaque année cent vingt et quelques titres est un avantage indéniable qui permet de répartir les risques, alors que les nouvelles collections, avec peu de parutions, souffrent énormément. Mais je sais que tout peut s'arrêter à tout moment, surtout si nous nous endormons sur nos quelques lauriers.

La bataille de l'exactitude

J'ai beau avoir écrit plus haut que les erreurs, faites de bonne foi, sont excusables, nous faisons bien entendu tout notre possible, c'est-à-dire beaucoup, pour les éliminer. Je me fixe chaque année pour objectif de ne jamais descendre au-dessous de 90 % d'exactitude dans les guides. C'est très rare de trouver un tel résultat dans ce genre de littérature. Même si le lecteur ne peut s'en satisfaire, et je le comprends aisément, un taux de 10 % d'erreurs est assez difficile à réduire.

Je m'explique : sur 125 guides édités l'année dernière, 115 ont été réédités, retravaillés pour la nouvelle édition. Mais il existe un délai de quatre mois entre la rédaction et la parution. Pendant ces quatre mois, des adresses peuvent fermer, des propriétaires vendre, des menus ou des prix changer. Je précise tout de même que, sur nos 125 titres, près de 40 sont réédités avant la saison suivante. En effet, un Guide du Routard sur trois est épuisé en quelques mois et réimprimé aussitôt. Aucune de ces réimpressions n'est faite sans que nous n'y intégrions des corrections : toutes les erreurs que nous avons décelées, qui nous ont été signalées grâce au formidable réseau que nous avons tissé en trente ans. Si bien qu'un Guide du Routard sur trois est révisé non pas chaque année, mais tous les six mois. À ma connaissance, nous sommes les seuls en France à procéder ainsi.

Il est arrivé aussi que nous pilonnions certains guides pour des destinations marquées par l'actualité : par exemple la Thaïlande ou l'Argentine, après les crises économiques qu'ont subies ces deux pays. Des faillites innombrables et des taux d'inflation astronomiques rendaient une grande partie de nos informations caduques. Dans ces cas-là, nous détruisons nos stocks. La qualité a un prix...

Les autocollants et les plaques du Routard

Nous avons, pour compléter la fiabilité, institué un très important mailing. Entre l'enquête, la rédaction et la sortie du guide, nous écrivons à tous les endroits sélectionnés afin de vérifier les renseignements, adresses, tarifs, toutes les précisions utiles.

Ce mailing, très onéreux vu les dizaines de milliers d'adresses contenues dans les guides, est financé par l'envoi des plaques et autocollants *Guide du Routard.* Ce travail est réalisé par une société totalement extérieure à la rédaction. De nombreux établissements éprouvent le désir de signaler qu'ils sont sélectionnés dans nos guides, comme c'est le cas avec tous les guides sérieux. Nous ne sommes donc pas les seuls à proposer une telle publicité. Les restaurateurs, les hôteliers considèrent que c'est une excellente promotion pour leur travail et nous les réclament. J'ai d'ailleurs signalé, plus haut, le nombre de fausses plaques du Routard, peintes grossièrement et qui, souvent, sont affichées par des maisons qui ne sont pas dans le Guide. Si nous n'avions pas proposé ces stickers disons, « officiels », je n'imagine pas le nombre de compositions d'artistes amateurs qui seraient apparues. L'énorme paperasserie est assurée par mon épouse, Bénédicte.

Évidemment, ces plaques ou autocollants ne sont en aucun cas une forme de racket. Les Guides du Routard sont remplis d'une grande majorité d'établissements qui n'ont jamais acheté un seul autocollant. Et nous n'avons jamais supprimé une seule adresse sur cette base. Les seules suppressions interviennent à cause d'une baisse de la qualité, d'une hausse des tarifs ou d'un changement de direction.

Coelho, Grisham et Gloaguen ?

Certaines comparaisons, dans la presse, donnent le vertige. Mes droits d'auteur équivaudraient à ceux de Paolo Coelho ou John Grisham. Tout cela fait sourire tous ceux qui me connaissent. Parfois, aussi, ils trouvent cela un peu désagréable. Certes, je ne me plains pas. Je n'avais jamais imaginé, dans les années soixante-dix et quatre-vingt, qu'un tel succès serait à l'horizon.

Mais il faut rappeler certaines données : sans compter la vingtaine de salariés qui s'activent chez Hachette pour le Routard, mon équipe rapprochée est constituée de 17 fidèles et en moyenne 80 rédacteurs réguliers apportent leur contribution aux guides, il faut bien les payer ! En outre, j'engage de nombreux frais pour l'élaboration des guides (téléphone, voyages, bureaux...). Tout ceci est à ma charge ! Pour cette année, j'ai prévu 186 enquêtes sur le terrain, c'est-à-dire un départ tous les deux jours. Ne confondons pas droits d'auteur et bénéfices.

Une anecdote révélatrice : j'ai eu recours à l'emprunt pour financer le déménagement dans nos nouveaux bureaux. Les travaux ayant coûté bien plus cher que prévu, j'ai dû demander un crédit relais en urgence.

Les conditions de travail

Cela suffirait-il à faire de moi un nabab ? C'est peu probable. Et un négrier ? J'ai entendu cela, une fois, ou plutôt je l'ai lu dans un article rempli d'erreurs et d'approximations. Des relations anciennes, comprises entre cinq et vingt-sept ans, existent avec ceux qui collaborent avec moi dans le « noyau dur ». En trente et quelques années, nous avons enregistré, en tout et pour tout, quatre départs, dont trois pour des raisons de vie privée, et deux d'entre eux sont même revenus dans l'équipe. Je reçois entre cinq et dix candidatures, chaque semaine. Cela ne me paraît pas être les caractéristiques d'une rédaction bridée.

Je sais que l'enquête, sur le terrain, n'est pas une partie de plaisir. La qualité des guides est à ce prix. La moyenne des voyages est de dix à quinze jours.

La sélection commence par l'examen des menus, l'enquête auprès d'informateurs locaux, et évidemment, trois repas dans la journée sur des établissements dûment choisis. Dans mon équipe, certains comme Benoît Lucchini ont mis au point une méthode qui leur permet de systématiquement fractionner leurs repas, une entrée ici, un plat là, un dessert encore ailleurs, afin d'étendre le nombre d'adresses testées.

Les enquêtes ne sont pas toujours une partie de repos, et tous ceux qui pensent que les enquêteurs du Guide du Routard passent leur vie en vacances – la plaisanterie rituelle de tous les copains – se trompent lourdement.

J'ai toujours voulu que les collaborateurs soient libres, maîtres de leur emploi du temps. Certains, en dehors des voyages, viennent au siège du Routard. D'autres travaillent chez eux, en province... et même en Provence. L'informatique fait des miracles aujourd'hui, elle abolit les distances.

J'ai non seulement fondé et donné sa personnalité si particulière au Routard, mais encore fait respecter, depuis trente ans et pour chaque guide, ce ton, cette apparence, cette identité, ce traitement des informations qui en font un guide bien à part. Cela paraissait bien iconoclaste lors de sa création et durant les premières années face à ce qui se faisait à l'époque.

Quant aux stagiaires étudiants, contrairement à beaucoup d'autres, je n'accepte pas de prendre de stagiaires bénévoles et gratuits, bien que je n'en manquerais pas. La liste d'attente est longue. Je ne veux pas entrer dans cette mode qui me paraît un nouvel esclavagisme pour les jeunes. Je me souviens trop bien de l'époque de mes stages dans les restaurants. Chez moi, les stagiaires reçoivent en moyenne 534 euros par mois.

Deux personnalités à part

Thierry Brouard, un comédien formidable qui monte des spectacles de théâtre notamment pour les enfants, est venu me trouver, il y a douze ans. Il avait très envie de publier une sélection des meilleures adresses d'auberges et de chambres d'hôtes.

J'ai tout de suite été enthousiasmé à propos de cette idée. À l'époque, au milieu des années quatre-vingt-dix, nombre de Français redécouvraient le terroir. C'était une suite logique des guides régionaux et du guide *Hôtels et restaurants de France*. De plus, sa personnalité m'intéressait. Je fonctionne à l'intuition, aux coups de cœur, aussi bien pour les idées que pour les gens qui les portent. Sa double culture me plaisait, il avait la sensibilité du comédien et la rigueur du salarié des Gîtes de France. L'idée consistait à procéder à une sélection originale mais très rigoureuse de plusieurs centaines d'adresses. Les deux guides (*Nos meilleures chambres d'hôtes* et *Nos meilleures fermes auberges*) sont des best-sellers.

Une autre idée, plus récente, m'a été suggérée par un copain de l'île de Ré. Jean-Pierre Bordin tient un restaurant dans l'île. Son père était épicier à Saint-Martin-de-Ré, son frère y a créé la meilleure poissonnerie. Jean-Pierre est un vieux Rétais comme je les aime, passionné et réservé à la fois, plein d'humour et de distance. Dès qu'il a fini la saison, fermé son restaurant, il part avec sa femme Catherine à la recherche de grandes tables, d'idées de recettes, d'assemblages, de saveurs nouvelles. C'est un fou de cuisine, ce qui est plutôt mieux quand on tient un restaurant ; ce n'est pas toujours le cas, malheureusement.

Depuis des années, Bordin fait le tour de France des belles tables – je ne dis pas forcément des grandes tables –, de manière régulière, dans la tradition du compagnonnage. Il a constaté, ces dernières années, que l'inflation des prix lui interdisait désormais les restaurants étoilés. C'est là qu'il a eu l'idée de s'intéresser aux annexes des grands chefs où l'on mange une cuisine aussi inventive, mais avec une carte et un service nettement plus resserrés, avec moins de falbalas.

Un jour, à l'heure de l'apéro, il m'a parlé de cette tendance, pour les amateurs de grande cuisine, qui n'ont pas un pouvoir d'achat illimité. C'est l'origine du guide des *Petits Restos des grands chefs*. La clientèle du Routard s'est élargie. Certains de nos anciens lecteurs sont devenus cadres ou professeurs. Ils aiment les adresses originales, la qualité moins chère, l'originalité de plats formidables, de saveurs étonnantes, sans pour autant dépenser toutes leurs économies. Le guide *Petits restos des grands chefs*, depuis deux années, fonctionne très bien.

La haine du succès

Ces derniers temps, deux ou trois articles ont tenté d'égratigner le Routard. L'un d'entre eux me faisait passer pour un véritable esclavagiste. Je dois dire que je n'ai pas tellement apprécié ; tous ceux qui travaillent avec moi non plus.

Je m'attendais à ce que le succès entraîne des jalousies et puis, depuis quelques années, tout ce qui a touché de près ou de loin à la génération 68 est l'objet d'une chasse impitoyable. Comme si ceux qui, il y a presque quatre décennies, ont voulu changer la vie et la société portaient la responsabilité de tous les maux de la France actuelle. C'est absurde, mais c'est très à la mode. Il faut dire que nous vivons dans une société de plus en plus marquée par les peurs, la déprime, le besoin de sécurité, ce que je peux comprendre. Mais la génération qui s'est battue pour l'extension de ses libertés n'a pas vocation à devenir le bouc émissaire de tous ceux qui aspirent à la restriction des leurs.

Je pouvais m'attendre à des attaques. Je sais que nous vivons dans une civilisation judéo-chrétienne, plus précisément catholique qui, à l'inverse des pays protestants, supporte mal le succès. Un bon catholique, autrefois, ne travaillait pas mais vivait de ses terres et de ses rentes. Ce n'est pas mon cas, même si mes parents étaient des cathos pratiquants. Je n'ai pas à me cacher, mais je n'ai pas non plus à subir les critiques uniquement pour cause de succès. J'ai pris plus de risques que mes détracteurs. Je fais vivre plus de gens. En trente ans, beaucoup de collections ont voulu concurrencer le Routard. Tant mieux : les nouveaux venus nous incitent à nous renouveler. Bien peu ont perduré. Ils ont été moins tenaces que moi. Le Breton a le cuir épais.

Si certaines critiques étaient exactes, jamais personne ne serait resté avec moi si longtemps. Quand je pense à la vie quotidienne plus que débordante du Routard, je sais que nous sommes loin des méthodes « rouleau compresseur » qui redeviennent aujourd'hui d'actualité, exactement comme avant 1968.

L'ambiance au Routard est familiale, avec une réelle entraide. Le retard de l'un est vite pris en charge par un autre... sans d'ailleurs que je le sache. Je suis fier de cette solidarité entre chaque membre.

Je suis heureux de tout cela. Bien sûr, le Routard a évolué depuis le moment où l'ensemble des informations était tapé sur une vieille machine à écrire. Encore heureux, sinon nous n'existerions plus ! Mais bien des principes que nous nous appliquons toujours me font dire que nous ne sommes pas si loin de mes rêves d'il y a trente ans.

Je crois sincèrement que nous avons plutôt bien vieilli et cela me remplit de joie, tout autant que les chiffres de vente du Guide... qui ne baissent pas, malgré la profusion des collections nouvelles. Mille excuses à mes concurrents et néanmoins amis.

Chapitre XV

L'AFFAIRE HOUELLEBECQ

« Des connards humanitaires protestants »

Durant l'été 2001, avant sa publication, j'ai reçu les épreuves du roman de Michel Houellebecq, *Plateforme*, qui devait sortir en septembre. Une personne, scandalisée par certains passages du livre, me les avait expédiés, mais ce n'était pas vraiment un scoop, l'ouvrage circulait déjà chez les journalistes.

Au début, je n'y ai pas prêté une grande attention. J'avais bien remarqué quelques passages peu amènes sur le Guide du Routard : « des connards humanitaires protestants », « la chouette bande de copains [...] dont les sales gueules s'étalent complaisamment en quatrième de couverture ». Le délit de faciès : une invention bien franchouillarde... Je ne voyais pas ce que le romancier avait contre les protestants et les humanitaires, je me demandais si ce n'était pas une provocation contre son éditeur d'alors. En effet, la famille Flammarion, qui a fondé la maison mais n'en est plus propriétaire aujourd'hui, est d'origine protestante.

Mais je ne me suis pas attardé outre mesure sur cette histoire ; mon métier n'est pas critique de livres, j'avais bien d'autres choses à faire. Après tout, nous avons de la chance de vivre dans un pays où règne la liberté de la presse. Que ce monsieur s'amuse à nous égratigner, c'était son droit. Je ne le connaissais pas personnellement, j'ai appris depuis qu'il haïssait tout ce qui touche de près ou de loin à Mai 1968. Ça le regarde. De ce point de vue, il manque d'originalité, c'est devenu un loisir, chez les intellectuels qui veulent faire parler d'eux, de remettre en cause tout ce qui vient de ces années-là.

Qu'il nous traite de « connards humanitaires protestants », c'était tellement ridicule que cela ne valait que notre silence pour toute réponse. Il ne serait pas dit que nous qui manions l'humour et parfois la critique en manquerions à notre tour.

Au passage, la critique sur l'étalement en quatrième de couverture des « sales gueules » des collaborateurs du Routard m'a fait sourire. On m'accuse parfois de tirer la couverture à moi, de concentrer toute la lumière sur ma personne, cette photo collective, que j'ai voulue et qui existe depuis les débuts du Guide, est bien la preuve que cette accusation est absurde.

Vive le tourisme sexuel ?

Début août, alerté par quelques amis du milieu littéraire qui connaissait Michel Houellebecq et sa capacité à la provocation lucrative, son sens aiguisé de la promotion consistant à dire à peu près n'importe quoi afin d'attirer les regards, j'ai considéré le roman d'un peu plus près. *Plateforme* raconte la dérive d'un cadre moyen, Michel, qui finit par se retrouver en Thaïlande où il se plaît à fréquenter les jeunes prostituées de Patpong, Pattaya ou Phuket. Là, l'attaque contre le Guide du Routard se double d'un développement autrement scandaleux : « S'il se proposait dans son principe de préparer au voyage en Thaïlande, le Guide du Routard émettait en pratique les plus vives réserves, et se sentait obligé dès sa préface de dénoncer le tourisme sexuel, cet *esclavage odieux*. En somme, ces routards étaient des *grincheux*, dont l'unique objectif était de gâcher jusqu'à la dernière petite joie des touristes, qu'ils haïssaient. »

Gâcher la vie des amateurs de prostitués, filles et garçons, oui, je dois l'avouer, si ce n'est notre « unique objectif », il est clair que cela fait partie des convictions du Guide du Routard et même d'une mission dont nous nous honorons. Ainsi, Houellebecq, provocateur, s'avérait un défenseur de la prostitution en Asie. Dans son roman, le personnage, ce Michel, finit par jeter son Guide du Routard en concluant : « Je compris à quel point le tourisme sexuel était l'avenir du monde. »

Bien sûr, c'est une fiction, et le romancier, par définition, est libre de son imagination, de ses dialogues, de ses personnages ; il n'y a que les dictatures pour vouloir brider l'art du roman, comme Milan Kundera nous l'a lumineusement démontré. Mais malgré tout, je ne pouvais laisser passer, c'était une question trop grave. Non, je ne pense pas que le tourisme sexuel soit l'avenir du monde, je crois plutôt que c'est le signe d'une décadence. Je n'avais pas envie de me taire.

Fantasmes de vieux macho pervers

Ma première réaction, le 12 août, est parue dans le *Journal du dimanche*.

« Le Guide du Routard est fier d'être contre la prostitution en Thaïlande ! Il y a un côté faux cul, pervers et dangereux à dédramatiser un sujet aussi grave, sous couvert d'exotisme et sous prétexte de créer un scandale visant à vendre du papier. Ce n'est pas parce qu'elles vivent à l'autre bout du monde que ces filles ne souffrent pas. »

Et je rappelais les ravages de la prostitution en Asie, ces salons de massage qui s'apparentent à des « marchés aux esclaves » où les filles portent des badges numérotés. Et si elles n'affichent pas leur âge, il est souvent impossible de faire la différence entre une mineure et une majeure. Et j'ajoutais cette phrase lourde d'accusations, mais dont j'avais parfaitement mesuré la portée : « Faire le panégyrique de cette prostitution est très proche de la pédophilie. »

Une semaine plus tard, alors que la polémique avait commencé, j'attaquais à nouveau, à l'occasion d'une interview dans *Marianne*. J'expliquais que les prostituées, en Thaïlande par exemple, n'exercent pas leur métier par choix mais parce qu'elles y sont contraintes, parce qu'elles ont été vendues, souvent par des familles misérables, à des proxénètes. « Prostituée », en thaï, se dit *phoung ha kin*, ce qui signifie « celle qui cherche à manger ».

Ce sont des prisonnières, pas des geishas, pas des call-girls de luxe, pas des Julia Roberts tombant amoureuse de Richard Gere dans un conte de fées hollywoodien. Elles ne recouvrent souvent leur liberté qu'après avoir été atteintes par le sida. Avec le gain de leur travail, elles font construire des maisons avec des toits en tôle. C'est un signe de richesse, dans leur village d'origine. J'ai visité ces villages du nord de la Thaïlande, la partie ultra-pauvre du pays d'où beaucoup de prostituées sont originaires. On y voit nombre de maisons inachevées : cela signifie tout simplement que les filles sont mortes du sida avant d'avoir pu faire terminer la maison destinée à leurs parents.

Dès 1986, dans le Guide du Routard, nous avons été les premiers à alerter nos lecteurs sur l'épidémie de sida dans les salons de massage. Notre article de deux pages contre la prostitution, tout autant que celui sur les droits de l'homme, ont fait hurler les représentants de la Thaïlande, et c'est tant mieux. Conclusion de mon interview à *Marianne* : « Libre à Michel Houellebecq d'aller voir les putes rue Saint-Denis à condition que celles-ci exercent par choix et qu'elles ne soient pas sous la coupe de proxénètes. »

Le corps n'est pas à vendre

Michel Houellebecq décrit un paradis pour vieux machos pervers sur le retour qui, afin de se donner bonne conscience et de mieux assouvir leurs fantasmes, aiment croire qu'ils rendent service à des filles qui, sans eux, seraient restées dans la misère.

Je connais bien l'Asie, je sais très bien que les affirmations de Houellebecq sont fausses, complètement fausses. Je sais très bien que les salons de massage, c'est la Louisiane avant l'abolition de l'esclavage. La colère me reprend en écrivant ces lignes, quatre ans après les faits.

Si la modernité de certains hommes, c'est de se déculpabiliser quand ils vont baiser des enfants en Asie, je dois dire que je trouve ça parfaitement répugnant. Mais c'est vieux comme le monde, ce sentiment du client qui fait le bien de sa protégée. C'est l'affreuse supériorité de l'homme occidental. Une vaste connerie !

Et je ne comprends pas qu'on puisse attaquer une génération qui a tenté de clarifier ses rapports avec les femmes, qui s'est battue pour l'égalité, sauf à vouloir revenir aux pratiques antérieures, ce qui s'appelle, ni plus ni moins, être réactionnaire.

Je suis désolé, mais je pense, comme beaucoup, que le corps humain n'est pas un objet à vendre. Point final. Tous les relativismes pseudo-culturels n'y feront rien. Il me paraît que c'est une vérité absolue en tous temps, en tous lieux. Non, le tourisme sexuel n'est l'avenir de personne, ni des femmes ni des hommes. C'est un avilissement.

Sur ce point, je n'ai jamais changé. Lors de mon premier voyage à Istanbul, en stop, je n'avais pas dix-huit ans, j'avais été tellement écœuré par le quartier de Galata, où les prostituées étaient exposées comme dans des étals de boucherie ! J'ai retrouvé mon carnet de l'époque : « C'est une zone de trois ou quatre ruelles dégueulasses, entourée de murs. Un flic surveille l'entrée unique, et interdit l'entrée aux femmes. On voit les filles (en slip) dans les bordels. C'est horrible. Nous sommes plus dégoûtés les uns que les autres. »

Un drôle de traducteur

En 2001, au moment de la polémique sur le livre de Houellebecq, j'ai tenu sous silence deux histoires que j'ai vécues en Thaïlande et au Cambodge. J'ai décidé de les raconter maintenant. Elles prouvent que la prostitution libre, organisée, est une aberration. Elles prouvent que la pédophilie est une réalité très répandue. Elles prouvent que le tourisme sexuel est une saloperie sans nom.

Un jour, au milieu des années quatre-vingt, j'ai été contacté par un commandant de gendarmerie qui travaillait à l'ambassade de France, à Bangkok, sur les trafics de drogue. Il m'a raconté une histoire incroyable. Un couple d'Allemands avait recruté, par petite annonce, une jeune infirmière française afin de s'occuper de leur bébé. Au bout d'un certain temps, le couple, l'enfant et la nurse se sont présentés à l'aéroport de Bangkok. Ils étaient en partance pour Paris. La douane a procédé à une fouille minutieuse, retrouvé deux kilos d'héroïne cachés dans la couche du bébé.

Tout le monde a été arrêté, mais les deux trafiquants allemands ont payé une caution afin d'échapper à la prison. On ne les a plus jamais revus. Le bébé, qui n'était pas l'enfant du couple mais avait été loué, a été placé dans un orphelinat. Il ne restait plus en prison que l'infirmière française, qui n'était au courant de rien. Mais la police locale avait décidé d'en faire un bouc émissaire. Pour rien au monde, elle ne lâcherait son seul « coupable ».

Au procès, un Français d'origine bretonne a été recruté pour servir de traducteur. Il a marché dans la combine de la justice et de la police, n'a pas traduit correctement les protestations d'innocence de la jeune Française qui a été condamnée avant que la gendarmerie française n'intercède pour la faire libérer.

En tout cas, il était clair que ce Breton était un drôle d'oiseau, de mèche avec des Thaïlandais pas très reluisants. Il se trouve qu'il était propriétaire d'un hôtel, à Chiang-Mai, qui faisait l'objet, depuis plusieurs années, d'une critique favorable dans le Routard. Sur la base des informations du gendarme, j'ai décidé de retirer aussitôt l'article sur son hôtel. J'ai même téléphoné à mon concurrent préféré, parce que le plus crédible, Lonely Planet, afin de les avertir de la situation. Ils l'ont également retiré de leur guide. Ce fut le début de notre amitié avec Lonely.

« Tu es mon invité »

Trois ans plus tard, juste avant ma maladie, je me rends en Thaïlande, à Chiang-Mai avec mon copain René Beaudoin. Je ne sais toujours pas par quel hasard extraordinaire, le Breton, hôtelier et traducteur occasionnel, nous attendait à l'aéroport. J'ai vite pensé qu'il avait, pour connaître le jour et l'heure de mon arrivée, des contacts plus que privilégiés dans la police locale. Cela faisait peut-être même un moment qu'il m'attendait. Trois ans après qu'on ait retiré son hôtel du Routard, ses intentions ne devaient pas être entièrement pacifiques.

Il m'a aussitôt pris à part, d'un ton très vindicatif, se plaignant de l'énorme manque à gagner depuis que le Routard ne le citait plus.

« Philippe, tu es breton. Je n'ai rien contre toi. Et je vais te le prouver. »

L'hôtelier nous a demandé de le suivre, il avait quelque chose d'intéressant à nous montrer.

Quand j'y repense, nous étions très inconscients, avec Beaudoin. Nous avons posé nos affaires à l'hôtel, récupéré les motos que nous avions louées et nous avons suivi notre homme, la nuit, en dehors de la ville. Nous nous sommes garés devant une maison totalement isolée. C'était une sorte de bar tenu par une Thaïlandaise. La devanture était éclairée par des néons blafards. Nous avons commandé trois bières. J'attendais des explications, mais le Breton ne disait rien, il nous adressait seulement des signes mystérieux de connivence pour nous faire comprendre qu'il fallait patienter, que nous aurions bientôt droit à une belle surprise.

Je me demandais ce qui nous attendait : une révélation sur l'affaire du couple d'Allemands ? La certitude que l'infirmière française était complice ?

Il y avait dans ce bar, à gauche du comptoir, un escalier. À un moment, des gamines ont commencé à descendre cet escalier. Les unes après les autres. Dans des poses lascives et aguicheuses. Toutes portaient des minijupes et des petits hauts. Elles étaient une quinzaine au total qui sont venus s'aligner devant nous, offertes. Elles devaient avoir de douze à quinze ans.

« Tu es mon invité, m'a dit alors le Breton. Tu choisis celle que tu veux. Et ton ami aussi. »

Je me souviens parfaitement du sentiment qui m'a submergé : j'étais complètement interloqué. Abasourdi, bouche bée, paralysé. Je n'arrivais pas à prononcer une seule parole tellement j'étais stupéfait. J'insiste parce que c'est un des grands moments de stupeur de ma vie.

À un moment, René Beaudoin s'est mis à courir vers l'extérieur du bar. Je suis allé le rejoindre : il était en train de vomir au pied d'un arbre. Je n'avais jamais vu mon ami René dans un tel état et pourtant, c'était un dur à cuire. Et Dieu sait qu'en voyage, tous les deux, nous en avons affronté, des galères. René croyait avoir tout vu, tout connu. Eh bien non. Et moi non plus.

Dès que René a pu se redresser, nous avons repris nos motos au plus vite. Ce n'était pas la peur qui nous faisait fuir, c'était l'horreur. Qu'on ait pu seulement nous proposer ces fillettes nous a salis. Nous nous sommes enfuis parce que nous étions humiliés.

J'ai mis longtemps à oublier cette histoire. Elle m'est revenue à l'été 2001, lors de la polémique avec Houellebecq. Quand j'y repense, c'est fou : si ce Breton, sans même chercher à me connaître ne serait-ce qu'un peu, sans chercher à sympathiser, à passer quelques heures à boire des coups pour mieux me sonder, a voulu nous offrir des gamines dès le premier soir, à la première heure, cela signifie tout simplement que c'est une pratique terriblement commune et banale. Le Breton a peut-être même été surpris par notre réaction. Cela signifie que des milliers d'Occidentaux, bien plus qu'on ne le croit, viennent consommer là filles et garçons sans que personne ne s'en émeuve. Depuis, la Thaïlande a compris que, pour son image, il fallait d'urgence chasser ce genre de pratique. Les pédophiles se sont donc déplacés dans des pays voisins moins regardants.

Voilà pourquoi j'ai réagi aussi vivement au livre de Houellebecq. Je sais ce qui se cache derrière la complaisance à l'égard du sexe en Asie.

Le karaoké de la honte

En 1995, dans un avion entre Angkor et Phnom Penh, j'ai rencontré le président français de l'association Agir pour le Cambodge. Nous avons très vite sympathisé et, le soir même, je l'ai invité à dîner avec sa femme. Jean-Félix était avocat, il avait pris un congé sabbatique de deux ans pour s'occuper sur place de cette association et rejoindre sa femme, Marie, qui gérait un orphelinat de l'association à Phnom Penh depuis un moment déjà. Ils m'ont expliqué, en peu de mots, les motifs de leur compassion, leurs raisons de militer pour les enfants du Cambodge.

Le soir, je leur ai laissé le choix du restaurant. Nous avons pris une voiture, le restaurant qu'ils avaient choisi était assez éloigné du centre de la ville. Nous avons franchi le pont japonais et nous avons fini par nous arrêter devant un vaste bâtiment, le long du Mékong. Il y avait une dizaine de bus sur un parking. Cela ressemblait à une adresse attrape-gogos pour touristes, sauf qu'à l'intérieur il n'y avait que des Asiatiques.

Le repas s'est révélé très mauvais. Je n'osais dire ma déception mais Jean-Félix n'a pas eu de mal à la deviner. Alors, dans une phrase dont je ne saisirais qu'après coup l'humour noir, il m'a dit :

« Dans ce restaurant, ce qui compte, c'est surtout le dessert. »

Je ne comprenais pas très bien où nous étions. Il faisait assez sombre. La salle était bondée, ce qui me paraissait curieux vu le caractère très excentré du lieu. Il n'y avait pratiquement que des hommes, tous plutôt âgés, plusieurs centaines au total.

À la fin du repas, au moment du dessert comme avait dit Jean-Félix, deux gamines ont rejoint un animateur sur une estrade. Je croyais qu'elles participeraient à un karaoké. Les jeunes filles avaient douze ans tout au plus, mais, comme souvent en Asie, on aurait aussi bien cru qu'elles en avaient neuf. Elles portaient des jupettes plissées de collégiennes, des socquettes blanches et des souliers vernis.

Je commençais à perdre patience. Un repas dégueu, et maintenant, un karaoké. L'animateur hurlait dans son micro, la sono nous cassait les oreilles. Je ne comprenais rien, et je commençais même à douter du bon goût de mes amis français.

À un moment, alors que la musique battait son plein, à mesure que les mâles de la salle s'excitaient de plus en plus, Jean-Félix s'est penché vers moi.

« Ce soir, ça coûte 600 francs. »

Jean-Félix ne souriait plus du tout.

J'ai fini par comprendre que les hommes, ici présents, étaient là pour acheter des enfants des rizières, ces régions pauvres situées le long du Mékong, les plus pauvres du pays. Les filles vierges étaient vendues par leurs parents.

Jean-Félix et Marie voulaient montrer au Guide du Routard l'asservissement sexuel dans ce pays. Nous étions servis ! Les deux enfants ont terminé leur soirée, et j'imagine une partie de leur jeunesse, avec deux Chinois de Taïwan qui dépassaient tous deux les cent kilos. Vendues, achetées, peut-être revendues ensuite à je ne sais quelle mafia.

« Et maintenant, on va aux putes ! »

Nous avons fini par quitter la table. Sans un mot. J'avais beau avoir déjà vécu l'épisode du Breton, j'étais sonné. Je pense, tout simplement, qu'on ne s'habitue pas à ce genre de scène. Près de la voiture, Jean-Félix a dit :

« Et maintenant, pour se remettre, si on allait aux putes ? »

Je l'ai regardé bizarrement. J'étais complètement déboussolé. En fait, nous sommes allés retrouver trois prostituées sur leur lieu de travail. Quand elles ont vu Jean-Félix et sa femme, Marie, elles se sont accrochées à leur cou, en les embrassant. Il faut préciser qu'elles portaient des Bikini et des nuisettes transparentes. En fait, l'association Agir pour le Cambodge s'occupait de ces trois filles, prostituées majeures, dont j'ai appris par la suite qu'elles étaient malades du sida. Grâce à Jean-Félix et Marie, elles bénéficiaient des trithérapies.

L'école hôtelière de Salabai

Quelques mois après notre rencontre à Angkor, Jean-Félix et Marie m'ont sollicité pour devenir administrateur de l'association. Je le suis toujours. L'association gère un orphelinat à Phnom Penh que dirigeait Marie en 1995 et une école hôtelière à Salabai dont je m'occupe le plus possible, avec d'autres bénévoles. Parce qu'il ne suffit pas de nourrir les enfants, de tenter de les sortir de la prostitution, il faut leur donner aussi les moyens de devenir autonomes, leur permettre de faire des études et de trouver un emploi, sinon le trottoir reste, pour eux, la seule perspective plus ou moins lointaine. L'école hôtelière est la suite logique, le complément de l'orphelinat.

Nous accueillons cent gamins de quatorze à vingt ans. On leur apprend tous les métiers de l'hôtellerie, la cuisine, l'accueil, le service en salle et en chambres. Ma plus grande fierté : en troisième année, tous les élèves ont trouvé un travail. Je suis le parrain de cette promotion. L'école a ouvert un restaurant de bonne tenue qui permet de subventionner, en partie, les études des cent élèves. Et nous avons publié, aux éditions Philippe Picquier, un livre sur la cuisine du Cambodge par les apprentis de Salabai. Les gains de ce livre servent à l'école hôtelière.

À chaque fois que je vais à Salabai, j'en apprends plus sur la nature humaine. Au Cambodge, le salaire moyen est de 10 dollars par mois. Les élèves, à la sortie de l'école, touchent en moyenne 50 dollars, mais il ne faut pas oublier qu'une prostituée peut espérer gagner 200 dollars par mois. C'est donc un véritable combat pour refuser la prostitution, un combat contre l'enrôlement de force, la violence des proxénètes, mais aussi contre la pression des parents et pourquoi pas la tentation de tout résoudre avec l'argent des proxénètes. C'est une école de résistance : je me souviens du beau visage d'une jeune cuisinière du Victoria Hôtel, à Angkor, qui sortait de cette école. Elle pouvait faire vivre, avec son salaire, douze personnes de sa famille.

Le combat de Jean-Félix et Marie

L'association Agir pour le Cambodge a débuté avec la découverte des camps des Khmers rouges. Quelques jeunes Parisiens ont décidé d'aider ceux qui avaient survécu miraculeusement à la barbarie de Pol Pot. Ils sont allés sur place. Un contrat des Khmers rouges a d'ailleurs été lancé contre l'un des présidents de l'association. Après les adultes, Agir pour le Cambodge s'est occupée des enfants, des orphelins, des jeunes exploités, des prostitués.

La première fois que j'ai participé aux réunions de l'association, j'ai compris qu'Agir pour le Cambodge ne pourrait jamais être soupçonnée du moindre détournement d'argent. C'était mon obsession. Tous ceux qui la dirigent sont des gens aux situations bien installées, aux moyens confortables. Leur gestion est d'une grande rigueur, contrôlée par plusieurs audits.

Je dois remercier Jean-Félix et Marie de m'avoir permis de rejoindre ce combat. J'adore Jean-Félix et sa manière de tout dédramatiser grâce à un humour parfaitement british. Mais j'ai appris que ses choix n'étaient pas dépourvus de risques. Quand ils étaient au Cambodge, avec Marie, ils ont subi de nombreuses menaces, des attaques des proxénètes et des Triades chinoises. J'admire profondément le sacerdoce de leur vie. À un moment, ils ont voulu revenir en France, et lui retrouver son métier d'avocat, mais nos petites réalités françaises leur ont paru dérisoires à côté de tout ce qu'ils avaient vécu au Cambodge. Ils se sont à nouveau engagés dans un combat humanitaire, au Soudan cette fois.

L'utopie nécessaire

Je repense aux romans de Michel Houellebecq. Il y raconte une réalité médiocre, moche, vile, désenchantée. C'est censé symboliser, je suppose, la déchéance de nos sociétés occidentales. Je ne dis pas que cela n'existe pas. Mais je sais qu'il existe aussi des gens, et parfois à des postes de responsabilité élevée, qui ont des buts nobles dans la vie, des utopies, des convictions, une conscience. Cela peut paraître naïf, mais c'est ce que je pense. C'est ce que je vois à Agir pour le Cambodge. C'est ce que je vois aussi dans les Maisons des Parents, qui permettent aux enfants hospitalisés au long cours, aux petits leucémiques, aux petits cancéreux, de ne plus se laisser mourir de désespoir faute de l'affection de leurs parents. Je vois des gens formidables dont on ne parle jamais.

En Thaïlande, au Cambodge, j'ai vécu deux des expériences les plus déprimantes de mon existence. C'est pourquoi j'ai si vivement réagi au livre de Michel Houellebecq. Si certains ont cru que je cherchais à me faire un peu de pub avec cette polémique, ils se sont lourdement trompés. Personnellement, si je pouvais redevenir anonyme, je ne m'en porterais que mieux.

Non, j'ai vécu cette période à fleur de peau. Il m'aurait fallu un peu de l'humour de Jean-Félix, cet humour des situations désespérées que je ne sais pas pratiquer. Je l'ai vécue sans recul, très déprimé, ce qui n'est pas mon genre. La bienveillance dont un certain milieu littéraire a entouré son petit génie, dans la perspective unique de cette course aux prix tellement malsaine, tous ceux qui ont expliqué qu'il fallait comprendre le deuxième degré, la subtilité d'un grand auteur, tout cela m'a écœuré. J'ai souffert pendant ces semaines, et j'ai beaucoup pensé aux petits Cambodgiens de l'école hôtelière.

Épilogue

LE GOÛT DES AUTRES

La méprise de la librairie Magnard

Ceci se passait il y a quelques années. Passant par le Quartier latin en scooter, je remarque que, à Odéon, la vitrine de la librairie Magnard est tout entière consacrée au Guide du Routard. Je m'arrête, je retire mon casque, j'entre et je demande le directeur. Je veux le remercier. On me conduit au sous-sol : je m'avance vers l'homme assez jeune qui dirige la librairie Magnard, et j'entame mon laïus, qui est tout sauf feint, puisque je considère que les libraires sont mes principaux alliés. « C'est grâce à vous que le Guide du Routard existe. » Je le pense vraiment.

L'homme m'observe, intrigué. Il m'écoute, sans m'interrompre. Je remarque qu'il me dévisage d'un air surpris. Je finis par lui demander s'il n'y a pas un problème :

« Non. Seulement... voilà, on se connaît. Je suis Franck. Il y a quelques mois, je travaillais à la Fnac de Rennes. Vous êtes venu me saluer, on avait parlé un bon moment.

– Écoutez, je suis confus. J'ai beaucoup de mal à reconnaître les visages et je ne retiens ni les noms ni les prénoms. »

C'est mon problème. Certaines personnes considèrent peut-être que je suis snob, que je veux éviter la compagnie d'importuns ou je ne sais quoi. Non, simplement, je n'ai pas ce genre de mémoire. Cela me cause parfois des ennuis.

J'ai continué à parler avec Franck, j'ai fini par me souvenir de cette rencontre à Rennes. Le libraire m'a rappelé qu'on se tutoyait, nous sommes allés boire un café et je lui ai réitéré mes excuses qu'il a acceptées bien volontiers.

Bis repetita

Trois jours plus tard, je suis en déplacement à Toulouse pour la sortie du guide *Midi-Pyrénées*. Je dispose d'un petit moment entre une conférence de presse et un déjeuner avec la responsable de la rubrique « Tourisme » du journal local, *La Dépêche du Midi*. Je me balade au milieu des allées de la librairie Privat. J'aime discuter avec les libraires, je le fais de temps en temps. Je m'avance, j'ai en face de moi un homme assez jeune. Je me présente et j'entame la conversation. J'observe qu'une gêne s'installe. Il y a un blanc, le libraire me regarde avec une insistance qui devient embarrassante.

« Il y a un problème ? Vous avez eu un souci avec le guide, peut-être. Vous n'aimez pas ce que nous faisons ? Vous pouvez me dire ce qui ne va pas, je suis là pour ça. »

Le directeur de la librairie a l'air tellement gêné, je me sens plutôt mal.

« Tu ne me reconnais pas ? » me demande-t-il.

Pourquoi me tutoie-t-il ?

« Non, pardon.

– On s'est rencontrés il y a trois jours à Paris. Je suis Franck.

– Merde ! »

Je crois que je suis devenu rouge pivoine. J'ai éclaté de rire.

« J'ai honte ! »

Franck avait été nommé à la tête de la librairie Privat quelque temps auparavant. Il avait quitté Magnard et rejoint Toulouse dans l'intervalle de mes deux visites. Le hasard était plutôt incroyable, tout autant que ma distraction ! Pour me faire pardonner, j'ai invité Franck à déjeuner. Cette histoire confirme que Gloaguen est un incroyable distrait.

Je ne retiens ni les noms ni les visages, et pourtant je sais ce que je dois à des gens comme Franck. Les libraires et les représentants sont les principaux ambassadeurs du Routard et je leur consacre le plus de temps possible. Leurs conseils ou critiques m'ont toujours été profitables ; leurs compliments me sont toujours allés droit au cœur.

Je me souviens comme si c'était hier de cette première émotion, en 1973, quand j'ai aperçu une pile du premier Routard publié chez Gedalge, exposée à l'entrée de chez Gibert Joseph. Aujourd'hui, c'est pareil. Être choisi parmi 8 000 références me rend toujours aussi fier. C'est ma joie, bien plus par exemple que d'être reconnu dans la rue.

La notoriété, je m'en passerais volontiers. Si je pouvais changer quelque chose à mon existence, si je devais recommencer à zéro, la seule chose que j'aimerais modifier, c'est cela. J'aimerais avoir la même vie, tout en restant anonyme. Si un miracle me permettait cette métamorphose, je signerais tout de suite. Quand je peux éviter une émission de télé ou de radio, je le fais aussitôt. Quelques-uns de mes rédacteurs sont excellents pour cet exercice qui, il faut le reconnaître, est très utile pour la promotion des livres.

Le seul plaisir que j'éprouve encore lors de ce genre de prestation, c'est la montée d'adrénaline quand l'émission est en direct, encore plus quand il s'agit de répondre aux questions d'auditeurs. Pour le reste, je ne vois que des désagréments.

Il y a pire : lors de rencontres, de déjeuners ou de dîners, quand il y a des personnes que je ne connais pas, je suis souvent frustré. Je suis curieux de nature, j'aime les gens, j'adore qu'ils me racontent ce qu'ils font, ce qu'ils sont. Au lieu de ça, sous prétexte que je suis passé trois fois à la télé, ils s'effacent pour m'interroger sur le Routard, les voyages, les secrets de la réussite. Combien de fois ai-je rencontré des gens exceptionnels, au parcours bien plus extraordinaire que le mien, exerçant des métiers fascinants, rares, étonnants ! J'aurais aimé passer la soirée à les écouter, mais, à chaque fois, quelqu'un remettait le Routard sur la table.

Je me souviens par exemple d'un dîner où était invité un fabricant de fabuleux bateaux, les Tofinou, des voiliers entièrement faits main, absolument magnifiques. Je voulais le faire parler, qu'il me raconte. Peine perdue. Tout le monde a toujours des questions à me poser. On me réclame des adresses, des conseils, des plans de voyage. Je ne suis pas le seul, c'est le lot des médecins et des avocats d'être constamment en consultation.

En tout cas, je préfère écouter que parler de moi ; je préfère apprendre que répéter ; je préfère découvrir plutôt que radoter. La notoriété a été nécessaire au début du Routard. Aujourd'hui, j'essaie de me placer le plus possible en retrait.

Ce que je dois aux libraires et à mes représentants

Quand j'ai un rendez-vous dans Paris hors de mon bureau, je le donne très souvent dans une librairie ou bien à proximité. Cela me permet, en attendant la personne, de feuilleter des ouvrages, de lire le début de certains romans ou les quatrièmes de couverture, de feuilleter des beaux livres, de me tenir au courant de ce qui sort.

J'ai une vraie passion pour les librairies, je me sens chez moi au milieu de ces milliers de pages imprimées, de ces couvertures cartonnées ou souples. J'adore les libraires, leur passion pour la lecture, leur façon de conseiller, tenant compte de la personnalité de leur lecteur. J'aime observer à la dérobée ces scènes : en quelques instants, en quelques questions, le libraire sait à qui il a affaire et quel livre est susceptible de plaire à son acheteur.

Eux aussi sont des passeurs, leurs conseils sont précieux, parce que lire un livre, contrairement à ce que certains croient, peut être d'une absolue nécessité. Je connais des gens qui ont changé de vie grâce aux livres.

L'édition se porterait mieux si on écoutait plus les remarques, les sentiments, les intuitions des libraires. Ce sont eux qui sont les plus proches du public ; ce sont eux qui connaissent le mieux les lecteurs qui plébiscitent un livre.

Un libraire sait mieux que personne le prix de vente idéal d'un livre, au moins la fourchette dans laquelle il faut absolument se situer si l'on veut avoir une chance de trouver ses lecteurs. Un libraire sait les titres manquants dans une collection, les points faibles et les points forts, ce qu'il faudrait absolument développer, ce qui est superflu.

Eux et les représentants sont mes plus fidèles alliés. Les uns et les autres m'ont toujours soutenu, ils ne comptent pas leur appui et leurs conseils.

Ce sont plusieurs libraires qui m'ont signalé que je devais créer des guides sur les capitales européennes desservies par des compagnies *low cost* comme Prague ou Barcelone.

Idem pour les représentants. En 1998, nous avons publié un guide *Banlieues de Paris*. Le livre avait bien des qualités. Reprenant l'esprit du guide *Paris*, il explorait des sentiers peu connus, faisait découvrir des surprises culturelles et culinaires loin des clichés des banlieues poudrières ou des cités-dortoirs. Nous proposions des promenades insolites, des adresses formidables. Six personnes avaient travaillé d'arrache-pied, pendant cinq mois, pour sillonner quatre-vingt-dix communes. Le succès était là, sans plus. C'était même très mollasson. Nous étions déçus, l'équipe avait mis tellement d'énergie et d'enthousiasme dans l'entreprise. Il aura suffi qu'une représentante, Geneviève, me suggère de changer le nom, de transformer le guide *Banlieues* en guide *Île-de-France* pour que les ventes grimpent quasi automatiquement.

Un autre représentant m'a conseillé, à profit, de transformer le guide *Val de Loire*, appellation peu précise, en *Châteaux de la Loire*. C'est devenu un best-seller !

Je pense que la faiblesse de certains éditeurs réside dans une forme de snobisme. On a toujours tort de se considérer, nous les auteurs, nous les éditeurs, comme des créateurs, des intellectuels, quand les commerciaux ne seraient que des vendeurs, des marchands, professions peu estimables bien qu'elles nous fassent vivre, au regard des critères de la pureté intellectuelle. J'exagère un peu, c'est évident, mais si peu...

Ce que je dois à René Beaudoin

Le premier de ces libraires anges gardiens, c'est bien entendu René Beaudoin, celui qui m'a amené chez Hachette, celui avec qui j'ai été ami jusqu'à sa mort, en 1999. Son humour, sa présence me manquent.

Il était le fils d'un ouvrier agricole du Poitou, peut-être aussi pauvre que mon grand-père breton. René avait trimé dans sa jeunesse pour continuer ses études, échapper à la ferme. Il était très doué en lettres, en philo, il était fou de poésie et d'art brut. À chaque fois que nous partions en voyage, il me traînait dans d'incroyables musées. Et la nuit, il était capable de me réveiller à deux ou trois heures pour me réciter un poème qu'il venait de retrouver.

Son parcours a toujours fait mon admiration : il a collectionné les bourses d'études mais aussi les postes de pions, il a déchargé des caisses de légumes, la nuit, au marché de Poitiers, et les remorques de la ferme paternelle. À seize ans, il était commis coursier dans une grande librairie de Poitiers. L'été, pendant les grandes vacances, il travaillait en usine. Il avait aussi trouvé un moyen peu banal de gagner quatre sous. Il s'alignait au départ de courses cyclistes. Ce n'est pas qu'il était un champion mais il avait tellement de courage – et il en faut pour pratiquer ce sport terrible –, il voulait tellement se sortir de « ce bazar » – c'était l'un de ces mots favoris, j'ai encore dans l'oreille sa façon de parler qui n'appartenait qu'à lui – qu'il réussissait comme ça à glaner quelques primes intermédiaires.

À force de trimer, de multiplier les petits boulots, René a raté un certificat de philosophie. Il avait vingt-quatre ans, il a dû faire son service militaire, coopération civile en Algérie. De là date son amour de l'Afrique, qu'il m'a fait partager. De retour en France, il se fit engager, sans la moindre expérience mais en une heure seulement, chez Gibert Joseph, à Paris. Quelques mois plus tard, il était gérant d'un étage du magasin, bientôt directeur commercial. Il avait du flair, une connaissance tellement fine de la lecture et du livre. Tout jeune, avant vingt ans, il avait remporté un concours de poésie, mais il ne se limitait pas à la culture livresque, aristocratique. René s'intéressait à toutes les formes de livres, des plus populaires aux plus sophistiquées. En 1970, il avait proposé à la Fnac, qui n'était encore qu'une fédération nationale d'achats d'appareils photo et d'électrophones pour les cadres, d'ouvrir un département livres. Refus des créateurs de la Fnac. Trois ans plus tard, la même année que le Routard, ils s'y mettraient pourtant.

René Beaudoin aurait voulu créer des librairies où l'on aurait vendu en même temps des livres, du pain, du lait et des oranges, parce que la lecture était, selon lui, un produit de première nécessité. Après avoir quitté Gibert Joseph, il est devenu soldeur, il a créé un nombre impressionnant d'affaires. Sur la fin de sa trop courte vie, il s'amusait, entre autres aventures, à créer des petits livres gadgets, parfaites idées de cadeaux clins d'œil. Ce genre d'ouvrages est devenu une grande mode. Là encore, René avait dix ans d'avance.

Une voiture l'a fauché alors qu'il circulait à vélo sur les quais de la Seine. Je le pleure encore. Sans lui, mes voyages pour le Routard sont plus fades. Sans lui, le Guide n'existerait peut-être pas.

Ce que je dois à Gérald Gassiot-Talabot

J'ai déjà évoqué le grand critique d'art, le patron des Guides Bleus qui accueillit le Routard chez Hachette. Cet homme a été pour moi une sorte de père intellectuel et spirituel. Lui, en tout cas, se comportait comme tel. Il avait adopté les trois enfants de sa femme. On aurait dit qu'il me considérait comme son quatrième fils adoptif.

Gassiot avait beau porter le costume trois-pièces et la cravate, il avait beau avoir la stature un peu alourdie d'un bourgeois quinquagénaire, j'ai compris qu'en réalité il était aussi rebelle que nous, peut-être même plus profondément. Il faut préciser que c'était un personnage considérable, pas seulement par ses fonctions éditoriales très importantes chez Hachette. Il était aussi rédacteur en chef d'une revue d'art avant-gardiste, *Opus*. Quand le palais de Tōkyō lui confia l'organisation d'une exposition, le titre en fut : « Les partis pris de Gérald Gassiot-Talabot ». Rien de moins.

Cet homme a accueilli et couvé le Routard, il a assumé nos différences de génération et de culture. Par sa bienveillance et son professionnalisme, il a permis notre développement. Dans un monde éditorial conformiste, c'était un assez grand risque. Certes, Hachette lui avait demandé de faire preuve d'innovation en matière de guides de voyage, mais son engagement auprès de nous était bien plus personnel. À l'époque, les trois fils adoptifs de Gassiot-Talabot étaient toujours fourrés en Inde. Ils ne cessaient de lui dire que les Guides Bleus étaient inadaptés à leur génération, qu'il fallait créer autre chose pour les jeunes.

Gassiot-Talabot m'emmenait souvent déjeuner et, pendant ces repas, il me faisait de véritables cours sur l'art moderne. Il aurait d'ailleurs voulu que le Routard s'intéresse aux avant-gardes artistiques. Je résistais, bien entendu, mais j'ai beaucoup appris à son contact. J'en ai fait, avec lui, des vernissages et des inaugurations à la FIAC !

Plus le temps a passé, plus j'ai découvert un homme inconnu de prime abord, sensible, écorché, immensément cultivé et intelligent, quelqu'un d'autre que le directeur, le patron qui nécessairement en imposait. En 1981, après la victoire de François Mitterrand, Jack Lang l'a fait venir au ministère de la Culture, mais nous n'avons pas interrompu pour autant nos déjeuners. Les dernières années, nous fuyions les restaurants. Il me faisait venir chez lui, à Issy-les-Moulineaux. Son appartement était encombré d'œuvres d'art, la plupart n'étaient même pas accrochées. Nous discutions des heures. Soudain, il s'apercevait qu'il avait oublié de faire à manger, nous descendions dans un petit troquet, en bas de chez lui, une sorte de routier avec des nappes à carreaux rouges. Peu lui importait, il préférait les discussions aux menus. Il était tellement passionné, c'était un homme hors de tous les cadres institués

L'art des cathédrales

Quelque chose chez lui me rappelait mon père. Gassiot-Talabot avait un niveau d'études bien plus élevé, mais tous deux étaient des humanistes, des hommes qui croyaient aux hommes, aux vertus du progrès, de l'éducation.

Depuis une dizaine d'années, j'ai commencé à me passionner pour les cathédrales. Ce n'est pas seulement l'œuvre architecturale qui m'attire, c'est le fait que parmi tous ces hommes, tous unis dans cette entreprise, certains n'ont jamais vu leur œuvre achevée. Je trouve ça fou. C'est le génie de l'esprit humain, des transformations techniques et spirituelles, le passage du bas au haut Moyen Âge avec une crainte de Dieu qui recule et qui permet de commencer à édifier non plus de modestes églises romanes mais des édifices élancés, élevés, de plus en plus gigantesques. Ça m'impressionne.

Depuis dix ans, je visite et revisite les cathédrales avec une curiosité, une émotion jamais démenties. J'aime découvrir leur histoire : la cathédrale de Saint-Denis, étape essentielle de la rupture avec l'art roman ; celle de Beauvais, jamais terminée à cause de la folie des hommes ; celle de Metz, peut-être la plus belle, en pierres de Chaumont, terminée par l'empereur d'Allemagne ; celle de Rouen, en face de laquelle j'aime m'attabler l'été, dans le bistrot sur le parvis, afin de profiter des admirables jeux de lumière.

Ce que j'aime au Routard

J'ai conscience, écrivant ces lignes, de faire un drôle de routard, mais c'est ainsi. Je pense de toute façon qu'on peut être routard de mille façons et que la caricature qui prévaut à notre endroit est un cliché, une façon de nous enserrer dans une identité figée qui n'est pas la nôtre.

C'est entendu, nos cheveux sont moins longs qu'autrefois ; nous prenons l'avion au lieu de faire de l'auto-stop et, dans les guides, il y a aussi des adresses confortables. Et alors... Notre public a évolué, nous avons vieilli, c'est une évidence. Mais si nous n'avions pas modifié le contenu de nos guides, nous n'existerions plus. Et si, à l'inverse, nous avions abandonné nos valeurs, nous n'existerions plus non plus. Si nous avions tourné le dos à notre élan initial, nos ventes ne progresseraient pas chaque année, malgré la crise des destinations lointaines.

Nous avons certes élargi notre public : des cadres supérieurs, des professions libérales, le troisième âge nous achètent désormais en nombre (j'en suis très fier !), mais nous prenons garde de ne jamais perdre la jeunesse étudiante, socle de notre développement, gage de notre renouvellement. Régulièrement, nous organisons des missions uniquement dédiées aux hôtels pas chers, campings et auberges de jeunesse, histoire de toujours garder ces adresses bon marché. Si nous avions abandonné ce que nous sommes pour singer je ne sais quelle mode, les jeunes nous auraient laissés tomber et nous ne connaîtrions pas les ventes actuelles. Aucun succès durable ne se base sur une trahison.

On m'a parfois brocardé, je l'ai évoqué plus haut, parce que le succès gêne. C'est ainsi. Pour satisfaire certains, nous devrions mal nous vendre et pleurer misère. Désolé, ce n'est pas le cas. S'il faut être clair, je ne suis pas un capitaliste. À la base de tout, il y a mon activité, dont je ne me passerais pour rien au monde.

J'aime lire le courrier, tout le courrier. Pas une seule lettre, pas un seul mail de lecteur ne m'échappent. Au total, nous en recevons près de 40 000 chaque année. Cette lecture, je m'en réserve l'essentiel pour le week-end.

J'aime continuer à partir en voyage pour le Guide toutes les cinq semaines, vérifier des adresses et, surtout, en trouver de nouvelles. J'ai la même passion, de ce point de vue, qu'il y a trente ans. Découvrir un restaurant ou un hôtel fabuleux qui a échappé aux autres guides me plaît toujours autant. Quelle satisfaction de se dire que, grâce à nous, des centaines de lecteurs vont y passer un bon moment.

Et puis il y a mon équipe, que j'ai créée et dont je suis fier. J'aime impulser leur travail, leurs projets, leur insuffler de l'enthousiasme. J'aime relire les guides avant qu'ils ne paraissent. J'aime travailler pour qu'un bouquin s'améliore, d'une année sur l'autre, discuter avec la fabrication d'Hachette et sentir, un matin, quand on nous livre sa nouvelle version, ce pincement au cœur de mes débuts en découvrant une couverture enfin vive, avec des belles couleurs.

J'aime trouver les moyens financiers et matériels pour lancer de nouvelles idées. J'aime investir, emprunter auprès des banques – j'ai toujours vécu endetté –, prendre des risques ; je peux aller très loin quand je crois à une idée.

Le Routard aujourd'hui, pour moi, c'est tout cela. Ce n'est pas uniquement voyager, évidemment. Mais je ne veux, je ne peux me priver d'aucun de ces maillons. Je ne suis pas de cette génération de dirigeants d'entreprise qui font des raids, des coups financiers, qui vendent et rachètent des entreprises comme s'ils jouaient au Monopoly. Le Routard, c'est ma vie.

L'exemple d'un patron écolo

Je me sens proche d'un chef d'entreprise avec qui je suis devenu ami. François Lemarchand a créé une activité qui lui correspond totalement. C'est un écolo, un vrai. Il a fait l'ESCP puis Harvard, mais il était complètement imprégné de contre-culture. C'était l'époque où les premières idées sur la croissance zéro ont commencé à germer en même temps que la crise pétrolière. On s'interrogeait déjà sur un type de croissance destructrice pour l'environnement et les plus pauvres.

C'est sur ces bases que François Lemarchand a lancé Pier Import en France. À partir d'une série de magasins en quasi-faillite, il a fait une chaîne d'artisanat ethnique avec des objets venus du monde entier. Le succès de Pier Import dépassant toutes les prévisions, il a décidé de revendre l'entreprise à son personnel pour se consacrer à la création de Nature et Découvertes.

Je l'admire parce qu'il vit libre, en harmonie avec ses idées. Il a toujours refusé de trop grossir, d'avoir recours à la Bourse. C'est pourquoi il a préféré repartir de zéro. Lemarchand a créé une importante fondation qui soutient des projets environnementaux. Une partie des bénéfices de l'entreprise est affectée à cette fondation. Il a été attaqué, des rumeurs ont été lancées contre lui : s'il utilisait une partie de son argent pour la fondation, c'était forcément suspect.

Comme s'il fallait tous aller à la Bourse, tous se servir des fonds de pension pour construire des fortunes rapides sans rapport avec le travail des hommes et des femmes. Ces boursicotages me paraissent suspects. Lemarchand, lui, emploie 1 000 personnes. Que peut-on lui reprocher ? De vivre en accord avec ses convictions. Tout grand patron qu'il est, quand il part en vacances, l'été, en famille, c'est un mois entier, en Tasmanie ou en Patagonie, par exemple, en camping-car, dans des zones désertées, au bout du monde et sans portable. Il est alors injoignable, ce qui n'empêche pas son entreprise de continuer à vivre parce qu'il sait déléguer. Je me sens très proche de cet homme et de ses convictions.

Les Palmes académiques

En 2004, le ministère de l'Éducation nationale m'a proposé la Légion d'honneur. Je l'ai refusée. Comment aurais-je pu accepter cette décoration quand mon père, qui a fait la guerre et la Résistance, n'en voulait pas ? Il avait toujours trouvé terrible que des gens aillent se faire tuer pour un bout de métal. Il s'est battu pour son pays, pour la démocratie, mais il ne goûtait pas la pompe et les honneurs militaires.

J'avais réalisé pour ce ministère un guide sur les valeurs civiques, humanitaires, la générosité expliquée concrètement aux jeunes scolarisés, une sorte de précis d'éducation civique moderne. Nous avions recensé toutes les possibilités d'agir afin d'aider les autres. Ce livre a été pour moi quelque chose de très important. Avec Hachette, nous avons préparé l'appel d'offres comme jamais. Au cours de ce qui ressemblait à un grand oral, j'ai beaucoup pensé à mon père qui, dans ses causeries régulières à Saint-Edmond, dissertait sur les valeurs civiques. À ma manière, je continuais son œuvre.

Quand on est pressenti pour la Légion d'honneur, des inspecteurs procèdent à une petite enquête, notamment pour savoir si vous allez l'accepter. L'un de ces enquêteurs, une femme charmante, a téléphoné au Routard. Elle est tombée sur l'un de mes plus proches collaborateurs qui, entendant parler de Légion d'honneur, a fait part de son scepticisme. Gavin's a conclu la conversation en précisant que la seule décoration qu'à son avis j'accepterais volontiers, c'était les Palmes académiques, les mêmes qui avaient fait la fierté de mon père après plusieurs décennies d'enseignement.

Il faut croire que l'édition du guide de l'engagement commandé par l'Éducation nationale suffisait pour obtenir une telle récompense. En tout cas, j'ai reçu ces Palmes académiques, clin d'œil affectueux à mon cher père, aujourd'hui disparu.

Conseils avisés

Mon père, avant de disparaître, a suivi, discrètement mais attentivement, toutes les étapes du succès du Routard. Il n'a jamais trop fait étalage de sa fierté, mais je sais qu'elle était réelle. Il y avait quelque chose d'assez drôle. Mes parents ont très peu voyagé à l'étranger, comme je l'ai raconté au début de ce livre. Pourtant, à un certain moment, mon père a commencé à me faire des remarques. Oh, pas méchantes, mais tout de même, il était de plus en plus précis. Du style : « Tu sais, Philippe, il y a un problème sur Brasília, il y a eu des fermetures à cause du développement rapide, il faut absolument que tu refasses vite cette ville. » Ou bien : « Tu sais, Philippe, il faut absolument que tu crées un guide *Vietnam*, c'est urgent, il y a de plus en plus de gens qui parlent d'y aller, ça va devenir une destination en vogue. »

C'est que, très longtemps, l'adresse officielle du Routard s'est confondue avec celle de mes parents. Si bien que, en plus du courrier, ils voyaient débouler, assez régulièrement, des routards, des vrais, qui voulaient voir la rédaction, suggérer des améliorations, apporter des idées. Mon père étant ce qu'il est, non seulement il ouvrait sa porte – le contraire lui aurait paru un comportement de butor –, mais en plus il invitait son hôte à s'asseoir, lui servait un porto et discutait longuement avec lui. Mon père notait tout et, sans avoir voyagé, il me transmettait ces remarques avec humilité, mais tout de même avec une certaine fermeté. Il craignait peut-être que le Routard ne s'endorme sur ses lauriers. J'ai compris, en devenant père, qu'on ne cesse jamais de s'inquiéter pour ses enfants.

Quand mes parents sont devenus routards

Les dernières années, j'ai invité mes parents pour plusieurs voyages, certains sur les traces de mes premiers périples. C'était comme une boucle qui se refermait, une transmission à rebours.

Je leur ai offert quatre voyages où, systématiquement, je les ai accompagnés. Le premier a failli très mal finir. Nous étions en Israël. C'était un rêve pour mes parents, si croyants, d'aller visiter tous ces lieux saints. Dès le premier jour, mon père nous avait fait un cours de plusieurs heures sur la vieille ville de Jérusalem, sur la porte de Jaffa. Il était longtemps resté tête nue ; la nuit tombée, il avait commencé à faire très froid. Nous étions dans un bistrot arabe, nous nous apprêtions à dîner. Mon père a commencé à tousser puis il est tombé à la renverse. Une pneumonie foudroyante, ont diagnostiqué les premiers secours.

Mon père ne parlait pas anglais, en tout cas pas très bien. Les quelques mots qu'il parvenait à prononcer avec un accent épouvantable avaient suffi à ce que lui soient confiées des responsabilités dans le maquis breton qui travaillait avec les Anglais de Londres, mais franchement, il ne pouvait pas rester seul une semaine dans un hôpital israélien avec les quelques mots anglais qu'il baragouinait. Pour son confort, une infirmière juive d'origine marocaine qui parlait français lui a été spécialement affectée.

À partir du moment où il était sauvé, il faudrait au moins huit jours pour le remettre sur pied et pour que l'hôpital lui permette de sortir. Nous ne pouvions malheureusement rien pour lui. Dans le service hospitalier qui l'avait accueilli, il était parfaitement pris en charge. Nous sommes donc partis, avec ma mère, sur les traces du pèlerinage que nous nous étions promis : Bethléem, Jaffa, Jericho, le tombeau d'Abraham à Hébron, etc. Nous éprouvions des scrupules et quand, sur la fin, nous sommes allés récupérer mon père, je lui ai demandé s'il n'était pas trop triste d'avoir raté le voyage de sa vie, celui dont il rêvait depuis des décennies.

« Mais je n'ai rien raté du tout, m'a-t-il rétorqué. Ils se sont très bien occupés de moi, ici. Tu as vu, ils m'ont bien requinqué, et surtout, j'en ai appris beaucoup sur les juifs. »

J'étais stupéfait. Mon père avait préféré vivre au milieu des Israéliens que d'aller visiter tous ces monuments immémoriaux.

« J'ai même appris des enseignements religieux que j'ignorais. Par exemple, tu sais, dans l'Ancien Testament, il y a l'épisode de la manne de Jéhovah. Dieu s'occupe de son peuple en le nourrissant à l'aide des filaments des buissons. Pour cette fête, l'infirmière m'a donné des gâteaux secs. Je n'avais pas faim, je les ai rangés dans un tiroir pour plus tard. Eh bien, elle m'a grondé. Elle m'a dit que ce jour-là on doit tout manger, qu'il ne faut pas faire de provisions puisque, avec cet épisode, on sait que Dieu nourrit Son peuple, tous les jours. Si on garde de la nourriture, c'est qu'on n'a pas confiance en Lui. »

Ultime folie en Grèce

Le dernier voyage de mes parents était prévu, destination : la Grèce. Au dernier moment, un empêchement lié au Routard m'a contraint de rester à Paris. J'ai proposé à mes parents qu'on reporte le départ d'une ou deux semaines. J'avais quelques scrupules, ils ne pouvaient pas partir seuls à plus de soixante-dix ans. Mais ils se sont fâchés. Ils avaient tout prévu. Dans leur tête, ils se préparaient à ce voyage depuis un long moment. La culture antique intéressait mes parents au plus haut point. Il n'était pas question qu'on reporte le départ, même de quelques jours. Ils ont réagi comme des enfants à qui on dirait qu'il faut patienter deux jours avant de toucher aux jouets du Père Noël.

« Tu sais, on est assez grands maintenant, a dit ma mère, on va partir sans toi. »

J'en suis resté interdit. En même temps, tout était organisé, voiture de location, réservation dans les hôtels. J'ai hésité, mais ils ne m'ont pas laissé le choix. En les écoutant, j'avais l'impression de me voir, exalté à l'idée de partir en stop à Istanbul.

Ce furent peut-être les plus belles vacances de leur existence. Un moment de pur délire, une folie. Comme ils ne parlaient pas anglais, qu'ils ne lisaient pas le grec, ils ne cessaient de se perdre. Dans les restaurants, ils mangeaient sans rien comprendre au menu, ce qui les amusait comme des gamins. À la fin, ils allaient en cuisine choisir les plats.

Sur la route, ils ne cessaient de prendre des auto-stoppeurs. Quand j'étais enfant, il en était déjà ainsi. Pour mon père, il était hors de question, quand il y avait de la place dans la voiture, de laisser quelqu'un sur le bord de la route. C'était peut-être de la charité chrétienne, en tout cas, cela m'a évidemment influencé pour plus tard. Ainsi, en Grèce, quelques auto-stoppeurs ont eu la surprise d'être secourus par un couple de Français âgés, qui riaient comme des petits fous à propos de tout et de rien, s'arrêtaient à tous les carrefours en se demandant s'il fallait prendre à droite, à gauche ou au centre, et riaient de plus belle. L'un des auto-stoppeurs a fini par leur faire comprendre, malgré l'obstacle de la langue, que cela faisait cinquante kilomètres qu'ils avaient dépassé l'endroit où il devait se rendre. Qu'à cela ne tienne, mon père a fait demi-tour sur les chapeaux de roues.

Quand ils sont rentrés de ce voyage, mes parents m'ont remercié comme jamais. L'excitation du voyage n'était pas retombée. Ils étaient comme deux enfants. Septuagénaires, ils avaient découvert un plaisir inédit : hasards de la route, rencontres, incompréhensions, impondérables, regards croisés, sourires volés, appréhensions, craintes et grands éclats de rire.

Ces joies, je les ai expérimentées avant eux. J'ai été ému qu'ils les découvrent aussi tard. La vieillesse peut être une nouvelle jeunesse.

J'ai surtout compris qu'une chose nous rassemblait, un trait sans lequel on ne peut apprécier la beauté des voyages, le sel de la route ; c'est le goût des autres.

ANNEXES

AVENTURES SUR LA ROUTE

Pilote de ligne en Birmanie

Au milieu des années quatre-vingt, je veux me rendre en Birmanie, mais la dictature militaire qui y règne proscrit tout ce qui ressemble à un fouineur. Inscrire « éditeur » ou « journaliste » sur sa demande de visa entraîne automatiquement un refus. Je décide donc de m'inventer une nouvelle profession. Avec mon copain, René Beaudoin, qui m'accompagne comme souvent, nous avons toujours adoré faire des farces de collégiens. C'est exactement ainsi que je prends ce travestissement, comme une blague. Je me cherche un instant une nouvelle occupation. Voyons ? Pilote d'avion, ce sera parfait.

Quelques semaines plus tard, nous partons avec Beaudoin. Voyage sans histoires et pays superbe. Quel dommage ! Les dictatures ne pourraient pas s'installer dans le désert ? C'est la fin du séjour, nous venons de visiter Pagan, un site extraordinaire, 4 000 temples pour 3 000 habitants, et nous sommes à l'aéroport. Nous attendons depuis deux heures, au milieu d'une trentaine de voyageurs, que notre petit Fokker de la Burma Airways veuille bien décoller. Il est pourtant là, sur la piste. Au comptoir d'embarquement, nous percevons pas mal d'agitation. Soudain, un micro grésille :

« On demande monsieur Gloaguen au contrôle. »

Je me lève plutôt inquiet.

« Nous avons un problème avec notre pilote, m'explique le

directeur de l'aéroport. Nous avons vu votre passeport, vous êtes le seul pilote parmi les passagers du vol. Accepteriez-vous de nous dépanner, monsieur ? »

Le ton est courtois mais assez sec. Comment expliquer au directeur, très certainement membre de la sécurité militaire, qu'il est hors de question que je remplace le pilote du Fokker, que la profession inscrite sur mon visa était une farce autant qu'un moyen de tromper les autorités birmanes ? Pendant un moment, je n'en mène pas large. Et puis, une idée me vient :

« OK, je suis pilote. Peut-on aller voir l'avion, s'il vous plaît ? »

Je marche sur la piste, suivi du directeur, d'un responsable de la compagnie et de deux militaires. À quelques mètres de l'appareil, je m'exclame :

« Ah, je suis désolé. Il y a un problème. Moi, je pilote sur Airbus. Il est exclu que je prenne les commandes d'un Fokker. En France, tout est cloisonné. Je n'ai pas les habilitations et, de toute façon, je ne saurais même pas le faire décoller. »

Je respire. Le directeur, lui, est très mécontent. Une heure plus tard, le pilote qui, en fait, souffrait d'une cuite carabinée, a retrouvé une partie de ses esprits. Il accepte de prendre le manche. D'ordinaire, je me serais inquiété de remettre ma vie entre les mains d'un pilote à peine dégrisé, mais cette fois, je n'ai pas éprouvé le moindre tourment. En repensant aux années de prison qu'avait encourues mon copain Patrick, à Istanbul, en vendant sa Mobylette au noir, je me suis dit que la découverte d'une fausse déclaration en Birmanie m'aurait valu quelques ennuis.

Transes à Recife

Pierre Josse est au nord du Brésil, en 1982. Tout ancien marxiste qu'il soit, il s'intéresse aux drôles de religions nées du métissage entre le catholicisme des conquistadores et les cultes des esclaves africains. À Recife, on lui indique la tenue d'un

« toque », une cérémonie religieuse de shango, variante locale du candomblé, l'un de ces cultes afro-brésiliens.

« Est-ce qu'un Blanc peut y assister ? demande Josse.

– Oui, vous serez sans doute le seul étranger mais cela ne pose pas de problème, vous irez voir le Pai de Santo [prêtre] avant la cérémonie. »

Après avoir emprunté trois bus et marché longtemps, Josse finit par découvrir un immense hangar avec un toit en tôles ondulées. Trois à quatre cents personnes patientent. Tout a été décoré aux couleurs d'Oxum, la déesse de l'eau douce qu'on fête en ce 16 juillet. Josse est effectivement le seul Blanc, il demande s'il peut faire des photos. Le prêtre, vêtu d'un magnifique costume en lamé d'or, accepte.

Trois musiciens armés de tambours, des atabaques, jouent depuis un long moment déjà, un rythme très lent, en apparence toujours le même, en réalité animé d'imperceptibles variations, de légères improvisations. Cela fait maintenant une heure que dure ce tempo lancinant. Derrière les tambours, il y a des chants qui enveloppent l'assistance, s'immiscent au plus profond des centaines de fidèles. Tout vibre au rythme de l'infinie répétition.

Josse sue à grosses gouttes, comme s'il était envahi d'une grande chaleur intérieure, comme s'il se sentait gagné par une immense sérénité, comme s'il perdait progressivement sa peau d'Occidental. Son esprit cartésien devrait lui interdire toute communion. Il se sent pourtant en phase avec l'assistance.

Une très jolie femme, métisse, lui sourit. Elle se penche vers lui et lui souffle :

« Je suis professeur de philosophie. Ne crains rien, laisse-toi aller, tu n'es pas au pays des sorcières. »

Depuis un moment, des femmes s'avancent au milieu de l'assistance, elles commencent à tourner sur elles-mêmes, yeux révulsés, bras flottants. Un homme très grand les rejoint. Il est possédé lui aussi mais sans la grâce de ces dames, avec des gestes frénétiques, écumant d'une rage incontrôlée. Des femmes s'approchent de lui, le caressent doucement et, peu à peu, il s'apaise. Il reprend sa place dans la ronde, son mal s'est envolé.

Cela fait plusieurs heures maintenant que les tambours résonnent. Soudain, Pierre Josse sent qu'on lui serre le bras. Sa voisine, la si charmante professeur de philo, a les yeux blancs. Elle s'en va, au milieu du cercle des transes. Ils sont une vingtaine à tourner.

Josse est arrivé à dix-neuf heures, il est deux heures du matin et la danse continue comme si le temps s'était arrêté. Au premier étage, une dame d'une cinquantaine d'années lui jette un grand foulard, qu'elle portait sur son épaule. Pierre le ramasse, songe à lui renvoyer. La dame lui fait signe qu'il doit s'éponger le visage avec cette étole en tissu d'or. Josse s'exécute mais cela ne change rien, il suffoque de plus en plus, comme s'il était emporté par des forces mystérieuses, sollicité par des esprits ou bien une autosuggestion qui le pousse à rejoindre le cercle des esprits en transe.

« Josse, t'es dingue ou quoi. Où tu vas comme ça ? »

Au dernier moment, alors qu'il allait franchir le pas, une petite voix le retient. Non, il ne partira pas en transe, il n'ira pas rejoindre sa jolie voisine philosophe. Il ne sombrera pas dans le mysticisme. Une dernière résistance le ramène à plus de calme. C'est la fin de la cérémonie, la musique baisse d'intensité.

Quelques jours plus tard, Josse rencontre un autre prêtre et lui raconte l'étrange expérience qu'il vient de vivre.

« Est-ce possible, père, qu'un étranger, qu'un Blanc puisse partir en transe ?

– Bien sûr. Tu sais, les dieux, les orixas ne te demandent pas ton avis. Quand ils repèrent un esprit suffisamment réceptif pour le posséder, ils ne lui demandent pas son passeport. »

Un mendiant à São Paulo

Benoît Lucchini est à São Paulo. Il se promène sur un grand boulevard de la métropole brésilienne peuplée de gratte-ciel. Ces milliers de voitures lui font penser à New York. Soudain, un mendiant ! Pour Lucchini, il n'est plus temps de reculer. Ou de faire semblant de ne pas avoir de monnaie. Benoît pousse un cri de surprise : le mendiant n'a pas de jambes, il est posé sur le trottoir au milieu de la foule, il n'a pas de bras non plus, juste deux moignons dont l'un est parcouru d'une fente transversale.

De sa poche, Benoît Lucchini a sorti un billet, il s'apprête à le tendre au mendiant, mais réalise qu'il ne sait comment faire. Pas de main, pas de sébile. Poser l'argent par terre ? Le premier coup de vent ferait envoler le billet. Rebrousser chemin sans avoir donné le billet ? Ridicule. Lui coller le billet dans la bouche, sur une oreille ? Insultant. Benoît finit par se décider, il glisse son billet dans la fente du bras tout en évitant de croiser le regard de celui dont, par son geste, il a souligné la monstruosité.

Le soir, Benoît Lucchini repasse par la même avenue qui commence à se vider. Il marche sur le trottoir d'en face, regarde l'endroit où il a rencontré le mendiant, le matin même. L'homme est toujours là, sollicitant la compassion des passants. Sur la chaussée, un camion s'approche, freine. Un homme en descend, maillot de corps, épaules de déménageur. Il s'approche du mendiant, le soulève comme une bouteille de gaz sur l'épaule et le place à l'arrière du camion. Le mendiant ne dit pas un mot, son pantalon qui était plié vingt fois sur les moignons s'est mis à pendre lamentablement.

Benoît Lucchini n'a pas le temps de s'approcher pour voir s'il y a beaucoup d'autres mendiants ainsi récupérés. Le camion ne porte aucune inscription. Appartient-il à une mafia qui exploite les mendiants de São Paulo, à une organisation humanitaire, à la mairie ? Pour le coup, Lucchini trouve sa culpabilité du matin, quand il ne savait comment laisser un billet au mendiant sans l'humilier, proprement ridicule.

La duchesse rouge

Au Routard, nous aimons les personnages hors du commun. Olivier Page nous a rapporté d'Andalousie une duchesse à l'histoire époustouflante. Son palais des Ducs de Medina Sidonia domine la petite ville de Sanlúcar de Barrameda, à l'embouchure du fleuve Guadalquivir et de l'océan Atlantique. C'est d'ici que, le 30 mai 1498, Christophe Colomb a appareillé pour son troisième voyage vers l'Amérique. D'ici aussi que Magellan est parti pour son tour du monde en 1519, le premier tour de la planète jamais effectué par un homme.

Depuis près de sept cents ans, le palais s'est transmis de génération en génération jusqu'à son actuelle propriétaire. Doña Luisa Isabel Alvarez de Toledo y Maura, vingt et unième duchesse de Medina Sidonia, est la descendante d'une des plus vieilles dynasties d'Espagne. Elle est née à Estoril (Portugal) le 18 août 1936. Son arbre généalogique se confond avec l'histoire de l'Espagne. L'un de ses oncles, Miguel Maura, a fondé la République espagnole. En 1588, l'un de ses ancêtres a dirigé l'Invincible Armada contre les Anglais. Un autre aïeul fut, au XVIe siècle, l'ami proche d'Hernán Cortés, conquistador du Mexique.

On disait naguère que les Medina Sidonia étaient plus riches que les souverains espagnols. Et plus rebelles que tous les Grands d'Espagne. Avec la même pugnacité que ses ascendants, la duchesse s'est battue toute sa vie contre les abus de pouvoir et l'injustice. En 1966, elle s'est dépensée en faveur des habitants de Palomares, un village andalou victime de bombes au plutonium larguées par accident par des bombardiers américains.

Éprise de liberté, antifranquiste, doña Isabel s'est opposée au régime de Franco. Arrêtée pour manifestation illégale, incarcérée en 1969 dans la prison de femmes d'Alcala de Henares, elle s'est exilée en France. Elle vécut environ six ans, entre Paris et Hasparren, au Pays basque. La Duchesse rouge a publié en France deux livres, *La Grève* et *La Base,* chez Grasset.

Quand elle est rentrée en Espagne, après la mort de Franco, doña Isabel a commencé à se consacrer à la fondation Medina Sidonia, dont l'objectif est le maintien du prestigieux patrimoine familial reçu en héritage. On y trouve les plus grandes archives privées d'Espagne, près de deux millions de documents. Au décès de son père, la duchesse les a sortis d'un garde-meuble de Madrid, et fait acheminer dans un gros camion jusqu'à son palais puis elle a commencé à classer et répertorier ce trésor. Mieux : elle a tout lu. Grâce à son talent de paléographe transmis par son grand-père, doña Isabel peut décrypter n'importe quel document ancien et le traduire.

La duchesse poursuit ses recherches historiques, animée par le même esprit de vérité. Elle écrit des livres peu conformistes et parfois sujets à censure. Dans un de ses derniers ouvrages, *Africa versus America*, elle enfourche un nouveau cheval de bataille, et vise un des mythes fondateurs de l'Espagne après la Reconquista : la découverte de l'Amérique.

À travers l'étude minutieuse de ses archives privées, elle démontre que l'Amérique avait été déjà découverte par des marins arabo-andalous et européens (les Dieppois) bien avant Christophe Colomb, bien avant 1492. La Duchesse rouge ? Quand Olivier Page parle de cette petite femme fluette haute comme trois pommes, ses yeux pétillent. Une femme de pensée et d'action, une très grande Dame qui incarne probablement le meilleur de l'Espagne : l'esprit donquichottesque ! *Rara avis in tierris hispaniensis*, « un oiseau rare en terre d'Espagne » !

Depardieu rue des Vinaigriers

En 1985, Pierre Josse enquête pour la publication du Routard *Paris*. Il retrouve à cette occasion sa vieille rue des Vinaigriers, entre le boulevard Magenta et le canal Saint-Martin. C'est là qu'il a grandi. C'est là que, au début des années cinquante, quand les réfrigérateurs étaient encore trop chers, une carriole tirée par deux chevaux, Bijou et César, apportait pour chaque immeuble les pains de glace qu'on découpait avec un crochet. La crémière stockait son lait dans un puits en zinc.

En face de chez lui, Pierre Josse avait un copain, Maurice, dont les parents tenaient l'hôtel ouvrier de Bourgogne. Pour Pierre Josse, l'atmosphère des lieux ressemblait à celle du film *Hôtel du Nord*, situé juste de l'autre côté du canal.

En 1984, Maurice a repris depuis longtemps l'affaire de ses

parents. L'hôtel de Bourgogne a été transformé en studios, Maurice n'a conservé que le bar-restaurant, qui continue à vivre comme avant. Il y a de l'animation, des habitués et quelques vedettes de passage. C'est que le canal Saint-Martin, tout proche, attire les cadres aisés, on les appellera bientôt les bobos (bourgeois bohèmes). Et de nombreux cinéastes recherchent ici un peu de la nostalgie passée.

« Tu sais qu'on a beaucoup d'artistes, raconte Maurice à son vieux copain d'école. J'comprends pas, ils aiment peut-être mon sauté de mouton ou alors ça leur plaît de jouer aux prolos. Pendant une semaine, les gens du *Tango à Paris* ont mangé là, Brando, sa copine et le réalisateur, l'Italien... »

Le nom échappe à Maurice. Pierre Josse vient à son secours :

« Bertolucci ?

– Oui, c'est ça. Mais tu sais, Brando, ça a l'air d'être un drôle de coco, tu l'connais, mon Pierrot ? »

Pour Maurice, Pierre a réussi, il est rédacteur en chef d'un guide dont on parle à la télé ; il connaît donc forcément tous les gens qui passent à la télé.

« Enfin, ce Brando, il faisait bande à part, il mangeait jamais avec l'équipe. Tu parles, quand c'est plein, ils se rendent pas compte, ces gens-là, c'était pas facile de lui trouver une place tout seul. C'est des drôles de capricieux, ces gens du cinéma. »

Pierre et Maurice parlent du temps passé, des anciens habitués de l'hôtel de Bourgogne qui ont fait leur temps, comme Nénette et son copain, Lucien. Et le coiffeur, le père Émile, défiguré à coups de rasoir par sa jeune maîtresse. Mais Maurice revient à ses chères vedettes.

« Y a pas longtemps, Bertrand Blier, attention pas le père, non, le fils qui fait des films, il a terminé sa dernière scène de *Tenue de soirée,* ici même. Tu parles d'un film, on voit Depardieu, Michel Blanc et Miou-Miou qui font le tapin près du canal. Tous les trois habillés en femme. Remarque, pour Miou-Miou, c'était assez normal. Mais alors, sacrément maquillés, en putes quoi, tous les trois ! Après la scène, Blier a invité tout le monde chez moi à manger. Miou-Miou, elle était toute tranquille, toute mignonne, dans un coin de banquette, à embêter personne. Elle, c'est pas une capricieuse. Depardieu, lui, il avait même pas eu le temps de retirer sa minijupe. Il en faisait tout un foin dans le restaurant, c'est quelqu'un qu'on peut pas manquer, j't'assure. Un moment, il a voulu aller aux toilettes, mais tu sais comme c'est chez nous, ça n'a pas changé depuis que t'étais gosse, les toilettes, elles sont à la turque, et pas bien grandes. Depardieu, avec ses talons aiguilles, il s'est sacrément mouillé les pieds en tirant la chasse d'eau et par-dessus le marché, il s'est cogné la tête contre le réservoir. On l'a entendu d'ici. Quand il est sorti, mon père, qu'était là, assez bigleux et distrait comme tu l'as connu, il s'est avancé vers Depardieu et il a voulu lui venir en aide : "Bonjour, madame", qu'il lui a dit. J'peux t'assurer, toute la salle était écroulée de rire. »

Un baba perspicace

Chargé de réactualiser la partie sud du guide *Thaïlande*, Thierry Brouard, l'homme des tables et chambres d'hôtes, se trouve dans une petite *guesthouse* à l'ambiance post-soixante-huitarde, sur la petite île de Koh Pha Ngan. Il sirote une bière, le Guide du Routard posé négligemment sur la table. C'est la fin de son voyage. Thierry est pour le moins crade, barbe de trois semaines, vêtements plus très nets. Un gars s'approche de lui, cheveux longs, marcel et tatouages.

« Ça fait longtemps qu't'es en Thaïlande ? demande-t-il à Brouard.

– Trois semaines.

– Tu voyages avec ça ?

– Oui, pourquoi ? demande Brouard.

– J'aime pas le Guide du Routard.

– Pourquoi ?

– Sûr que les mecs qui font ça, ils se déplacent même pas...

– Qu'est-ce qui te fait dire ça ? demande Brouard, narquois.

– Non, mais t'as vu leurs gueules ? Tu vas pas me dire que ces mecs-là ont des têtes de routards ?

– Euh...

– Ils font ça par téléphone, j'te dis... Tu les verras jamais ici ! »

Thierry Brouard a préféré finir sa bière et continuer sa route sans chercher à détromper un baba aussi perspicace.

La justice en pays Togo

Benoît Lucchini traverse le Burkina Faso et le Togo en 4 × 4. Chauffeur togolais, cinq Français à bord. Une halte dans un petit village pour la nuit. Le chef du village les autorise à planter leurs tentes dans la cour de l'école, un bâtiment affreux en béton mal fini.

Après dîner, un feu brûle au milieu de la cour. Les Français parlent, chantent. De nombreux enfants du village les ont rejoints, des adultes aussi. Tout va bien sauf que l'une des Françaises ne cesse de revenir sur son angoisse du moment : qu'on lui vole sa sacoche où elle a rassemblé tous ses papiers, son argent, ses billets d'avion pour la France. Dans ses lamentations, elle donne tellement de détails que n'importe qui peut aller dérober sa sacoche en toute quiétude.

Il est près de vingt-deux heures. La Française sort de sa tente en hurlant :

« On m'a volé ma sacoche ! »

Aussitôt, c'est la folie dans le village. Le chef arrive. Il a une cinquantaine d'années, boubou traditionnel, très maigre et très grand. Une petite barbiche poivre et sel, une toque brodée. Il se fait raconter l'incident puis fait signe de le suivre sous l'arbre à palabres. En fait d'arbre, c'est une construction carrée faite de troncs assemblés. Pour tenir dessous, il faut s'asseoir par terre et même baisser légèrement la tête. C'est l'attitude d'humilité qu'exige le chef pendant les palabres. Il pose quelques questions aux Français, se tourne vers deux habitants du village. Quelques échanges. Dix minutes plus tard, le menuisier arrive, les mains liées dans le dos, jeté à terre sous l'arbre aux palabres. Un habitant brandit le sac de la Française.

Le menuisier a une vingtaine d'années, il porte un short

rouge de footballeur, des savates, un T-shirt Adidas assez usé. Un filet de sang coule sous son nez, un autre sur sa jambe gauche. L'affaire est grave, le chef exige qu'on se transporte sous le grand chêne.

C'est là, sous l'arbre le plus ancien des alentours, que la justice est rendue. Le chef s'assied sur un siège bas. Autour de lui, les sages ont pris place sur deux bancs. Le menuisier est assis à même le sol, les mains toujours attachées. Les Blancs ont pris place en face du chef et des sages. Sous le chêne, deux lampes à pétrole se consument. Le chef récapitule les faits puis demande aux sages de se concerter sur la peine qui vaut d'être infligée au menuisier.

Il y a ceux qui sont partisans de le remettre entre les mains de la police, ceux qui voudraient le bannir du village ; ceux, enfin, qui penchent pour lui donner une nouvelle chance. Les sages s'invectivent entre eux. Le chef hoche doucement la tête sans rien dire de ses préférences. Il demande aux Blancs leur opinion et notamment à la jeune femme victime du vol. Le livrer à la police officielle leur semble la solution la plus raisonnable.

« Je ne crois pas que cela soit la meilleure des solutions, finit par dire le chef à voix très basse. Si on le livre à la police, il est perdu. Il va être tabassé à mort, jamais il n'en sortira vivant, c'est la pire des solutions, à mon avis. »

Les Français sont sous le choc : tabassé à mort pour le vol d'un sac, qui plus est par la police officielle ! Pendant que le chef parle, des habitants du village se lèvent, s'approchent du menuisier et lui flanquent qui une gifle, qui un coup de pied dans le ventre ou au visage. Le chef continue à parler, comme si de rien n'était. Il sait qu'il doit maintenant prendre une décision s'il veut éviter que les habitants n'entament un lynchage.

« Le bannir ? reprend le chef. C'est possible. Mais, vous savez, il s'est déjà fait exclure de plusieurs villages, ce n'est pas la première fois qu'il commet ce genre de rapine. Alors, si nous l'excluons, il aura du mal à retrouver une place ailleurs. Sauf s'il part très loin, là où sa réputation ne l'aura pas précédé.

Mais la solution a déjà été expérimentée, sans succès. Cela ne l'a pas empêché de récidiver. »

Parmi les sages, dans l'assistance, la tension monte. Certains veulent aller pendre le menuisier porteur du mauvais esprit. Le chef attend un instant, prend sa respiration, ferme les yeux.

« Voilà ce que j'ai décidé. Voyons, la sacoche a été retrouvée. Rien ne manque à l'intérieur. Il n'y a pas eu mort d'homme. Le menuisier a bien senti la colère de tout notre village. Il sait le sort qu'il encourt s'il recommence de tels méfaits. Donnons-lui une chance, une dernière chance. Vous avez remarqué, comme moi, que les bancs, les tables et les chaises de l'école sont dans un piteux état. Nous allons lui demander de nous réparer tout cela, le soir, en plus de son travail. Pendant un mois, il va travailler gratuitement. Ainsi, chaque jour, il sentira la faute qu'il a commise et le préjudice qu'il a fait partager à tous ceux qui l'ont accueilli comme l'un des leurs. Il a mis en péril l'honorabilité de notre village, son sens de l'hospitalité, notre réputation auprès de nos hôtes français. »

Cette histoire s'est déroulée il y a vingt ans. La France, en retard, n'avait pas encore inventé les travaux d'intérêt général.

Le soldat perdu du Mékong

Olivier Page s'est embarqué pour un long voyage à travers le delta tentaculaire du Mékong. À Vinh Long, au centre du delta, il rencontre un Français qui sert le café dans une petite cahute. À vingt ans, Hubert Devouton était soldat dans l'armée française pendant la guerre d'Indochine quand il est tombé amoureux d'une Vietnamienne. Il a déserté, c'était avant 1950. Il est devenu vietnamien, s'est marié avec sa belle, s'est fondu dans la nature exubérante du delta.

Un jour, le consul de France est passé par Vinh Long, intrigué par ce Français qui sert un si bon café aux gens de passage.

« Monsieur le consul, je vis avec presque rien. Vous croyez que je pourrais recevoir un peu de sous de la France ? » a demandé Devouton à la fin de la rencontre.

Trois mois plus tard, la France, pas ingrate, verse à son déserteur une petite pension, à la mesure des quelques mois passés dans l'armée.

Quand Olivier Page arrive, Devouton est à l'hôpital, on lui a coupé une jambe, la gangrène.

« Paraît que je fumais trop », explique Devouton à son jeune visiteur.

Olivier Page demande au soldat perdu pourquoi il n'est jamais rentré en France. A-t-il succombé à la folie du fleuve qui fascine et engloutit tous ceux qui s'intéressent trop à lui ?

« Le plus dommage, c'est que je n'ai jamais aimé l'eau. Ça ne m'intéresse pas. La vérité, j'aurais bien aimé revoir la France une fois, quelques jours, mais j'ai jamais eu de quoi me payer un billet aller-retour. »

Hubert Devouton est resté fidèle à sa femme et sa belle-famille. Il porte de vieilles lunettes démodées toutes sales. Derrière, on devine que ses yeux se sont bridés après des décennies de soleil vietnamien. Avant qu'Olivier Page ne prenne congé, Hubert Devouton a une requête :

« Eh, jeune homme, si vous repassez par ici, vous ne m'apporteriez pas un saucisson ? Cela me ferait vraiment plaisir. »

Quelques semaines plus tard, de retour à Paris, Olivier Page a reçu une lettre du médecin chef de l'hôpital : le soldat perdu du Mékong avait succombé à sa gangrène.

Un Jules Verne qui voyage bien

Benoît Lucchini est parti avec sa compagne, Cécile, pour un voyage de plusieurs mois en Asie. Pour ne pas surcharger leur sac à dos, ils n'ont emporté aucun livre. Ils se fournissent dans des petites boutiques qui proposent un système d'achats et de ventes de livres d'occasion pour les voyageurs.

À Katmandou, Benoît achète un roman de Jules Verne, *De la Terre à la Lune*, qu'il revend à Bangkok. Un mois et demi plus tard, à Bali, sur une grande avenue de Kuta Beach, Benoît tombe sur « son » Jules Verne. Il le reconnaît, tamponné aux mêmes pages, écorné pareil, taché aux mêmes endroits. De Bangkok à Bali, le Jules Verne a voyagé plus rapidement que Benoît et Cécile. Le roman attendait sagement les deux Français dans cette petite échoppe, au milieu de vieux Guides du Routard.

Le trafic de drogue au Maroc

Patrick de Panthou a longtemps été directeur commercial chez Hachette. À sa retraite, il a commencé à voyager pour le Guide du Routard. Il est allé plusieurs fois au Maroc, pour de longs séjours. Il a écrit dans le guide des pages pas toujours gentilles sur certains aspects du pays que les autorités préféreraient passer sous silence, le trafic de drogue, par exemple, dans la vallée du Rif. Il faut préciser que, lors d'une traversée de la vallée, il a été coursé par des trafiquants pendant deux cents kilomètres, qu'il a manqué de verser plusieurs fois dans le ravin et n'a dû sa vie sauve qu'à un miracle.

Cette fois, il arrive à Tanger. Après déjeuner, il se rend à l'Office du tourisme de la ville. Une secrétaire le fait entrer dans le bureau du directeur, un homme d'une cinquantaine d'années en apparence très courtois. Une photo officielle de sa majesté Hassan II est accrochée au mur. Tout autour, il y a une dizaine de tableaux représentant le souverain chérifien et sa famille.

« Ils sont de moi, annonce le directeur, fier de ses œuvres. Prenez place, je vous en prie. »

Patrick de Panthou s'enfonce dans un large fauteuil rouge. Devant tant de cordialité, il pense que son voyage débute sous les meilleurs auspices. Soudain, le ton du directeur de l'Office de tourisme change :

« Écoutez, monsieur de Panthou, voilà, j'ai une chose à vous annoncer. La police va venir vous chercher. »

Panthou pâlit.

« Oui, vous m'avez obligeamment fait porter ce matin votre Guide du Routard quand vous avez pris rendez-vous. Je l'ai lu, c'est un pur scandale. C'est une infamie, une insulte pour notre pays. Nous faisons tous nos efforts pour attirer des touristes et vous, vous les dissuadez de venir. C'est une entreprise de sabotage. »

Interloqué, Panthou pense évidemment à son article sur la drogue dans le Rif, le danger pour les touristes de traverser cette vallée, les accidents mortels, les courses-poursuites avec les trafiquants de kif.

« Alors, continue le directeur du tourisme, j'ai téléphoné à mon ami, le chef de la Sûreté urbaine de Tanger. Une voiture avec deux inspecteurs vient vous chercher. »

Patrick de Panthou se retrouve dans une voiture banalisée, encadré par deux policiers à l'allure plutôt inquiétante. La voiture roule à vive allure vers une banlieue de Tanger, s'arrête au milieu d'un terrain vague où est posé le bâtiment de la Sûreté. Panthou panique. Il se dit que jamais les policiers ne lui laisseront appeler Paris, l'ambassade ou le consulat.

On le fait patienter une heure dans un couloir. Une porte finit par s'ouvrir, le directeur de la Sûreté le fait entrer dans son bureau. Silhouette massive, visage peu avenant, des lunettes sombres cachent ses yeux. Panthou se dit que son seul atout, c'est de contre-attaquer. Le policier est plus jeune d'une quinzaine d'années, il faut se servir de cet avantage. Avant même que le policier n'ait parlé, Patrick part dans une longue tirade.

« Vous savez aussi bien que moi qu'il y a du trafic de drogue, votre rôle est d'arrêter les trafiquants et les consommateurs. Moi, je fais mon travail en alertant les touristes sur les dangers de la vallée. Quand vous interpellez des Français avec de la drogue, Paris est obligé d'intervenir, cela pose des problèmes à n'en plus finir. Notre travail est d'avertir les lecteurs qu'il vaut mieux éviter cette région. Finalement, si vous réfléchissez, notre travail est complémentaire du vôtre. »

Le directeur écoute la plaidoirie de Patrick, lui pose quelques questions sur son travail au Routard, sur combien de temps il compte rester au Maroc. Une heure plus tard, après avoir laissé un peu cuire son prisonnier dans le jus de ses incertitudes, il le fait relâcher et même raccompagner jusqu'au centre de Tanger. La voiture de police qui l'a posé à son hôtel était banalisée. Mais à la réception, on lui a tout de même demandé s'il n'avait pas eu d'ennuis.

Gangsters en Thaïlande

Pierre Josse passe quelques jours dans une des plus belles îles de Thaïlande, Koh Samui. Il vient de dîner, il est vingt heures, il rentre dans son bungalow. Quatre types plantés devant sa chambre sortent un gourdin, lui assènent des coups dans le dos et lui arrachent son sac dans lequel il a un peu d'argent mais surtout un reportage qu'il vient de réaliser sur des aborigènes de Malaisie, les Orang Asli. C'est un privilège très rare : Josse a eu le droit de passer quelques jours dans cette tribu.

L'argent passe, mais toutes ses photos et ses notes sur la tribu des Orang Asli, non. Josse ne se résout pas à voir disparaître son précieux travail. Il est pris d'une crise de colère. Il se relève, furieux, se met à courir après ses agresseurs en hurlant afin d'alerter les gens de Kampong, le village voisin. Il allume une lampe de poche, tente d'éclairer les fuyards, continue à courir à leur poursuite et, soudain, il stoppe sa course.

L'un des Thaïlandais s'est retourné, il a fourré sa main dans une poche, sorti un pistolet, tiré trois fois. Trois fois, Josse voit la flamme rouge, la fumée qui s'échappe de l'arme. Trois fois, il entend le bruit sec de la balle, son sifflement qui retentit à ses oreilles, très près de lui. La mort n'est pas passée loin. Les trois coups de feu ont le don de calmer Josse aussitôt. Les malfaiteurs s'éclipsent avec le précieux reportage.

Une danse pour le vaisseau Routard !

Au bar Thirsty's, un pub animé et fréquenté à l'entrée du port de Durban, Olivier Page boit un verre de vin sud-africain en regardant les bateaux qui passent dans un long et étroit chenal. En admirant ce spectacle, il se dit qu'il serait magnifique d'arriver à Durban non pas par les airs ou la route, mais de nuit, à bord d'un de ces cargos venus d'Asie par l'océan Indien.

En un siècle et demi, Durban est passé du statut de petit comptoir maritime à celui de troisième ville d'Afrique du Sud, de premier port d'Afrique australe et de plus grande communauté indienne d'Afrique. Page aime l'atmosphère ces ports, il ferme les yeux, il a l'impression de ressentir les effluves des romans de Conrad.

Pour mieux continuer sa rêverie, il s'en va terminer la soirée au Lido, une discothèque pour marins où la serveuse le prend, d'entrée, pour un officier de la marine marchande. Elle lui demande le nom de son navire et la nationalité de son équipage.

« *Routardship*, from France », répond Page.

La fille note la réponse sur son carnet, dix minutes plus tard le disc-jockey hurle dans son micro :

« Allez les gars, tous sur la piste, ce morceau est dédié aux marins de *Routardship* ! »

En Égypte, on ne viole pas les zones militaires

Benoît Lucchini visite le Parc national de Naqb, en Égypte, au nord de Sharm-el-Sheik. Les premiers kilomètres de la route traversent une zone militaire, mais les barbelés ont disparu. Pour Lucchini, la tentation est trop forte. Aucun panneau n'interdit de s'enfoncer dans le désert. Il quitte donc la route principale pour s'engager dans un vague sentier qui mène au bord de la mer. Il veut observer la vue de la mer Rouge, dessiner un croquis de la baie avant de revenir dans le droit chemin.

Sans qu'il s'en aperçoive, deux jeunes militaires arrivent, ils ouvrent la porte de sa voiture alors qu'il est en train de peaufiner son dessin. Ils lui confisquent les clés, saisissent son sac et l'éjectent du véhicule. Le croquis les intrigue. Lucchini prétend qu'il a été fasciné par la beauté du paysage, qu'il s'agit d'un dessin artistique mais son plan indique les distances, le point d'entrée du parc, le positionnement des installations. Un vrai travail d'espion en pleine zone militaire !

Les militaires plaquent Benoît contre la voiture, jambes écartées, mains sur le capot. Fouille complète, insistante, jusqu'au pantalon enlevé. L'un des deux Égyptiens se cure les ongles avec un couteau militaire. L'autre s'amuse à observer Lucchini en caleçon, toujours dans sa position inconfortable, mains appuyées sur le capot de la voiture et lui explique, dans un anglais sommaire, qu'il va devoir maintenant faire quelque chose pour eux. Le ton n'a rien d'ambigu. Lucchini se voit déjà violé, sous la menace d'un couteau, certes devant la splendide vue de la mer Rouge mais tout de même...

Le soleil de dix heures brûle déjà, Benoît a bien du mal à laisser ses mains sur le capot de la voiture. Comment se sortir d'une telle situation ? Les deux bidasses ont-ils vraiment envie de le violer ou s'amusent-ils à lui faire peur ? Lucchini commence à argumenter tant qu'il peut. Il parle sans s'arrêter ; tant qu'il parle, il y a de l'espoir. Il explique qu'il est français, qu'il travaille pour un guide de voyage, il évoque l'ambassade de France avec laquelle il est en contact permanent... À bout d'argument, il évoque même Jacques Chirac, le président des Français... Là, miracle, les deux troufions acceptent de l'emmener au poste de contrôle de la zone. Ont-ils pris peur ou s'agit-il d'un nouveau piège ?

Le chef de poste est en train de prendre son petit déjeuner. Sans cesser de manger, il interroge vaguement Lucchini, lui demande si l'Égypte lui plaît. Benoît est éloquent sur l'accueil de la population égyptienne, sur l'amitié franco-égyptienne, ressort Chirac, « very good friend of the arab people ». Le nom de Jacques Chirac a l'air de fonctionner comme un sésame. Le chef se détend, propose à Lucchini de partager son repas du matin, un bol de soupe de fèves et quelques frites gorgées d'huile. Les deux jeunes soldats s'éloignent, ils n'ont plus rien à espérer.

« Et maintenant, jeune homme, un conseil : vous reprenez la route principale et vous ne la quittez plus. »

Lucchini a récupéré sa ceinture, il s'apprête à rejoindre la voiture. Le chef le rattrape :

« Bien entendu, vous me laissez votre croquis. »

La littérature est une belle façon de voyager. Depuis qu'Olivier Page travaille pour le Routard, il est rare qu'il visite un pays sans rencontrer un écrivain dont il a lu tous les livres.

En arrivant à Santiago-du-Chili, en février 2000, il s'est promis de contacter Francisco Coloane, l'auteur de nombreux récits et romans situés en Patagonie australe, cette région extrême au sud du continent américain. Un admirateur français ? Un fidèle qui a lu tous ses écrits ? L'écrivain accepta volontiers le rendez-vous.

Francisco Coloane a quatre-vingt-dix ans, il ne peut plus ni lire ni écrire, il passe ses journées à écouter de la musique, il mourra deux ans plus tard. Il reçoit Olivier Page chez lui, avec son épouse, Eliana. Page imagine d'enregistrer la conversation et peut-être d'en tirer un entretien pour un journal littéraire, mais son magnétophone portatif est tombé en panne au début de la conversation, plutôt du monologue du vieil homme.

Comme Joseph Conrad, Francisco Coloane a été marin avant d'entrer en littérature. On l'a d'ailleurs surnommé « le Conrad de la littérature latino-américaine ». Il n'est pas mécontent de rencontrer un fervent lecteur venu de France, mais dès le début, il demande à Page :

« Que lui voulez-vous, à ma Patagonie ? »

Une heure et demie plus tard, Page lui tend la main, Coloane l'étreint dans une accolade qui ressemble au geste d'affection d'un vieux capitaine à un matelot enthousiaste mais un peu gauche.

Auparavant, il a désigné à Olivier ses deux objets préférés : une pierre de l'île de Chiloé couverte de fossiles (caracoles) qui lui rappelait les hiéroglyphes égyptiens, et un *sol del mar* (soleil de mer), sorte d'étoile de mer qui naguère lui a sauvé la vie alors qu'un gros rocher allait lui tomber dessus.

« Savez-vous, monsieur, ce que signifie votre nom en vietnamien ? »

Olivier Page, qui est marié avec une Vietnamienne, a attendu la fin de la rencontre pour poser cette question. Coloane le regarde, étonné.

« Non.

– *Co Loan*, cela signifie “mademoiselle Phénix”.

– Formidable, ça me convient parfaitement. »

Olivier Page prend congé, ému d'avoir appris quelque chose à ce vieil homme dont il vénère les écrits.

« J'en rencontrerai un, un jour »

Gavin's Clemente-Ruiz, un de nos jeunes rédacteurs, était tout content de partir à Madagascar avec Aurélie, son épouse. On lui a bien expliqué qu'il ne fallait pas se dévoiler – la fameuse charte –, avancer anonymement. Tout se sait très vite sur l'île. Si l'on apprend qu'il est là pour le Routard, des hôteliers, des restaurateurs vont vite lui mettre le grappin dessus. Très bien, Gavin's visite le nord du pays, dernière étape, Tananarive. Aucun problème, toute la mission s'est magnifiquement bien passée. Dernier soir, il teste une ultime adresse pour laquelle il y avait une plainte. Il rentre, l'endroit est bondé. Il décide d'attendre au bar qu'une table se libère. Pas mal de Français attendent leur tour en goûtant un excellent rhum arrangé. Un jeune homme, Fred, est assis au bar, le regard fixé sur le mur. Il avale ses cacahuètes avec une régularité de métronome. Un groupe d'autres jeunes arrive. Gavin's se joint à eux, ils parlent ensemble. Une grande tablée se libère enfin. Gavin's, sa femme et ses nouveaux camarades de route s'installent, avec Fred. Chacun raconte son périple passé ou à venir. Les uns sont pompiers en région parisienne, Fred raconte qu'il est plongeur depuis six mois à Mada, Gavin's laisse sagement sa femme parler. Quand arrive son tour, il reconnaît qu'il travaille dans le tourisme.

« Ah, c'est sympa, lui fait Fred, ironique, mais qu'est-ce que tu fais dans le tourisme ? »

Gavin's, gêné, lui répond qu'il bosse chez Hachette. Fred

poursuit, et lui demande un grand sourire aux lèvres, sûr de lui :

« Au fait, le Routard, il est pas édité par Hachette ? »

Gavin's tombe des nues, démasqué et bien obligé de tout avouer. Et Fred d'ajouter :

« Ça fait six mois que je vois vos têtes tous les soirs sur la photo avec mon Routard sur la table de nuit. J'étais sûr que j'en rencontrerai un, un jour ! »

L'adresse figure malgré tout toujours dans le guide.

Une question sur l'Etna

En 1984, Pierre Josse prend le funiculaire pour Catane avec un petit groupe de touristes, la plupart italiens. Il veut monter en haut de l'Etna, vérifier cette sentence d'Alexandre Dumas sur le volcan : « Jamais je n'avais vu Dieu de si près, et jamais par conséquent je ne l'avais vu si grand. »

Après avoir passé les premières pentes cultivées, les champs d'orangers et de citronniers puis les forêts de genêts, le groupe dépasse les 2 000 mètres, un paysage lunaire, des roches noires, des amas volcaniques refroidis aux formes étonnantes. Plus de 3 000 mètres d'altitude. Le groupe arrive à la station terminale. L'ascension jusqu'au cratère est interdite. Un mois avant la venue de Josse, dix touristes ont péri lors d'une éruption.

Pendant la montée, Josse a sympathisé avec un restaurateur de Catane qui lui confie son projet :

« J'ai marié tous mes enfants, ma femme est morte. Je n'espère plus qu'une chose : monter en haut de l'Etna.

– Allons-y », propose Josse.

Ils s'échappent du groupe et commencent à gravir le dernier kilomètre. La progression est difficile, les pieds s'enfoncent dans la cendre. Les deux hommes mettent une heure pour arriver au bord du cratère. Ils sont entourés de fumerolles. Soudain, des grondements se font entendre, une énorme fumée noire se dégage, début de panique. Josse et le vieil homme se demandent s'il ne serait pas plus prudent de faire demi-tour.

Soudain, une silhouette apparaît, qui se précise à mesure qu'elle se rapproche. Ils ne sont donc pas seuls. L'homme n'est plus qu'à quelques mètres. Josse lui fait signe, s'apprête à lui dire qu'il est français, quand il s'aperçoit, stupéfait, que l'inconnu est un compatriote. Et célèbre avec ça.

« Bonjour, monsieur Tazieff ! »

Eh oui, le troisième homme n'ignore rien des volcans, c'est le grand vulcanologue français.

« Vous pouvez faire le tour sans problème, leur dit-il de sa voix rocailleuse. Les fumées sont noires, c'est le signe que tout va bien. Quand elles sont blanches, c'est là qu'il faut se méfier, à cause de l'accumulation de gaz sous la roche. »

Tazieff prend congé, expliquant qu'il a du travail puis il se retourne et leur dit en riant :

« Vous savez que c'est interdit d'être là ? »

Une nuit sur pilotis

Au lac Inle, en Birmanie, Isabelle Al-Subaihi a le choix entre tester une chambre « en dur », ou bien une autre sur pilotis. Premier réflexe : on est Routard ou on ne l'est pas, direction les-cabanes-sur-pattes-au-plancher-troué-de-partout. Quelques heures plus tôt, elle a remarqué des rats dans un village bordant le lac. Elle est donc persuadée qu'ils ne vont pas manquer de grimper le long des pilotis, courir jusqu'au matelas reposant à même le sol, et danser autour de sa dépouille. Bonjour l'angoisse !

Elle prend à deux mains non pas son courage, qui a disparu depuis belle lurette, mais tout ce qui lui tombe sous la main : tongs, baskets, chaussettes, T-shirts... dans l'espoir de boucher tous les interstices. Après avoir vérifié la solidité de ses remparts, rallumé quinze fois la lumière, elle finit par s'allonger et attendre, tous les sens en éveil, l'imagination bouillonnante, sursautant au moindre son amplifié par la nuit. L'œil hagard, elle finit pas se lever à cinq heures du matin et quitter son affreux pilotis. Évidemment, elle n'a pas dormi une seule seconde.

« M'en fous la mort »

Entre Parakou et Cotonou, Pierre Josse a pris un taxi-brousse, un minibus Toyota. Il y a sept cents kilomètres de pistes pleines de crevasses entre les deux grandes villes du Bénin. Le bus roule à toute allure, le conducteur n'a visiblement aucune notion du danger. C'est une règle maintes fois vérifiée : combien de camions baptisés *M'en fous la mort* ou bien *Dieu est avec moi* ? Ça secoue, ça tangue dangereusement. Pierre Josse est devant. Normal, il est le seul Blanc parmi les passagers et, surtout, il a payé un tarif spécial pour être devant et ne pas s'entasser derrière avec tout le monde.

Pierre Josse s'endort. Le minibus file. Quand Pierre se réveille, il a un nouveau voisin qui a dû monter lors d'une halte. Celui-ci porte sur ses genoux une immense vitre de verre qui dépasse largement sur les côtés et frôle, caresse même par instants le cou de Pierre. C'était dangereux, c'est devenu carrément périlleux. Et si une roue du bus passait sur une grosse pierre comme il y en a tant sur cette route aux parties non goudronnées...

Le conducteur n'a pas ralenti son allure pour autant. Au contraire. Plus il s'approche de l'arrivée, plus il accélère l'allure. Pierre Josse cauchemarde. Le moindre coup de frein et « coupez cabèche ». Le routard s'imagine déjà guillotiné en plein Bénin. Il commence à discuter avec les passagers de derrière afin de tenter d'échanger sa place.

« Mais, toubab, t'as payé 2 000 francs (CFA), tu dois rester devant, tu es mieux devant. »

Par une espèce de miracle, aucune pierre, aucun obstacle d'aucune sorte ne s'est présenté sous les roues du minibus jusqu'à Cotonou. Comme quoi le conducteur avait peut-être raison d'appuyer sur le champignon !

Les spécialités cachées du Pink Pussicat

Anne-Caroline Dumas se trouve dans une boîte de nuit spécial filles, à Fort Lauderdale, en Floride. C'est un endroit « très sympa et bon enfant » cité dans le Guide du Routard, mais en bonne professionnelle, Anne-Caroline tient, évidemment, à vérifier les informations. Dès l'entrée, le look « routard » d'Anne-Caroline s'avère totalement inadapté à la situation. Le patron de la boîte descend de son bureau. Il interroge la Française qui est bien obligée de lui avouer qu'elle écrit un guide sur la région. C'est certes une entorse à la charte du Routard, mais Anne-Caroline n'a pas trouvé d'autre solution pour éviter les ennuis.

En réalité, le patron l'a prise pour une journaliste spécialisée de la presse hard. Il commence donc à l'entretenir des spécialités de la maison. Le vocabulaire est technique, assez fleuri, inépuisable. Anne-Caroline n'ignore plus rien des numéros très spéciaux pratiqués en toute discrétion qui avaient échappé au Routard. Elle se voit même gratifiée d'un cadeau, des revues pornos censées « étoffer son article ».

Non seulement Anne-Caroline en savait assez sur la boîte, mais si jamais elle avait eu envie de passer une bonne soirée, le patron l'en avait dégoûtée. L'année suivante, bien entendu, le Pink Pussicat, qui se faisait passer pour une boîte sympa mais faisait en réalité dans le porno hard, n'a pas été reconduit dans les colonnes du Routard.

Un week-end en cellule

1981. Pierre Josse est au Mexique pour la deuxième fois. Il vient d'arriver, en provenance d'Atlanta où le charter a atterri. Les finances du Routard de l'époque ne lui ont pas permis de prendre une ligne régulière Paris-Mexico, Pierre a fait 5 000 kilomètres supplémentaires en Greyhound. Il arrive en pleine nuit à San Luis Potosi, cherche une chambre d'hôtel, quand il tombe sur une bande d'heureux fêtards qui célèbrent le début du week-end.

« Viens boire un verre avec nous.

– Non, je suis crevé, répond Pierre Josse.

– Mais si, on aime bien les Français. Tu iras à ton hôtel après. On te raccompagnera, tu as toute la nuit. »

Pierre Josse tombe de sommeil mais il se retrouve dans un petit appartement à trinquer avec des inconnus. Vin, tequila, rhum... L'un des convives revient de la cuisine en hurlant, comme un cri de victoire :

« Les huîtres ! »

Il dépose sur la table un grand plat : c'est leur habitude d'accompagner l'apéro d'huîtres énormes, grasses et charnues. Elles ont dû mettre une semaine pour venir de la mer jusqu'à cet ancien centre minier, à deux mille mètres d'altitude. Elles macèrent depuis des heures dans de l'eau douce. Josse cherche un moyen d'éviter d'en manger. Peine perdue. L'un de ses hôtes lui tend une des huîtres et lui présente la sienne en rapprochant les coquilles comme on choque deux verres à l'apéritif :

« À l'amitié franco-mexicaine ! »

Comment refuser ?

Quelques jours plus tard, Pierre Josse sent l'épuisement le gagner. Il se traîne de ville en ville. Le virus de l'hépatite virale poursuit son œuvre. À Acapulco, Pierre échappe à une noyade qui a peu à voir avec la force des vagues mais plutôt avec son état d'épuisement.

Il débarque à Guadalajara où l'on déteste tous les gringos, d'Amérique du Nord ou d'Europe. La ville a la réputation d'être l'une des plus dangereuses du Mexique. Pierre Josse le vérifie très rapidement : dans un bus presque désert, peu avant minuit, huit jeunes types menaçants commencent à le bastonner : coups de pieds dans le ventre, à la poitrine puis sur le visage. Ils lui volent tout, son argent, ses papiers, son billet d'avion retour. Et ses deux sacs. Fin du voyage.

Josse se réveille, le nez dans une flaque d'eau. Après avoir repris une partie de ses esprits, il réalise qu'il ne lui reste plus qu'une chose, son passeport. Il clopine jusqu'au commissariat le plus proche, déclare le vol, puis fait le tour de la ville accompagné de deux inspecteurs pour tenter de trouver un gîte à crédit. Aucun hôtel ne lui fait confiance.

« Je vous assure, lundi, je récupère mes traveller's cheques, tempête Josse, plié par les courbatures, le visage tuméfié.

– *No, dinero, dinero, unicamente.* »

Il ne reste qu'une solution : prêter pour deux jours une cellule au Français. On lui trouve une cage pas trop sale. Et là, quand il ne dort pas, il assiste au spectacle stupéfiant, un peu dérangeant, des tabassages, des rafles de prostituées, des délires d'ivrognes.

Le lundi matin, le commissaire arrive, frais et dispos après un week-end de repos, avec sa jolie chemise blanche qui lui fera bien toute la semaine. Pierre Josse se précipite :

« J'ai été agressé vendredi soir, on m'a tout volé, je veux porter plainte. »

Monsieur le commissaire n'aime pas qu'on porte plainte dans son commissariat. Encore moins le lundi matin. Encore moins quand c'est un étranger, cela peut valoir des complications. Josse explique son histoire.

« Vous comprenez, il me faut une attestation de vol pour mon appareil photo, si je veux me faire rembourser par l'assurance. Il faut absolument ce papier.

– Mais ça va nous faire du travail tout ça, répond le commissaire.

– Oui, mais j'insiste. »

Le commissaire se lève, fait signe à Josse de le suivre dans une grande pièce. Aux murs sont accrochées des dizaines de photos. Des assassins, des proxénètes, des braqueurs, des dealers, des violeurs... Le commissaire ouvre des tiroirs où d'autres photos sont rangées, toutes répertoriées avec des étiquettes écrites au feutre.

« Bon, si vous voulez porter plainte, il va falloir qu'on commence une enquête. Alors, allons-y, il y a ici près de mille photos de suspects. Il faut que vous reconnaissiez vos agresseurs. »

Josse ne se décourage pas, passe en revue une petite centaine de fiches. Doué d'une bonne mémoire, il pointe le doigt, triomphal, vers une photo. Le commissaire a l'air accablé :

« Mais, dans votre déclaration, vous ne disiez pas que vous aviez été agressé par huit individus ? Il en manque donc sept. »

Et le commissaire de jeter sur la table d'autres dossiers plus épais les uns que les autres. Après avoir reconnu un deuxième agresseur, Pierre Josse finit par jeter l'éponge. Il ne portera pas plainte, récupérera seulement ses traveller's cheques, réussira à remonter en bus jusqu'à Phoenix et dormira à l'Armée du Salut.

C'était le Routard, les premières années. Ce n'était pas toujours une partie de plaisir.

LES AVENTURES DE NOS LECTEURS, ANONYMES OU CÉLÈBRES

Anita, routarde de rêve

Il y a deux ans, j'effectuais un stage pour mon entreprise à Paris. Un soir, fatigué, je rentrais par le métro. Dans une rame, je trouvai par un (heureux ?) hasard une pochette plastique qui renfermait une carte de bibliothèque et un livre, un Guide du Routard sur le Mexique [...]. Il avait été « utilisé » avec soin. De nombreux passages avaient été surlignés, des adresses relevées, des notes prises au crayon. Bref, tout un travail avait été entrepris pour « préparer » un voyage...

Le nom était à consonance slave et le prénom adorable : Anita. Il était de mon devoir de rendre tout cela à sa propriétaire. Tard le soir, je me retrouvai devant une porte derrière laquelle habitait la fameuse Anita qui ne pouvait qu'être une créature de rêve. La porte s'ouvrit et m'apparut une charmante petite et... vieille dame d'au moins quatre-vingts ans. Je dus paraître interloqué, car cette dame me demanda, avec un léger accent, si tout allait bien pour moi.

Elle était veuve, habitait là depuis plus de trente ans et n'avait jamais voyagé depuis son arrivée, très jeune, en provenance de Pologne. Ma première surprise passée, je fus enchanté par le babillage intelligent de « mon Anita ». J'osai m'étonner du choix du Guide du Routard si, par ailleurs, elle ne voyageait jamais. Elle me fit comprendre avec beaucoup de talent qu'elle voyageait « dans sa tête » avec l'aide du Guide. Elle « jouait » à partir et « préparait » son expédition avec soin et sens pratique. En un mot, elle faisait « comme si »...

Michel JOLIBOIS (Torcenay).

Inde : une envie pressante

Coutumier de violentes crises de diarrhées, j'avais prévu cette éventualité avant un déplacement nocturne en train, de Delhi à Bombay. J'avais acheté un pantalon de rechange, quelques paires de chaussettes et trois mouchoirs.

Quelques heures après mon départ, pressentant une crise, je me précipitai aux toilettes. Elles étaient malheureusement occupées. Je m'élançai vers d'autres wagons, mais à chaque fois, les toilettes étaient condamnées ou occupées. Après dix minutes de recherches frénétiques, je ne pus contrôler l'explosion tant redoutée. La porte des toilettes s'ouvrit enfin, une dame anglaise âgée en sortit, m'adressant un grand sourire.

Dans les toilettes, ma première réaction fut de me débarrasser de mon pantalon dégoûtant, en le jetant par la fenêtre dans l'obscurité. Par miracle, il y avait de l'eau, et je pus me nettoyer. Je me saisis ensuite de mon sac, pour chercher mon nouveau pantalon vert pomme.

Imaginez mon émotion quand je me rendis compte que la vendeuse avait oublié de mettre le pantalon dans le sac. Je me trouvais avec quatre paires de chaussettes style écossais, et trois mouchoirs. Ma seule consolation fut que la plupart des voyageurs en première classe étaient britanniques, et ils ont feint de ne rien trouver d'extraordinaire à ce qu'un type se promène avec quelques mouchoirs pour simple tenue.

Malek MANSOURI (Strasbourg).

Une précieuse Bible en Israël

À Jérusalem, ce soir-là, Sadate et Begin signaient les fameux accords de Camp David. Il régnait une lourde atmosphère, frénétique et tendue. Lewis et moi, nous arrivions à la porte de Damas, en quête d'une chambre pour la nuit. Nous venions de passer un séjour « caresses-plongées-tendresse » dans le golfe d'Aqaba et n'avions cure des tensions politiques. Détail important : je portais, ce soir-là, une salopette en jean avec dans la poche poitrine mon inséparable Guide du Routard.

Au restaurant, sereins, nous attendions nos « french fries » quand, soudain, une grenade jetée par la porte d'entrée glissa sur le sol en sifflant et explosa sous notre table. Je perdais beaucoup de sang. Un vaillant soldat me prit sur son épaule. Puis, je ne vis plus rien.

Le lendemain, peut-être, alors que je retrouvais mes esprits, ma première surprise fut de voir, posée sur la table de nuit ma salopette criblée de milliers de petits trous mais propre, lavée et soigneusement repassée. Et dans la poche du devant était glissé le *Guide du Routard Israël*. Je remerciais l'infirmière en souriant. Elle me dit, mi-ironique, mi-complice :

« Look, your Bible is OK ! »

Jackie HUBERT (Malaucène).

Californie : bon plan à Los Angeles

22 août 1997 : retour sur L.A. Sympa, calme, bien tenu, le Skyways Hotel a tout pour plaire. Et c'est fier des tuyaux du Routard que nous n'hésitons pas à suivre le conseil malin du Guide : demander une chambre sur l'arrière, plus tranquille, mieux isolée... Bref, une adresse en or ! C'est exactement ce que devaient se dire, vers vingt-trois heures ce soir-là, les trois hommes entrés discrètement dans l'hôtel et maintenant garés au fond du parking... attendant de savoir qui avait eu la bonne idée de suivre ce chouette conseil : prenez une chambre sur l'arrière, c'est top mieux !

Alors que je finissais une cigarette sur le pas de ma porte, un homme arrive vers moi, un fusil énorme pointé sur ma poitrine. « *Get in, get in* », m'ordonne-t-il. Il ouvre la porte, me pousse à l'intérieur, hurle « *Hands up !* » et vlan, un coup de crosse sur la nuque. Je tombe à genoux.

Ils s'élancent vers ma femme en chemise de nuit, les mains levées. Ils crient insultes et grossièretés. Brutalement, le premier la cogne à la tempe d'un coup de carabine. Elle tombe, à moitié assommée. Il l'insulte, demande : « *The money ! Where's the money ?* »

J'essaie d'expliquer que nous sommes des touristes, que nous repartons le lendemain. Le troisième trouve que je parle trop : « *Shoot him !* » crie-t-il à son copain. J'ai juste droit à un nouveau coup qui m'éclate l'épaule. Ils fouillent tout frénétiquement. Ils sont hypernerveux, vont-ils tirer ? Ils repartent, nous laissent juste nos vêtements. Nous n'avons plus ni papiers, ni billets d'avion, ni argent... mais nous sommes vivants.

Bref, une bien belle aventure. Merci le Routard pour tes conseils avisés ! Nous nous en souviendrons. Nous tenons à ta disposition le rapport de police et la facture de l'hôtel, seuls rescapés de notre voyage... ainsi qu'un stylo publicitaire du Skyways Hotel avec lequel nous signons ce récit. Un cadeau du patron.

Christine et Olivier LAGREE (Paris).

« Avez-vous une formule d'abonnement ? »

J'ai réservé à l'hôtel Le Pavillon, rue Saint-Dominique à Paris sur recommandation du Routard. Mal m'en a pris ! À l'arrivée, on me dit que, « suite à une erreur, ma réservation ne sera pas honorée, mais qu'on m'a réservé une très belle chambre dans un hôtel proche ».

Ah ouiche ! C'est un hôtel de passe (un bordel quoi !). Je m'y vois mal avec mon épouse (et mon chien !). Heureusement, un autre hôtel brille de tous ses feux, plus haut dans la rue ; l'hôtel Alma avec une place de parking qui se trouve juste devant.

Ni une ni deux (ni trois d'ailleurs !), je me gare, je demande, on répond oui, et me voilà dans une belle et bonne chambre, je recommande.

Mais... à quatre heures du matin, on brise la vitre de ma voiture (Lancia Thema Turbo, belle !). Voiture perdue, nuit perdue, chapeau de mariage perdu, confiance perdue (c'est la seconde fois qu'on me vole ma voiture devant un hôtel ! – 100 000 francs de frais – après retrouvailles et vandalisme).

Ah, j'oubliais. Chaque fois, on me vole mon Guide du Routard. Sans doute est-ce pour cela qu'on me vole la voiture. J'en suis au troisième achat en six mois. Avez-vous des formules d'abonnement ?

Baron de HAULLEVILLE,
consul honoraire du Bhoutan en Belgique.

Le Guide comme bréviaire

Son Guide du Routard, il le tient comme on tient un bréviaire, ce qui est plutôt normal pour un curé. Et curé, il l'est : la petite croix sur son col en témoigne. Son Routard *Espagne* ne manque pas d'allure, tout gonflé d'une multitude de bouts de papier recouverts d'une écriture serrée...

Le nôtre, flambant neuf, nous a servi à trouver un hôtel « un peu plus chic » devant lequel nous consultons le plan de Grenade. C'est là que ce petit bonhomme nous interpelle :

« Ah ! vous aussi, vous voyagez avec le Guide du Routard. Vous êtes donc français. »

D'habitude, en voyage, nous nous sentons plutôt apatrides, mais à ce bonhomme, Dieu sait pourquoi, nous répondons qu'en effet, nous sommes français et même alsaciens. Alsaciens ? Ça alors, lui-même est de Wintzenheim, il est le petit père Steib de Wintzenheim.

Il nous apprend qu'avec un ami, curé lui aussi, ils sont partis, il y a cinq mois, poussant chacun un jeune paraplégique. Saint-Jacques-de-Compostelle mi-janvier, Fatima au Portugal et Séville pour la semaine sainte. À Séville, dans une bousculade, on leur a coupé la lanière de la banane et volé les 6 400 francs qui leur restaient pour rentrer en train. Démunis, ils ont trouvé assistance dans un monastère de Grenade...

Sans doute sommes-nous plutôt voltairiens et peu habitués à pratiquer une charité débridée, mais ce récit nous touche profondément jusqu'à la zone sensible où palpite le porte-monnaie, d'où mon mari a extrait 200 francs. Une belle offrande quand on est près de ses sous et pas très catholiques. Le père Steib proteste, commence par refuser puis finalement accepte notre argent. Il priera pour nous. Nous le regardons s'en aller, il boite qui plus est.

Mon mari m'annonce qu'il vient de nous acheter des indulgences pour les dix années écoulées et sûrement pour les dix prochaines. Ce ne sont pas 200 francs, mais 400 francs qu'il a donnés au père Steib. Un deuxième billet s'est collé au premier.

À 400 francs l'offrande, ma mauvaise conscience n'a plus guère de consistance et mon côté rapiat peut reprendre le dessus. De retour en Alsace, nous avons parlé du père Steib autour de nous. Une amie journaliste s'est renseignée et nous a rappelés le lendemain. Il n'existait aucun père Steib à Wintzenheim.

Francine BIBIAN (Staffelfelden).

En Écosse, l'effet pervers

Je frappe un jour à la porte d'un château écossais transformé en auberge de jeunesse à Loch Lomond. Le gardien ouvre, il est en kilt.

« Dites-moi, c'est génial que vous conserviez vos traditions en portant le kilt », lui dis-je, enthousiaste.

Le gardien fait un drôle d'air :

« Je ne portais jamais de kilt. Un jour, je l'ai mis exceptionnellement pour une fête folklorique. Un enquêteur du Guide du Routard était là, il a cru que c'était ma tenue habituelle. Il a écrit dans son guide : "Vous reconnaîtrez le gardien, c'est celui qui porte un kilt." Alors, je porte maintenant ce kilt tous les jours pour ne pas les décevoir. »

Antoine DUNET (Bruxelles).

Au Maroc, un peu trop d'anticipation

Dans mon métier de distributeur, il m'arrive aussi d'anticiper… et de me faire rattraper par les faits. Dans le Guide du Routard *Maroc*, édition 1997, p. 344, on peut lire concernant l'hôtel Kasba Asma, classé « chic » : « L'hôtel est entouré d'un jardin rempli de fleurs. Piscine et tente berbère sont à la disposition des clients… » De quoi allécher n'importe quel touriste !

Une photo prise d'une des chambres de l'hôtel vous en dirait long sur l'état d'avancement des travaux. Le trou au centre est probablement la future piscine… Quant au jardin, en ce beau printemps, il attend toujours les semences…

Michel-Édouard LECLERC.

Des bonzes birmans très contrariés

Juillet 1996. Après quatre heures de marche magnifiques dans les montagnes du nord-est de la Birmanie, nous arrivons exténués dans un village de la tribu Palaung. Porteur et guide déposent mon lourd matériel pour se désaltérer à une fontaine. Ma femme, Sylvie, est prise en main par les bonzesses qu'elle photographie et qui la nourrissent de bananes. Mon interprète raconte aux moines que je suis venu de France pour enregistrer la musique de leurs instruments rares. En attendant le retour du vénérable responsable, je m'endors lourdement sur une natte auprès d'un bouddha doré. À mon réveil, on me dit sèchement que les instruments sont cassés. Je sens de l'hostilité, inhabituelle dans un temple. Bredouilles, nous redescendons vers Kalaw. Ce n'est qu'avant de reprendre l'avion à Rangoon que l'interprète osera nous expliquer que mes ronflements avaient empêché toute la communauté de méditer et qu'elle avait hâte de me voir partir. Depuis, je me suis fait opérer du nez.

François JOUFFA.

Quelque part vers Basse-Terre. Je déjeune à la terrasse d'un troquet recommandé par le Routard. Je remarque le petit sourire entendu du patron qui me dit :

« Si vous êtes un ami de M. Gloaguen, vous devriez savoir qu'il loge ici ! »

Je demande le numéro de sa chambre, je monte, je frappe. On m'ouvre et qui je vois : un clone de Gloaguen. Même allure. Même petite moustache. Même petite boiterie. Je dis :

« Chapeau ! Vous êtes très fort, vous avez trouvé le moyen de crécher sans payer. »

Sans se départir, il me répond :

« Vous vous trompez. C'est vrai que je me fais passer pour Gloaguen mais je paye rubis sur l'ongle.

– Quel est l'intérêt, alors ? »

Désarmant, il me lance :

« L'intérêt, c'est que j'ai besoin d'être aimé. En tant que moi-même, on me reçoit sans plus. En tant que Gloaguen, on me reçoit en m'aimant.

– Vous faites ça souvent ?

– Non, simplement quand on me prend pour lui.

– Ah bon, ce sont les autres qui confondent ? Au fait, vous boitez vraiment ?

– Non, pas vraiment.

– Mais alors ?

– Alors, ce sont les autres qui me demandent comment va ma jambe.

– En somme, vous êtes victime de la réputation du Routard !

– Oui, c'est cela même. Je suis une sorte d'ambassadeur itinérant. Au fond, ils devraient me payer.

– J'en parlerai à Gloaguen. »

Il me regarde avec un bon sourire et demande :

« Vous le connaissez vraiment ?

– Oui, comme je vous vois. »

Il rougit, semble embarrassé et murmure :

« Si j'ai l'occasion de le rencontrer un jour, eh bien, je lui refilerai un tas d'adresses. »

Au bout d'un moment, il ajoute :

« Et puis non...

– Pourquoi ?

– Pourquoi ? Mais parce qu'on a tous un jardin secret. »

Comme je ne vois pas de quoi il veut parler, je demande :

« Il y a quoi dans votre jardin ?

– Un cadavre.

– Un cadavre ?

– Oui, et même plusieurs.

– Vous êtes en cavale ?

– Exactement. »

Un frisson me parcourt le dos. Je dis :

« Bon, à bientôt. Et bonne sieste. »

Je redescends les escaliers quatre à quatre et me retrouve devant le patron qui me demande :

« Alors, vous avez vu M. Gloaguen ? Il est chouette, hein ?

– Très chouette, comme tous les routards.

– Ah ça vous l'avez dit, poli et tout. Le genre qui ne ferait pas de mal à une mouche. »

J'ai blêmi. Un moment, j'ai été tenté de lui apprendre qu'il abritait un tueur en série. Et puis je me suis ravisé. Il s'agissait sans doute de cadavres de bouteilles.

Jacques LANZMANN.

LES ROUTARDS
PAR PHILIPPE GLOAGUEN

Le Monde, 19 avril 1980

Il n'y a pas si longtemps, les jeunes acceptaient sans trop rechigner de passer leurs vacances avec papa et maman. Les temps ont changé : ils sont désormais plus nombreux à partir et ils vont toujours plus loin, délaissant peu à peu les pays limitrophes piétinés par des marées de touristes à court d'idées originales.

Qui sont-ils ceux que l'on a pris l'habitude d'appeler les routards, et pourquoi partent-ils ? Ce sont des garçons et des filles, voire des gens de la génération précédente, qui, le temps de leurs vacances ou le temps d'une vie, rompent avec un environnement social, un milieu familial, et acceptent de sacrifier leur confort et leurs habitudes pour partir loin, le plus loin possible. Ils partent pour découvrir le monde et se découvrir.

Des routards, il y en a toujours eu : Christophe Colomb et Marco Polo pourraient presque faire figure de glorieux ancêtres. Plus près de nous, n'y a-t-il pas, dans presque toutes les familles, un grand-père ou un grand-oncle, qui, à l'occasion de son service militaire ou dans le cadre de son commerce, est entré dans la légende familiale auréolé du prestige de celui qui a voyagé ?

Aujourd'hui, la jeunesse occidentale a compris que partir n'est plus un luxe réservé aux autres. Rien n'est nouveau : la désormais célèbre « route des Zindes » – qui était d'ailleurs en passe de devenir un boulevard mondain avant que les événements politiques ne la coupent – suit les traces de l'ancienne route de la soie. Seules les raisons du voyage ont changé.

Les motivations du voyage sont aussi nombreuses que les personnalités sont diverses. Il y a le révolté qui tente de rompre les liens avec la société et qui, en dernier recours, rédige une annonce dans *Libé* : « Mec, vingt-deux ans, écœuré par société aliénante, cherche fille ou garçon, même cas, pour prendre un aller simple. »

Mais il y a aussi, c'est certain, presque à l'opposé, le cadre ou l'institutrice qui ne songe nullement à tout quitter mais plutôt à se dépayser en passant des vacances insolites avec le maximum de liberté.

Ceux qui font partie de la seconde catégorie sont les plus nombreux et sont loin d'être démunis : le budget qu'ils consacrent à leurs vacances est bien plus important que celui de la moyenne des Français et ce sont eux que l'on retrouve à Lima ou à Bali. Ne nous leurrons pas : le routard est rarement un marginal. Ou alors les marginaux sont nombreux. Ce n'était pas le cas dans les années cinquante au début du mouvement beatnik qui incita quelques Américains à entamer une vaste reconnaissance du monde : c'est normal, Kerouac oblige.

Il s'agit aujourd'hui d'un phénomène de masse. Voilà le fait nouveau. Les vacances en toute liberté ne sont plus le privilège des nantis. Le routard a quitté depuis longtemps les voies souterraines de la contre-culture pour circuler de plus en plus à ciel ouvert à travers les livres et les nouvelles agences de voyages.

Les agences de voyages traditionnelles s'attachent encore trop souvent à isoler le « touriste classique » dans un cocon douillet. On évite tout contact avec la population, ses habitudes, sa nourriture. Il en résulte que, vus à travers les vitres fumées des cars climatisés, tous les pays se ressemblent et paraissent bien fades. On crée des conditions qui n'ont rien à voir avec la vie locale : hôtels luxueux, plages réservées, soirées folkloriques préfabriquées.

Heureusement, ces dernières années ont vu l'apparition

d'agences nouvelles qui ont une tout autre conception du voyage. Les circuits « aventures », « découverte », « insolite » se vendent bien. Tant mieux. On peut bronzer sans rester idiot. À croire que les gens ont enfin décidé de prendre leurs vacances en main.

Partant plus loin, le voyageur a besoin de « tuyaux » plus précis, de renseignements plus ponctuels. C'est normal : l'initiative personnelle est bien plus importante qu'auparavant. Les nouveaux guides s'intéressent avant tout aux gens et à l'insolite. Ils se penchent sur les endroits où les populations locales vivent et s'amusent. Les sites et les monuments ne sont pas oubliés pour autant : les musées sont indiqués, mais les guides laissent leurs lecteurs à l'entrée.

Tintin au Pérou

Le contact humain a pris dans le voyage une importance inconnue voici encore quelques années. Le routard le sait et le recherche. Il ne conçoit pas de voyager sans relation avec les gens du pays. Le secret de ces voyages est fait d'échanges entre les personnes plus encore que d'images collectionnées, et le marché local a encore plus d'attrait que le musée. Peut-être parce qu'il n'a pas les moyens de se payer le Hilton, il est souvent obligé de fréquenter les hôtels de seconde catégorie, voire pis. C'est là qu'il côtoie un peuple, qu'il apprend à le connaître et à l'apprécier.

Que voulez-vous qu'il arrive à celui qui va de palace en palace ? Rien d'autre que de petites histoires de valises perdues et de mauvais restaurants. L'argent peut être un excellent moyen de rater un voyage. Les traditions et les coutumes sont vidées de toute signification dès l'instant où elles sont monnayées... Elles s'affadissent. Le routard, lui, n'a pas toujours les moyens de se payer des spectacles préfabriqués.

Il devra donc se contenter du vrai.

Les voyages hors des sentiers battus ont leurs modes. Pourquoi les routards se dirigent-ils vers certains pays pour en délaisser d'autres ? D'abord la littérature joue beaucoup pour la « promotion » de certaines destinations. Ainsi, Kessel a permis à toute une génération de voyageurs de découvrir l'Afghanistan. Il en est de même pour Barjavel avec le Népal. Et qui aurait pu soupçonner l'importance de Tintin dans le célèbre *Temple du Soleil* ? Des milliers de gens sont partis au Pérou pour vérifier si leurs rêves d'enfants étaient conformes à la réalité. Ils savent désormais que les lamas crachent quand on leur chatouille le menton...

Le cinéma aussi révèle parfois une grande importance. *More* a permis de découvrir Ibiza, tandis qu'*Easy River* a déclenché l'enthousiasme pour la vie californienne.

Le régime politique est souvent un facteur qui a favorisé la baisse de la fréquentation touristique. L'exemple de l'Argentine ou du Chili est fort révélateur. Cependant les comportements sont parfois irrationnels : si les « colonels » ont été fort néfastes au développement du tourisme en Grèce, les milliers de communistes emprisonnés en Indonésie n'ont jamais empêché les voyageurs de découvrir les charmes de Bali.

Enfin, les raisons économiques ne sont pas à ignorer : la grande braderie des tarifs aériens et la baisse du dollar ont attiré par milliers les routards vers les États-Unis.

Ainsi donc les modes évoluent et les directions changent. Le Mexique et le Sahara sont devenus des classiques. Les plus impénitents s'intéressent à la Birmanie, au Sikkim, à l'Amazonie. On n'y rencontre encore que les purs, les vrais. La Scandinavie, qui fit les beaux jours des « zozos », c'est fini ; les pays de l'Est sont, quant à eux, inabordables au budget des routards. Le Yémen et l'Éthiopie sont actuellement trop agités.

Voir vivre les autres

Les routards savent que, dès qu'ils ont mis les pieds hors des limites de leur pays, ils ne sont plus chez eux. Ils refusent d'avoir le comportement de ces Occidentaux qui s'énervent et profèrent des bêtises parce que le camion ou le taxi dans lequel ils sont s'arrête sans raison apparente pour eux. Les gens vivent à leur rythme, et on n'a pas le droit de ne pas chercher à les comprendre. Lorsque l'on reste chez soi, on a trop tendance à croire que tous les habitants de la planète vivent de la même manière que nous. Voyager permet de prendre du recul.

Le voyage, c'est encore faire attention à sa manière de penser, de juger. C'est apprendre à voir avec d'autres yeux ce qui se passe ailleurs, bien sûr, mais aussi chez nous. Voir vivre les autres, les regarder travailler, prier leurs dieux dépassent parfois notre entendement : un Indien qui préfère crever de faim pour donner sa pitance à une divinité peut nous sembler déraisonnable. Il n'est pas toujours bon de juger rationnellement : c'est ainsi que naissent les racismes.

Voyager, c'est toujours risquer son confort moral, et pas uniquement le temps des vacances. C'est un jeu où seul le décor change. Il n'y a pas que la télé couleurs qui manquera au bout de la route, mais peut-être un peu de sécurité et quelques références qui disparaîtront.

Et puis qu'est-ce qu'on trouve tout au bout de la route ? On abandonne un monde où le macadam couvre la terre, où le néon efface la nuit. Le routard s'en va vers le soleil, la nature, l'air pur, s'enivrer de liberté, et il rencontre la corruption, la misère, les privilèges et les régimes fascistes. On a beau courir au bout du monde, l'Occident finit toujours par vous rattraper.

Alors le routard revient parfois déçu mais de toute façon enrichi par son expérience.

Juste une expérience extraordinaire.

TABLE DES MATIÈRES

Imprimé en France
FROC010944210219
20526FR00007B/75/P

9 782702 136812